AF595085

50 AÑOS DE HISTORIA DE LA FACULTAD DE DERECHO UNIVERSIDAD PANAMERICANA

50 AÑOS DE HISTORIA DE LA FACULTAD DE DERECHO UNIVERSIDAD PANAMERICANA

3

TÓPICOS EN DERECHO FISCAL

Raúl Bolaños Vital
José de Jesús Gómez Cotero
Coordinadores

Primera edición, 2022.

50 AÑOS DE HISTORIA DE LA FACULTAD DE DERECHO
UNIVERSIDAD PANAMERICANA
Volumen 3

TÓPICOS EN DERECHO FISCAL
Raúl Bolaños Vital y José de Jesús Gómez Cotero (Coordinadores)

Directores de la colección: José María Soberanes Díez y Manuel Andreu Gálvez

Diseño de portada: Rosario Ivonne Lara Alba
Imagen de portada: Universidad Panamericana
Cuidado editorial: Santi Ediciones

ISBN: 978-607-8826-20-9

Universidad Panamericana, Campus México
Jerez 10, Insurgentes Mixcoac, Benito Juárez,
Ciudad de México, México, C.P. 03920
Conmutador: +52 55 5482 1600
www.up.edu.mx
Impreso en México / *Printed in Mexico.*

*Los directores y coautores de esta obra
agradecemos y reconocemos a todos los decanos
que han dirigido la Facultad de Derecho,
de la Universidad Panamericana,
Campus Ciudad de México,
en estos 50 años de historia:*

*Mtro. Juan G. Soto Cerbón,
Dr. Roberto Ibáñez Mariel,
Mtro. Miguel Ángel Ochoa Sánchez,
Dr. José Antonio Lozano Díez,
Mtro. Héctor Salazar Andreu,
Mtro. Félix Todd Piñero† (e. p. d.),
y Dr. Fernando Batista Jiménez.*

ÍNDICE

~

PRESENTACIÓN DE LA COLECCIÓN

En el año 2020 la Facultad de Derecho de la Universidad Panamericana cumplió 50 años de actividad ininterrumpida formando abogados y, en esa medida, participando activamente en la historia reciente de la cultura jurídica en México. Con ocasión de este aniversario, por iniciativa de varios profesores y el apoyo de las autoridades, se han preparado una serie de libros mediante los cuales manifestamos el jubileo por las cinco décadas de labor y servicio, a través de la forma que nos es más próxima y familiar: compartiendo el pensamiento, la reflexión y la experiencia acerca de la práctica jurídica en clave académica. Celebro la publicación de los mismos, y agradezco el entusiasmo y disposición de todos los implicados en esta iniciativa que ahora ve la luz.

Para cualquier institución celebrar un aniversario es siempre motivo de alegría y agradecimiento. Un aniversario de plata añade a lo anterior la ratificación del compromiso por cumplir la finalidad de hacer de nuestra Facultad de Derecho un espacio de excelencia académica. Se trata del propósito que animó a esos primeros profesores y alumnos del Instituto Panamericano de Humanidades que iniciaron sus labores el 25 de septiembre de 1970, y en el cual, generación tras generación, década tras década, han perseverado fielmente quienes hemos integrado e integran a su comunidad académica.

A los lectores de los libros que componen la colección del L Aniversario de la Facultad de Derecho auguro abundantes frutos intelectuales; cada uno de los capítulos incluidos en ellos son el resultado de una reflexión seria sobre cuestiones de interés en cada materia, que mueve a su vez al pensamiento bien sea para comprender mejor las cuestiones tratadas, bien para iniciar una nueva serie de inquietudes y preguntas que nos impulsen y ayuden a profundizar en el conocimiento de la rica y compleja realidad del Derecho.

Finalmente, aprovecho la ocasión para manifestar mi agradecimiento a los profesores que han coordinado cada uno de los libros con los que celebramos este aniversario, así como a los autores de sus capítulos: tanto profesores de nuestro claustro, como invitados. Gracias por sumarse a la celebración del L Aniversario, pero sobre todo gracias por sus invaluables aportaciones al robustecimiento de nuestra comunidad académica tanto en el aula como fuera de ella.

Dr. Fernando Batista Jiménez
Director de la Facultad de Derecho
Universidad Panamericana,
Mixcoac, agosto 2022

~

INTRODUCCIÓN

En 1967 inició la aventura que ahora es la Universidad Panamericana estableciendo entre sus pilares fundamentales: la Enseñanza, la Investigación y la Difusión de la cultura, desde el enfoque humanista cristiano.

Una de las primeras carreras de la hoy Universidad Panamericana, es la Licenciatura en Derecho, la que festeja su Quincuagésimo Aniversario, obteniendo amplio reconocimiento como una de las mejores del país, por contar entre su claustro, a profesores que son de los más destacados catedráticos de nuestro país, quienes han sido forjadores de profesionistas que han destacado en diversos campos del derecho, como son la judicatura, el servicio público, la iniciativa privada, y el ejercicio libre de la profesión.

En 1979, el Campus México de nuestra Facultad, inauguró su primer posgrado, con el programa de Derecho Fiscal, el cual se ha ido consolidando con el paso de los años, habiendo pasado por sus aulas, profesores y alumnos, que hoy son reconocidos como los más importantes fiscalistas de nuestro país.

Con motivo de los festejos del Quincuagésimo Aniversario, el Director de nuestra Facultad de Derecho, el Maestro Félix Todd Piñero concibió la idea de generar una obra conmemorativa en diversos temas jurídicos, en que se contara con las plumas de distinguidos profesores de nuestro claustro que con sus artículos aporten al desarrollo del conocimiento del derecho.

Así, como parte de la obra conmemorativa, surge el presente libro *Tópicos en Derecho Fiscal*, en que se recogen los artículos de destacados profesores del área del Derecho Fiscal, quienes a través de sus colaboraciones nos presentan sus reflexiones sobre diversos problemas fiscales de actualidad.

La obra está conformada por trece artículos agrupados en cuatro apartados: 1) Política Fiscal; 2) Derecho Constitucional Tributario; 3) Derecho Tributario Sustantivo, y 4) Derecho Tributario Procesal.

El primer apartado, sobre Política Fiscal, incluye dos artículos, en el primero de ellos, intitulado: "Política y Administración Tributaria sin rumbo" el profesor Carlos Garza Cantú Aguirre plantea algunas reflexiones de porqué la política y la administración tributaria no llegan al 56.8 % de los mexicanos ocupados, proponiendo un camino para poder remediarlo, pero aceptando que las diferencias, aunque idealmente no deberían existir, existen.

En el segundo artículo, denominado: "Pacto Fiscal: la necesidad de su renegociación para fortalecer el sistema tributario" la profesora Patricia Ofelia López Padilla, analiza que frente a la crisis que hoy se vive y la reducción en las transferencias de aportaciones y participaciones de la Federación hacen necesaria una reforma al Sistema Nacional de Coordinación Fiscal, planteado la necesidad de una renegociación de las fórmulas de la coordinación fiscal existente, con el principal objetivo de modificar los montos y porcentajes de las transferencias realizadas a favor de las entidades federativas por concepto de aportaciones y participaciones federales.

En el tercer artículo, intitulado: "La transición hacendaria, hacia una Segunda Convención Nacional Hacendaria. Retos y oportunidades", la profesora Patricia López López, reflexiona sobre la relevancia de los temas que se deben abordar en una nueva convención, la que deberá abordar temas sustanciales que incluyan una "reforma fiscal", en la que se aborden grandes temas: los gastos fiscales, regulación fiscal ambiental, nueva regulación sobre el comercio electrónico, la recaudación subnacional y la progresividad y desigualdad social, así como la necesidad de replantear la estructura del sistema en aras de la demanda mayor distribución en las fórmulas, considerando temas novedosos como lo son, la regulación fiscal del comercio electrónico y regulación fiscal ambiental.

En el apartado sobre temas de Derecho Constitucional Tributario se incluyen dos artículos, el cuarto de la obra, denominado: "Tutela judicial efectiva en materia tributaria. Una perspectiva desde el aspecto sustancial: la persona, como punto de partida y fin", en el que el profesor Raúl Bolaños Vital, reflexiona sobre la necesidad de que exista un equilibrio entre gobierno y contribuyentes; que no debe romperse con un excesivo poder tributario, o las defensas del contribuyente, que pueden ser a la larga, uno de los factores de un posible resquebrajamiento social que aunado al deterioro del tejido social detone, soluciones populistas que podrían desencadenar una rebelión; por lo que propone que la persona retome el lugar central en las relaciones de derecho tributario, y la necesaria defensa frente a los embates de la autoridad.

En el quinto artículo, el profesor Carlos Espinosa Berecochea aborda el tema "Delitos informáticos y riesgos de la seguridad jurídica en materia tributaria" en el que reflexiona como la irrupción de los medios digitales, ha cambiado radicalmente la visión de la seguridad jurídica en materia tributaria, consecuencia de la evolución con el uso de medios electrónicos y la informática en el cumplimiento de obligaciones fiscales, lo que nos lleva a enfrentar un nuevo escenario en donde el almacenamiento, tratamiento, envío y protección de datos de los particulares, ya sea que estén en su posesión o en la de las autoridades pueden quedar a merced de terceros, que anteriormente no formaban parte de la clásica relación fisco/contribuyente y que pueden involucrarse y manipular los elementos esenciales de las contribuciones, sin que existan de momento verdaderas herramientas para evitar esa manipulación y menos para garantizar un debido resarcimiento de daños a las partes.

El apartado relativo Derecho Tributario Sustantivo incluye tres artículos, en el primero de ellos, sexto de libro, el profesor Mario Barrera Vázquez aborda el tema: "Fondo vs forma. El sistema fiscal en medio de corrientes opuestas" en el que hace un análisis de la cláusula general antiabuso, y el rol de la sustancia económica, en el cual radica el principio general que las rige, identificando corrientes filosóficas contrapuestas, que al día de hoy coexisten y afectan el sistema jurídico mexicano. En específico, como se ven reflejadas en el sistema normativo y la práctica fiscal en México, tal cómo se encuentra vigente al día de hoy, analizando la problemática de los conceptos fondo versus forma, y como estos se han ido cristalizando en la práctica fiscal, generando un sistema jurídico ambiguo, cuyas bases e interpretación podría detonar una violación directa a los derechos humanos de los contribuyentes.

El artículo séptimo, aborda el tema de: "Responsabilidad solidaria (o subsidiaria) de los accionistas, administradores únicos, gerentes, y directores generales en materia fiscal", en el que el profesor Juan Antonio Aguilar Cervantes hace una remembranza histórica de la regulación de la figura jurídica de responsabilidad solidaria en materia fiscal, hasta llegar a la legislación vigente, con nuevos supuestos a partir de 2020; analizando si en realidad se trata de una responsabilidad solidaria o subsidiaria; y en especial, la responsabilidad relativa a los socios, accionistas, gerentes, administradores únicos y directores generales.

En el artículo octavo, los profesores Mauricio Ambrosi Herrera y Pablo Fernández de Cevallos y Torres abordan en tema relativo a "La fecha cierta en materia fiscal" haciendo una crítica a la jurisprudencia que exige que todo documento que se presente a las autoridades fiscales debe de cumplir con el requisito de fecha cierta en términos de la legislación civil, proponiendo una nueva forma de interpretar dicha jurisprudencia en el sentido de que en aquellos casos en los que un documento privado carezca de fecha cierta conforme a las reglas civiles o mercantiles, este mantendrá un carácter meramente de indicio, y la veracidad de acto jurídico cuestionado se podrá acreditar mediante la apreciación conjunta de las pruebas que resulten idóneas para tal fin, con lo cual se logra alinear el propósito de la jurisprudencia, con el principio de consensualismo y las reglas de valor probatorio de los documentos privados, así como con el principio ontológico de la carga de las pruebas.

El profesor Gerardo Nieto Martínez, por su parte, aborda en el noveno artículo el tema: "Efectos fiscales de la insolvencia", reflexionando como la contingencia global ocasionada por la COVID-19 y las previas deplorables decisiones de política económica, adoptadas en México y a nivel global ha provocado que muchas empresas están sufriendo una crisis económica que probablemente motive una reestructura en el pago de adeudos a sus acreedores, o aún peor, a clausurar sus negocios de manera definitiva sin poder cumplir con sus obligaciones de pago. Ante esta situación, el autor analiza la posibilidad de disminuir el impacto económico ocasionado a los acreedores por medio de la deducción de ese crédito, ya sea que el deudor sea un residente fiscal en México o en el extranjero y asimismo, plantea la existencia de medidas fiscales que pueden ayudar a que las entidades insolventes a retomar sus operaciones con miras a una recuperación económica.

En el décimo artículo, el profesor Arturo Pérez Robles reflexiona como son cada vez más los casos que se discuten en México a través de los medios de control interno de la legalidad cuando se presentan conflictos en la interpretación y aplicación de los CDI's y las normas formal y materialmente legislativas y hace un análisis crítico a la sentencia de Amparo Directo 36/2015, resuelto por la Primera Sala de la Suprema Corte de Justicia de la Nación, cuestionando la posibilidad de que una norma de derecho interno pueda desatender el sentido del tratado y con ello violentar la cláusula de beneficios empresariales contenida en el CDI, mediante la práctica conocida en el derecho anglosajón como "Treaty Override".

En el cuarto apartado, relativo a los temas de Derecho Tributario Procesal se incluyen tres artículos. En el artículo décimo primero, de los que conforman el libro, el profesor Sergio Martínez Rosaslanda estudia el tema: "El Tribunal Federal de Justicia Administrativa, como un Tribunal de Cuentas", analizando la actual competencia del Tribunal la que comprende a toda la materia fiscal, y casi en su totalidad a la materia administrativa, derivada de la aplicación de la Ley Federal de Procedimiento Administrativo; también actúa como órgano competente para conocer de los actos administrativos derivados de la aplicación de la Ley Federal de Responsabilidad Patrimonial del Estado, de la Ley del Servicio de Administración Tributaria y de la Ley Federal de Responsabilidades Administrativas de los Servidores Públicos. Recientemente su competencia fue adicionada reflexionando que sería deseable que la nueva competencia de que se dota al Tribunal sea el punto de inicio para la creación, en un futuro no muy lejano, de un Tribunal de Cuentas, a semejanza del órgano jurisdiccional del mismo nombre que tiene más de 200 años de existencia en Francia.

El profesor Pablo Ramírez Morales, en el décimo segundo artículo analiza el tema: "Nuevo acercamiento a la carga de la prueba en la materia fiscal", realizando un estudio en la materia contenciosa fiscal donde se encuentra una regla de atribución de la carga de la prueba que pone al contribuyente en una situación de desventaja frente a la autoridad fiscal, al convertirse en un dogma inamovible en la práctica forense, tanto para juzgadores como para autoridades. Ante ello, en su ensayo plantea un acercamiento distinto a la atribución de la carga de la prueba en materia fiscal, proponiendo una distribución más justa y equitativa entre las partes en una controversia fiscal.

En el artículo décimo tercer sobre: "La conflictividad fiscal", el profesor José de Jesús Gómez Cotero reflexiona que un tema recurrente en Latinoamérica, es el número de recursos administrativos y contenciosos, así como, el importe de la deuda tributaria detectada y no cobrada que sigue un ascenso imparable, lo que se está agravando día con día, tal y como ocurre en el caso mexicano, por lo que analiza diversas medidas que se han adoptado en México para disminuir el litigio y sobre la necesidad de encontrar alternativas para la resolución de conflictos.

Por ello invitamos a los lectores a meditar sobre los distintos planteamientos contenidos en artículos de nuestros profesores, deliberando sobre sus planteamientos, seguros de que los mismos serán referencia importante en la materia fiscal.

Raúl Bolaños Vital
José de Jesús Gómez Cotero
Coordinadores

1
POLÍTICA FISCAL

~

POLÍTICA Y ADMINISTRACIÓN TRIBUTARIA SIN RUMBO

Carlos Garza Cantú Aguirre
Universidad Panamericana

INTRODUCCIÓN

La política y administración tributaria actual en México, considera que todos los mexicanos son iguales y nos sujeta sin diferencia a los mismos impuestos y a las mismas obligaciones, solo requerimos una conexión a internet y algo más. El problema es que ese "algo más" nos indica que en realidad "todos los animales son iguales, pero algunos son más iguales que otros"[1].

En efecto, ese "algo más" implica que en una compraventa simple, en una tienda de abarrotes o en la vía pública, proporcionemos al vendedor nuestro correo electrónico y exijamos nos emita un Comprobante Fiscal Digital por Internet (CFDI) avalado por el Servicio de Administración Tributaria (SAT), a su vez, nuestro vendedor tendrá que llevar su contabilidad electrónica y enviarla al SAT, presentar sus declaraciones mensuales, en su caso obtener su línea de captura y pagar sus impuestos en el banco o vía electrónica cuando cuente con ese servicio.

No es necesario contratar los servicios de un proveedor de CFDI porque, aunque pueda demorar un poco más, el SAT otorga el servicio gratuito de facturación y en muchos espacios públicos, la conexión a internet inalámbrica (Wifi) es gratuita.

---

1 ORWELL, G. *Rebelión en la Granja.* Booket, 1945.

Y si somos empleados, aun es más simple. No tenemos que hacer nada, solo esperar a que sea la época de presentar la declaración anual, buscar nuestra conexión a internet, validar nuestra declaración prellenada (que ya incluye la información de los CFDIs que nos emitieron al hacer nuestros pagos), proporcionar o validar los datos de nuestra cuenta bancaria y esperar nos deposite el SAT nuestro saldo a favor, de ser el caso. Nuestro patrón solo tuvo que emitirnos un sencillo CFDI pero de nómina (este CFDI ya con un costo porque el SAT no ofrece el servicio gratuito), retener nuestro impuesto, incluirlo en la contabilidad electrónica que envía al SAT, presentar la declaración con nuestra retención y enterarla vía internet; quizá el patrón también debió hacer algo similar para cumplir con el Instituto Mexicano del Seguro Social (IMSS), Instituto del Fondo Nacional de la Vivienda para los Trabajadores (INFONAVIT), impuestos sobre nóminas y algunas otras pequeñas cosas, nada muy complejo.

Pero según el Instituto Nacional de Estadística y Geografía (INEGI) ese "algo más" solo aplica para el 43.2 % de los mexicanos ocupados[2].

En el presente artículo, intentamos exponer algunas reflexiones de porqué la política y la administración tributaria no llegan al 56.8 % de los mexicanos ocupados y proponer un camino para poder remediarlo, pero aceptando que las diferencias, aunque idealmente no deberían existir, existen.

EL OBJETIVO DE INCREMENTAR LA RECAUDACIÓN

Es indiscutible que la política y la administración tributaria en México tienen como objetivo incrementar la recaudación; si nos quisiéramos preguntar el porqué, encontraríamos una respuesta muy simple: se recauda muy poco.

¿Por qué recaudamos poco si las tasas de impuestos son en promedio de las más altas y si aseguramos que la administración tributaria es cada vez más efectiva?

---

[2] INEGI. *Resultados de la Encuesta Nacional de Ocupación y Empleo (ENOEN)* Cifras oportunas de diciembre de 2020. Comunicado de Prensa Núm. 216/21, 22 de abril de 2021.

Si bien pudiéramos encontrar respuesta en diversos factores, el más importante es sin duda la falta de un plan estratégico o cuando lo hubo, la falta de continuidad en el mismo; esto sucede principalmente por los cambios de administración sexenales, y por la llegada de funcionarios en puestos clave, sin preparación suficiente en temas de dirección.

Para entender porque recaudamos poco, es necesario hacer un repaso a los principales cambios en la Política Tributaria y juzgarlos conforme a su contexto histórico y por los resultados que han producido.

Por otra parte, parece que la Administración Tributaría ha hecho en los últimos años una sola apuesta: la tecnología. Es indudable que somos punta de lanza en la tecnología aplicada a las obligaciones fiscales (CFDI, contabilidad electrónica, revisiones electrónicas, buzón tributario, firma electrónica avanzada, declaraciones prellenadas, etc.) pero ello no nos acerca a tener una mejor recaudación; de hecho la apuesta deja fuera de la recaudación a aquellos que no tienen la capacidad para afrontar la carga y el costo de cumplimiento, o a quienes deciden que es mejor el costo de la informalidad. Por ello, la administración tributaria es presumiblemente efectiva para la fiscalización de los formales, pero ineficaz para la recaudación nacional.

En este sentido, también es preciso revisar lo que han producido los avances tecnológicos y obligaciones asociadas a los mismos, que ha impulsado la administración tributaria, considerando que el objetivo no debe ser tener cada vez mejor tecnología, sino mejor recaudación nacional.

¿CÓMO SABER QUE RECAUDAMOS POCO?

Un acercamiento para saber que nuestra recaudación es baja, lo tenemos mediante los análisis e información que genera la Organización para la Cooperación y el Desarrollo Económico (OCDE).[3]

De acuerdo con los datos de la OCDE, en el 2019 la recaudación tributaria en México, medida como porcentaje del Producto Interno Bruto (PIB) es la más baja (16.5 %) entre los países miembros de la OCDE (33.8 %

---

3 OCDE. *Estadísticas Tributarias en América Latina y el Caribe 2021*, disponible en http://oe.cd/globalrevstats

en promedio) e incluso más baja que el promedio de los países de América Latina (22.9 %).

El mayor rezago se da en la recaudación de los gobiernos locales y en la recaudación asociada a la seguridad social, y la mayor fortaleza se da en el impuesto al ingreso de las personas morales en donde se posiciona por arriba del promedio de los países de la OCDE (21 % contra 10 %).

Es lógico que la fortaleza de nuestra recaudación esté en el impuesto sobre la renta corporativo, en virtud de que la mayoría de los esfuerzos de política y administración tributaria están enfocadas a las empresas.

CAMBIOS SIGNIFICATIVOS EN LA POLÍTICA TRIBUTARIA

Si bien en México estamos acostumbrados a reformas fiscales anuales, es posible identificar los principales cambios en la política tributaria; sin embargo, la falta de un proyecto a largo plazo derivado de los cambios de administración, y el desconocimiento o la renuncia para hacer un diagnóstico que incluya conocer el proyecto iniciado por quienes precedieron, ha fomentado que México siga rezagado en materia impositiva.

LA APUESTA DE 2008. IETU E IDE

La reforma fiscal de 2008 aprobó dos nuevos impuestos, el Impuesto Empresarial a Tasa Única (IETU) y el Impuesto a los Depósitos en Efectivo (IDE).

La intención original del IETU era sustituir al Impuesto sobre la Renta (ISR), toda vez que este último había incorporado a lo largo de los años muchos gastos fiscales (deducciones adicionales, diferimiento de impuestos, créditos fiscales, etc.), que se concedían a diversos sectores y que erosionaban la base gravable tanto del ISR como del IVA, lo cual creaba diversas inequidades; por ello la premisa del IETU era que no tenía exenciones, ni tratamientos fiscales de privilegio, motivo por el que la base impositiva era mayor a la del ISR, pero su tasa era inferior.

Se trataba de una apuesta arriesgada, porque muchos de esos gastos fiscales que se incluían en el ISR buscaban un equilibrio o evitaban algún problema, pues eran consecuencia de acuerdos políticos, ya fuera por presiones sociales, apoyos sectoriales, etc.

Es conveniente recordar que en aquellos años ya se hablaba de establecer un impuesto único al consumo que sustituyera el ISR y el IVA[4]; el IETU llevaba una intención similar, pues dependiendo de su comportamiento se pretendía derogar el ISR corporativo (Título II de la Ley del ISR) y el ISR para personas físicas con actividad empresarial o profesional y con ingresos por de arrendamiento (Capítulos II y III del Título IV) tal como se aprecia en el artículo décimo noveno transitorio de dicha Ley:

> Artículo Décimo Noveno. La Secretaría de Hacienda y Crédito Público deberá realizar un estudio que muestre un diagnóstico integral sobre la conveniencia de derogar los Títulos II y IV, Capítulos II y III de la Ley del Impuesto sobre la Renta, a efecto de que el tratamiento impositivo aplicable a los sujetos previstos en dichos títulos y capítulos quede regulado únicamente en la presente Ley. Para los efectos de este artículo el Servicio de Administración Tributaria deberá proporcionar al área competente de la Secretaría de Hacienda y Crédito Público, la información que tenga en su poder y resulte necesaria para realizar el estudio de referencia. Dicho estudio se deberá entregar a la Comisión de Hacienda y Crédito Público de la Cámara de Diputados a más tardar el 30 de junio de 2011.

De manera anecdótica, el estudio realizado en términos del transitorio, fue más para justificar que no se debía derogara el IETU y no, como lo preveía el transitorio, sobre la conveniencia de derogar o no el referido Título y Capítulos de la Ley del ISR. En el Diagnóstico a tres años de su implementación presentado a la Comisión de Hacienda de la Cámara de Diputados por la Secretaría de Hacienda de dice:

> A lo largo del presente documento ha quedado demostrado que el IETU es una pieza fundamental dentro del sistema tributario mexicano, ha cumplido con sus principales objetivos y se han acreditado sus ventajas como impuesto mínimo de control integrado con el ISR. [...] El presente diagnóstico mostró que el IETU ha logrado sus objetivos y que, al menos

---

4 GUTIÉRREZ CHÁVEZ, A. *Impuesto único: Introducción a una reforma tributaria en México.* Cato Institute. 5 de marzo de 2007.

en el corto plazo, es parte de la estructura adecuada del sistema tributario mexicano.[5]

Por su parte, el IDE se estableció como un mecanismo que pretendía ser auxiliar en el control de la evasión fiscal. Aunque no fue la intención directa, este impuesto se consideraban como un impuesto mínimo a la informalidad, y así los ciudadanos del mercado informal, que prestaban servicios o vendían bienes sin expedición de comprobantes y que no pagaban impuestos -ya fuera por decisión personal, por la incomprensión en la determinación del impuesto o por las cargas y costos excesivos de cumplimiento-, podían presumir ese pago de impuesto mínimo y sentirse contribuyentes.

Sin embargo, como todos los impuestos, el IETU y el IDE, aunque fueron efectivos, y declarados constitucionales, no eran populares.

2014 CAMBIO DE RUMBO, ADIÓS A REPECOS

El "Pacto por México", fue un acuerdo político que buscaba llevar a cabo reformas estructurales que obviamente requeríamos como la energética, la educativa, y una fiscal, que probablemente no requeríamos.[6]

La reforma propuso incrementar la base del ISR, subir aún más la tasa de impuesto de ISR para personas físicas, crear un impuesto del 10 % sobre dividendos, eliminar el régimen de pequeños contribuyentes, crear nuevos impuestos incorporados en el Impuesto Especial sobre Producción y Servicios (IEPS), ofreciendo como moneda de cambio la derogación de los dos impuestos de 2008, el IETU e IDE.

Terminó entonces la apuesta de madurar un impuesto único al consumo (IETU) y el impuesto mínimo a la informalidad (IDE), pero si nos

---

5 SHCP. *El Impuesto Empresarial a Tasa Única (IETU): Un diagnóstico a tres años de su implementación* (pp. 109 y 119). México, Secretaría de Hacienda y Crédito Público, 30 de junio de 2011.

6 El 24 de febrero de 2014 la revista *Time* publicó al presidente en su portada con el título de *"Saving Mexico"* por haber logrado las reformas estructurales, antes de conocer los efectos de las mismas, lo cual causo gran polémica (véase BEAURGARD, L. P., "La revista 'Time' causa polémica con una portada de Peña Nieto", *El País*, 14 de febrero de 2014, disponible en https://elpais.com/internacional/2014/02/14/actualidad/1392416289_721957.html).

fijamos en los efectos de la reforma, no existió más que se incrementó aparentemente cosmético en la recaudación.

En efecto, la recaudación se debía incrementar por: (i) el incremento de tasas impositivas[7]; (ii) la ampliación de la base del impuesto [Se eliminó la deducción inmediata y limitó deducciones estructurales para la determinación de la base imponible de las empresas[8], es decir, aun cuando la tasa de impuesto continuó en 30 %, se amplió la base]; (iii) al anticipar el pago de impuestos diferidos eliminando el régimen de consolidación de empresas que forman parte de grupos; (iv) al incorporar nuevos impuestos [10 % sobre dividendos, IEPS a bebidas azucaradas, a alimentos calóricos y ecológicos a los combustibles fósiles y gasolinas) por si ello fuera poco; (v) al participar a los Estados impuestos que la federación no había podido recaudar, como se aprecia en la reforma del 9 de diciembre de 2013 a la Ley de Coordinación Fiscal:

> Artículo 3-B.- Las entidades adheridas al Sistema Nacional de Coordinación Fiscal participarán al 100% de la recaudación que se obtenga del impuesto sobre la renta que efectivamente se entere a la Federación, correspondiente al salario del personal que preste o desempeñe un servicio personal subordinado en las dependencias de la entidad federativa, del municipio o demarcación territorial del Distrito Federal, así como en sus respectivos organismos autónomos y entidades paraestatales y paramunicipales, siempre que el salario sea efectivamente pagado por los entes mencionados con cargo a sus participaciones u otros ingresos locales.

---

7 La tasa máxima de impuesto de personas físicas pasó de 30 % a 35 % e incluyendo un impuesto adicional a los dividendos del 10 % sobre su monto, lo que podía llevar a pagar una tasa efectiva del 42 %, *Cfr.* SÁNCHEZ GUTIÉRREZ, L. I., *Nuevo Impuesto sobre la Renta sobre Dividendos.* Agosto 2014 Fisco Actualidades No. 14. Instituto Mexicano de Contadores Públicos.

8 La fracción XXX de la Ley del Impuesto sobre la Renta (LISR) considera no deducible el 53 % de los pagos que son ingresos exentos para los trabajadores, aun cuando sean obligatorios como lo es la PTU. Y aunque la Suprema Corte de Justicia, para sorpresa de muchos desestimó el amparo, el Gobierno Federal tuvo que actuar con inequidad al emitir un Decreto el 26 de diciembre de 2013, para otorgar como estímulo fiscal a las maquiladoras, la deducción del restante 47 %.

Es decir, este impuesto sobre la renta que antes no se pagaba, se entera efectivamente por la Entidad Federativa, incrementando con ello la recaudación de forma cosmética, porque ese mismo monto se regresa al 100 % a la Entidad Federativa.

Sin embargo, uno de los más trascendentes cambios de rumbo de la política fiscal, fue la renuncia a recaudar impuesto a la informalidad, al desaparecer el Régimen de Pequeños Contribuyentes (REPECOS) e incorporar un incomprensible "Régimen de Incorporación Fiscal" (RIF) y de paso, debilitar la estructura de administración tributaria de los Estados, quienes eran los responsables de la recaudación de los REPECOS.

El RIF es una idea aceptable para un país con inexistente o muy baja informalidad, pero de acuerdo con el INEGI la tasa de Informalidad Laboral que era apenas superior al 50 % en 2013 (año anterior a la reforma 2014) pasamos al 56.8 % en marzo de 2021, es decir 30.6 millones de mexicanos[9]. La diferencia es que en el 2013, algunos de los informales sí pagaban ISR como REPECOS, pero ahora podemos afirmar que actualmente, ninguno paga ISR como RIF[10].

En efecto, los REPECOS pagaban una cuota fija, pero no podían emitir comprobantes fiscales digitales, es decir, un reconocimiento de una economía informal pero que pagaba impuesto; quizá no era la mejor fórmula pero de ahí pasamos a exigir a todos los informales la expedición de un CFDI, llevar contabilidad y pagar impuestos de forma compleja, salvo el primer año (que estarían subsidiados al 100 %) y con un subsidio paulatino para que en 10 años (en el 2024), ya todos tendrían la carga y pago completo. En papel no sonaba tan mal, pero en una realidad como la que tenemos en México y soportados en los datos del INEGI, podemos afirmar que, como política tributaria el RIF no funcionó.

---

9 INEGI. *Resultados de la Encuesta Nacional de Ocupación y Empleo (ENOEN)* Cifras oportunas de diciembre de 2020. Comunicado de Prensa Núm. 216/21, 22 de abril de 2021. Y si acudimos a la medición de la Economía Informal 2003-2019, pasamos de 2,485,281 en el 2013 a 3,747,534, ambas cifras en millones de pesos a precios corrientes.

10 Durante el 2015 y 2016 el servicio más demandado en las Administraciones de Servicio al Contribuyente fue la disminución de obligaciones, derivado de que los REPECOS fueros dados de alta en el RIF, y ante los primeros actos de fiscalización, los contribuyentes se dieron de baja de esa obligación.

Darío Gonzales sostiene que:

> [...] podemos decir que en América Latina los pequeños contribuyentes son alérgicos al régimen general del sistema tributario. Pero también cabe aclarar, que esta alergia tiene sus causas y que las mismas se hallan fundamentadas. No resulta lógico exigirles a este universo la misma carga tributaria y el costo del cumplimiento formal que a los contribuyentes de mayor significación fiscal[11].

Y finaliza afirmando que la realidad se impuso y la mayoría de los países crearon múltiples regímenes especiales para formalizar a los informales.

También apunta que la informalidad no solo puede ser por una decisión individual, sino que puede ser la consecuencia de una exclusión del sistema[12], como en mi opinión pasa en México, por lo que ya hemos apuntado.

Consecuentemente, con la reforma de 2014 (i) finalizaron la apuesta de intentar tener un impuesto simple al consumo (IETU) que sustituyera a un complejo ISR; (ii) apostaron a desaparecer la informalidad con el RIF, eliminando la cuota fija a los REPECOS, debilitando la administración tributaria de las Entidades Federativas y derogando el IDE. (iii) aumentaron la base del ISR, incrementaron la tasa para personas físicas e incluyeron nuevos impuestos (a los dividendos en ISR, a los combustibles fósiles, bebidas azucaradas y alimentos calóricos en el IEPS).

Pero en su momento, lo más preocupante de una esta reforma que no respondía a la realidad, fue la contundente voluntad expresada por el Ejecutivo para no modificarla, y como si ello fuera poco, nuestro principal socio comercial, los Estados Unidos de América bajo la tasa de impuesto corporativo del 35 % al 21 % en 2017 y a partir de ello, era más barato invertir allá que acá.

---

11 GONZÁLEZ, D. *Los regímenes especiales de tributación para pequeños contribuyentes en AL: el desafío pendiente.* Centro Interamericano de Administraciones Tributarias (CIAT), 4 de marzo de 2020.

12 GONZÁLEZ, D. *La informalidad tributaria en ALC: ¿seguimos pescando dentro de la pecera?* Centro Interamericano de Administraciones Tributarias (CIAT), 20 de octubre de 2020.

De no cambiar la política tributaria y ajustarla a la realidad mexicana, no solamente seguiremos recaudando poco, sino que se perderá inversión y trabajos formales, continuando una división mayor –más forzada por la ley que por la voluntad– entre los mexicanos con empleo formal que pagan impuesto (actualmente 43.2 % según el Inegi) y aquellos con empleo informal que no pagan impuestos, que antes sí podían ya fuera como REPECOS y/o a través de IDE.

LA TECNOLOGÍA EN LA ADMINISTRACIÓN TRIBUTARIA

En diversas partes del mundo se ha visto una tendencia hacia la implementación de mecanismos electrónicos como medio de interacción en el comercio nacional e internacional, mismos que por su practicidad han servido como mecanismos que facilitan el cumplimiento de obligaciones contractuales, pero que a su vez, han sido usados por algunas Administraciones Tributarias para convertirles en un medio de control y fiscalización.

Uno de los mecanismos electrónicos más difundidos en el mundo es la factura electrónica[13], pero solo en España y en algunos países de Latinoamérica se utiliza obligatoriamente para efectos fiscales; es más, solo México y Brasil exigen un comprobante fiscal al 100 % de las transacciones, es decir, hasta la venta al público. La diferencia es que en Brasil la Administración Tributaria Federal solo se requiere la factura entre empresas y para la venta al público se requiere una Nota Fiscal Electrónica exigible por la administración tributaria estatal.

Pero no solo somos el único país que obliga a la factura electrónica a todos los niveles y que es administrada de forma federal por el SAT, mediante la expedición del CFDI, sino que prácticamente obligamos al contribuyente a facturar a través de proveedores de CFDI con el costo que ello implica[14], pero no solo eso:

---

[13] *Cfr.* Edicom. *Global e-Invoicing Platform*, disponible en https://edicomgroup.com/electronic-invoicing.

[14] Si bien el SAT tiene un servicio gratuito de CFDI es solo para personas físicas y no es tan amigable para su uso.

- Obligamos a realizar un complemento de cada uno de los pagos asociados a una factura, mediante el respectivo CFDI por cada pago, informando de la cuenta bancaria y transferencia.
- Obligamos a expedir un CFDI de Egreso.
- Obligamos a expedir un CFDI por cada pago de nómina.
- Obligamos a expedir un CFDI cuando hacemos un pago y efectuamos una retención.
- Obligamos a expedir un CFDI por mercancía de transporte y acompañarlo de una Carta Porte.

Todo con el costo que ello implica y en beneficio seguramente de los proveedores de CFDI.

También llevamos mano en México con la contabilidad electrónica, servicio igualmente proporcionado por los proveedores de CFDI y con los costos de cumplimiento administrativo y monetario para el contribuyente.

Si bien la factura electrónica y los servicios electrónicos tenían como premisa la simplificación así como eliminar la discrecionalidad y la evasión, hoy parece todo lo contrario, detectándose entre otros los siguientes inconvenientes:

- El principal dolor de cabeza de la administración tributaria son las operaciones inexistentes o presumiblemente inexistentes, amparadas en un CFDI validado por el SAT, emitido gracias a una Firma Electrónica otorgada por el SAT mediante la toma de datos biométricos del contribuyente o de su representante legal, y de proveedores fantasmas con constancias de cumplimiento positivas emitidas por el SAT. Es decir, los medios electrónicos no resolvieron el problema de fondo, sino por el contrario, le dieron una estructura formal.
- Adicionalmente, la fiscalización por medios electrónicos de todas las transacciones generadas por los contribuyentes (CFDI) implica para cualquier Administración Tributaria tener una gran infraestructura, control, e inteligencia digital, situación que de ser posible, resultaría muy costosa para los países que pretendieran llevarla a cabo. Por ello, las bases de datos del SAT son resguardadas en la infraestructura de los proveedores de CFDI.

- Otro obstáculo o inconveniente que se ha presentado es que no todas las áreas de fiscalización del SAT tienen acceso a los CFDI, razón por la que resulta doblemente costoso que los contribuyentes que ya cumplieron con todos los requisitos de la carga tributaria, deban tener que entregar, nuevamente, ahora a los auditores del propio SAT, la información que de suyo ya deben tener.

En este contexto, la mayoría de los estados miembros de la OCDE no regulan la factura electrónica como medio de control y fiscalización, por un análisis de costo-beneficio, y sin embargo, tienen una mayor recaudación que México.

LA PERCEPCIÓN DE RIESGO Y LA TASA EFECTIVA

En conferencia de prensa la Jefa del SAT informó[15] "que la tasa efectiva del Impuesto sobre la Renta a Grandes Contribuyentes fue de 1.3 % durante el 2020, porcentaje menor que el ISR a personas físicas que fue del 25.4 %". El tono de la declaración parece ser muy simple, los grandes contribuyentes pagan muy pocos impuestos y los actos de fiscalización se centraran en ellos; en efecto, en la misma conferencia aclaró que "para este año parte de los recursos que el país necesita se obtendrán por dos canales: a través del combate a la informalidad y la recaudación de Grandes Contribuyentes.

Pero no se aclaró la diferencia entre la tasa de impuesto a las personas morales (30 %) y la tasa efectiva. La primera se aplica a la utilidad del contribuyente, es decir sus ingresos menos sus gastos; la segunda se obtiene de comparar los ingresos con el impuesto pagado, sin tomar en cuenta las deducciones. Es decir, la tasa efectiva no es ilegal, inmoral e incluso no es necesariamente baja.

Tomemos un ejemplo de la propia Ley. El artículo 59 del Código Fiscal de la Federación, faculta a la autoridad para determinar presuntivamente la utilidad fiscal (ingresos menos deducciones) y aplicar a los ingresos brutos un coeficiente; la fracción I establece un coeficiente del 6 %, es

[15] NOLASCO, S. "La reforma tributaria sería una Miscelánea Fiscal: Raquel Buenrostro", *El Economista*, 14 de junio de 2021.

decir, considera que de cada 100 pesos de ingreso, se deben gastar 94, consecuentemente, al aplicar la tasa de impuesto de 30 % a esa utilidad de 6 pesos, el impuesto sería de 1.8 pesos, consecuentemente la tasa efectiva 1.8 %.

Por su parte las personas físicas pueden tener una tasa de impuestos incluso mayor a la de las personas morales (hasta el 35 % o incluso del 42 % en caso de dividendos) y en el caso de asalariados, prácticamente sin deducciones. Por ello comparar su tasa efectiva promedio con la de las personas morales es en sí mismo, un sin sentido, pero apoya la idea del colectivo de que los Grandes Contribuyentes son evasores.

Ahora bien, es lógico que para obtener mayor recaudación se enfoquen los esfuerzos en Grandes Contribuyentes, pero también el SAT ha manifestado que se combatirá la informalidad, sin embargo, aunque la declaración sea políticamente correcta y bien recibida, lo cierto es que (i) no existe una Política Tributaria que le ayude a combatir la informalidad (ya no hay cuotas fijas a los REPECOS ni IDE que le ayude), y todas las herramientas tecnológicas que ha creado el SAT no ayudan para combatir la informalidad, y son por el contrario, un obstáculo para la formalidad, (ii) al dirigir los esfuerzos de la administración, solo a los contribuyentes formales (que tienen que cumplir con toda la carga administrativa sus costos) la recaudación secundaria puede ser muy efectiva, pero es como el cazador que realiza tiros de precisión en el zoológico.

CONCLUSIONES

Contar con una política tributaria que trata igual a todos los contribuyentes, a pesar de las diferentes capacidades administrativas tiene como consecuencia el incremento a la informalidad, es decir, fomenta lo que pretendía combatir. Es necesario crear un esquema diferenciado que permita y facilite pagar impuestos a los informales, con la finalidad de que todos puedan contribuir al gasto público de manera proporcional y equitativa, como establece la Constitución.

Los cambios de política tributaria tienen que partir de un diagnóstico de la realidad mexicana, hacer y comunicar un plan estratégico que permita a los contribuyentes conocer la política tributaría para poder tomar decisiones de inversión con menor riesgo.

Es necesario hacer un plan estratégico de política y administración tributaria coordinadas, dicho plan no tiene ni debe ser estático, sino estar sujeto a medición y evaluación constante, como debe ser.

La tecnología debe ser un medio y no un obstáculo para la recaudación; si bien los CFDI proporcionan información invaluable para la administración tributaria, el costo de cumplimiento para el contribuyente se incrementa cada vez más; aleja a muchos contribuyentes para formalizarse y, es tanta la información que obtiene el SAT que es muy difícil de administrar. Finalmente, si nos atenemos a los resultados de recaudación, la tecnología no nos ha acercado a obtener una mejor recaudación.

REFERENCIAS

Libros y artículos

Orwell, George, *Rebelión en la Granja*. Booket, 1945.

González, Darío. *La informalidad tributaria en ALC: ¿seguimos pescando dentro de la pecera?* Centro Interamericano de Administraciones Tributarias (CIAT), 20 de octubre de 2020.

González, Darío. *Los regímenes especiales de tributación para pequeños contribuyentes en AL: el desafío pendiente.* Centro Interamericano de Administraciones Tributarias (CIAT), 4 de marzo de 2020.

Gutiérrez Chávez, Adolfo. *Impuesto único: Introducción a una reforma tributaria en México.* Cato Institute, 5 de marzo de 2007.

Sánchez Gutiérrez, Luis Ignacio, *Nuevo Impuesto sobre la Renta sobre Dividendos.* Agosto 2014 Fisco Actualidades No. 14. Instituto Mexicano de Contadores Públicos.

Secretaría de Hacienda y Crédito Público (SHCP). *El Impuesto Empresarial a Tasa Única (IETU): Un diagnóstico a tres años de su implementación* (pp. 109-119). México, Secretaría de Hacienda y Crédito Público, 30 de junio de 2011.

Recursos electrónicos

Beauregard, Luis Pablo. "La revista 'Time' causa polémica con una portada de Peña Nieto", *El País*, 14 de febrero 2014, disponible en https://elpais.com/internacional/2014/02/14/actualidad/1392416289_721957.html

Edicom, *Global e-Invoicing Platform*, disponible en https://edicomgroup.com/electronic-invoicing.

Instituto Nacional de Estadística y Geografía (INEGI). *Resultados de la Encuesta Nacional de Ocupación y Empleo (ENOEN)* Cifras oportunas de diciembre de 2020. Comunicado de Prensa Núm. 216/21, 22 de abril de 2021.

Nolasco, Santiago. "La reforma tributaria sería una Miscelánea Fiscal: Raquel Buenrostro", *El Economista*, 14 de junio de 2021.

Organización para la Cooperación y el Desarrollo Económicos (OCDE), *Estadísticas Tributarias en América Latina y el Caribe 2021,* disponible en http://oe.cd/globalrevstats

~

PACTO FISCAL: LA NECESIDAD DE SU RENEGOCIACIÓN PARA FORTALECER EL SISTEMA TRIBUTARIO

Patricia O. López Padilla Barrera
Universidad Panamericana

INTRODUCCIÓN

No es desconocido para ninguno de nosotros que la pandemia COVID-19 provocó una grave y funesta paralización de las actividades profesionales, económicas y educativas del país, cuyos efectos colaterales seguimos sufriendo al día de hoy. El ámbito tributario también resintió el efecto del coronavirus, pues el cierre de empresas, el desempleo y el cese del consumo, aunado a la caída en los precios del petróleo, propiciaron un descenso en la recaudación y una consecuente reducción en las transferencias de la Federación hacia las entidades federativas.

Podríamos afirmar sin temor a equivocarnos que la reducción en las transferencias de aportaciones y participaciones de la Federación hacia las entidades federativas verificada en 2020 fue la "gota que derramó el vaso" en varios estados de la República, que al día de hoy exigen una fuerte reforma al Sistema Nacional de Coordinación Fiscal imperante en nuestro país. Diversas entidades federativas aseveran que esta situación provocó que no contaran con suficientes recursos para hacer frente a la pandemia, y por ello, demandan una renegociación de las fórmulas de la coordinación fiscal existente, con el principal objetivo de modificar los montos y porcentajes de las transferencias realizadas a favor de dichas entidades por concepto de aportaciones y participaciones federales.

No podemos negar que el Sistema Nacional de Coordinación Fiscal (también conocido como Pacto Fiscal) representa ventajas importantes, tal como lo ha sido el evitar la doble tributación en perjuicio de contribuyentes, o el asegurar la subsistencia de aquellas regiones del país sumidas en el atraso y que difícilmente podrían subsistir basándose exclusivamente en su actividad recaudatoria. Si no existiera dicho Pacto Fiscal ni la renuncia por parte de las entidades federativas a establecer contribuciones, millares de contribuyentes estarían sometidos a los indeseables efectos de la doble tributación entre Federación y entidades federativas, y muchos municipios se encontrarían sumidos en una pobreza peor a la que podrían estar sufriendo en la actualidad, pues es una realidad que la mayoría de las entidades federativas no han sido capaces de sentar las bases para el establecimiento de contribuciones y que en los albores de 2022 siguen manteniendo deficiencias recaudatorias tan graves como las que hubiesen podido tener en 1978.

No obstante lo anterior, no debemos cerrar los ojos a tres hechos fundamentales: i) el sistema de aportaciones y transferencias no ha coadyuvado a fortalecer e incentivar la recaudación a nivel local y ii) las entidades federativas más desarrolladas están sufriendo consecuencias adversas como resultado de los actuales porcentajes de transferencias, las cuales no premian con suficiencia sus esfuerzos recaudatorios, y iii) el Pacto Fiscal actual constituye un sistema arcaico y anquilosado en las necesidades que tanto la Federación como las entidades federativas tenían hace 40 años.

Bajo este escenario, el propósito de la presente investigación es analizar el contexto histórico de nuestro Pacto Fiscal, para exponer las cuestiones que a nuestro juicio debe contemplar el modelo que decida renegociarse en un futuro inmediato.

CONVENCIONES NACIONALES HACENDARIAS. MARCO HISTÓRICO

Causa y evolución del federalismo fiscal en México durante el siglo XX

En 1917 el marco constitucional tributario sobrellevó modificaciones sustanciales en las décadas siguientes a la promulgación de la Constitución de 1917; en su mayoría fueron propuestas de las Convenciones Fiscales. En estas se congregaban representantes de las haciendas locales y la federal en búsqueda de soluciones que proporcionaran seguridad jurídica al cobro de impuestos, y, evitara que las entidades federativas quedaran sin los recursos necesarios para su subsistencia y desarrollo.

En la respectiva Constitución y su correspondiente contexto histórico, el sistema tributario nacional apuntaba facultades expresas para la Federación en materias taxativamente acondicionadas, en cuya recaudación las entidades federativas se comprometían a ser partícipes; así como prohibiciones y limitaciones para la Federación y las entidades vinculadas con el establecimiento de la hacienda municipal.

El sistema constitucional originario carecía de una coordinación que impidiera llevar a cabo el ejercicio de la potestad tributaria sobre las mismas fuentes recaudatorias o hechos, y que por tanto, evitara una doble o múltiple tributación. Sabemos desde luego que la doble tributación no es inconstitucional, sin embargo, es la causal de serias problemáticas como por ejemplo, la condensación de actividades en determinadas entidades que impliquen beneficios a raíz de sus regímenes fiscales. Es por esto que el sistema de distribución de recursos ha evolucionado al siglo XX a través del proceso de federalización de los impuestos.

Nuestro actual Pacto Fiscal tuvo como orígenes tanto las Convenciones Nacionales Fiscales como la Convención Nacional Hacendaria a la que brevemente nos referiremos enseguida.

Semblanzas de las Convenciones Nacionales Fiscales de 1925, 1933 y 1947

Durante el siglo XX, el país se transformó por su avance en materia de coordinación fiscal, la cual se originó por las Convenciones Nacionales Fiscales, las cuales tenían por objetivo el simplificar el sistema tributario del país y el delimitar -y limitar- a la Federación, entidades federativas y municipios en lo que al ejercicio de sus facultades en materia impositiva se refiere. En pocas palabras, el propósito de las Convenciones Nacionales Fiscales era acrecentar la eficiencia en la recaudación, evitando la doble o múltiple tributación.

La primera Convención Fiscal de 1925

La misma tuvo verificativo el 22 de julio de 1925, con el General Plutarco Elías Calles como Presidente de la República. Los objetivos generales se basaban en asignar fuentes de recursos entre los tres poderes de gobierno, buscando asegurar la eficiencia de ingresos y enmendar la variedad de tributos federales, estatales y municipales. Esto con propósito de eludir y solventar la caótica recaudación.

De la misma forma, destacaron también objetivos particulares que delimitan las competencias locales y la federal en materia de impuestos. Asimismo, la creación de un Plan Nacional de Arbitrios que busca unificar el sistema fiscal en la República y la determinación de un órgano permanente que se dedique a estudiar las exigencias de la economía nacional. La Convención nombra dos comisiones: la primera destinada a analizar el problema de la concurrencia tributaria y la segunda, encargada de crear el plan de arbitrios.

En dicha convención se arribó a la conclusión de la necesidad de convocar a una Convención Fiscal Nacional, para diseñar el esquema tributario que sería dividido entre Federación y entidades federativas.

La Segunda Convención Nacional Fiscal de 1933

El 11 de mayo de 1932, con el General Abelardo L. Rodríguez en su carácter de Presidente de la República, emite la convocatoria para la Segunda Convención a celebrarse del 10 al 20 de agosto del mismo año. Los objetivos generales estribaban en acotar la jurisdicción fiscal en los tres ámbitos de gobierno, así como en la exclusión de conflictos derivados de la concurrencia impositiva.

La Convención tuvo ciertas conclusiones que obtuvieron el carácter de recomendaciones concretas enfocadas en los problemas de erarios federales y locales. Las recomendaciones de esta segunda convención no pudieron ponerse en práctica, principalmente, por la convulsa situación internacional de cara a la Segunda Guerra Mundial.

La Tercera Convención Fiscal de 1947

El 4 de octubre de 1947, con Miguel Alemán como Presidente de la República, se celebró la Tercera Convención Fiscal.

El objetivo general consistió en buscar la coordinación fiscal entre los tres ámbitos de gobierno y en generar una unificación económica nacional que evitara la escasez de ingresos en estados y municipios. Dentro de los objetivos específicos, destacaron la planificación de la forma en que los municipios, los estados y la Federación se distribuirían los impuestos, así como la colaboración entre los particulares y autoridades fiscales, propiciando reducir al mínimo los gastos de recaudación y control de impuestos.

Como resultado de esta Convención, en 1948 se promulgó la Ley Federal del Impuesto sobre Ingresos Mercantiles (ISIM), la cual reemplazó a los considerables impuestos estatales y federales al comercio y a la industria. En el mismo año, se promulgó también la Ley que Regula el Pago de Participaciones en Ingresos Federales a las Entidades Federativas y se fundó la Comisión Nacional de Arbitrios para formular y plantear medidas en materia impositiva local y federal.

En esta convención se siembra la idea toral que impregna el sistema Nacional de Coordinación Fiscal, misma que tiende a simplificar el sistema tributario y reanimar las finanzas municipales y estatales a través de la retribución de participaciones federales.

Tengamos presente que el gran problema del Sistema Nacional de Coordinación Fiscal es justamente, que nuestra Constitución no lo prevé, y que por tanto, su evolución ha dependido de la voluntad de la Federación y de las entidades, quienes quedan bajo la rectoría de la Ley de Coordinación Fiscal (misma que asegura las fórmulas y mecanismos para el reparto y entrega de participaciones a los estados), después de haber efectuado la renuncia a sus facultades impositivas a través de la celebración de convenios de adhesión con la Federación.

Primera Convención Nacional Hacendaria de 2004

La coordinación fiscal en México se centra fundamentalmente en los ingresos públicos a pesar de que en la última década comenzaron a darse procesos de descentralización del gasto federal respecto a la salud, seguridad pública, infraestructura social, y educación mediante transferencias que la Federación conduce hacia las entidades federativas.

Propósitos, objetivos y resultados legislativos de la primera Convención Nacional Hacendaria

La primera Convención Nacional Hacendaria (CNH) convoca a los Congresos Locales, los representantes de los gobiernos estatales, municipales y federal, al Congreso General de los Estados Unidos Mexicanos y a la sociedad civil. Tiene por objetivo determinar las responsabilidades de gasto y las facultades y atribuciones impositivas respecto a los ámbitos de gobierno. Su propósito general es:

> [...] coadyuvar a impulsar un desarrollo económico más dinámico y justo, definir las responsabilidades de gasto a partir de las necesidades básicas en materia social y de infraestructura de cada uno de los tres órdenes de gobierno, así como generar los recursos necesarios suficientes dentro de un nuevo federalismo[1].

Otros objetivos consisten en difundir y crear un diagnóstico de la condición de las haciendas estatales, municipales y federal. Una meta que explora es obtener un federalismo hacendario integral que incluya la deuda, el patrimonio público y el gasto. Así pues, busca obtener una simplificación en la legislación y modernizar los métodos de gastos e ingresos y de esa forma conseguir armonización hacendaria y transparencia.

Principios que rigen a la Convención Nacional Hacendaria

La CNH se celebra bajo el principio de integridad que indica que debe existir una visión armónica entre los tres ámbitos de gobierno respecto

---

[1] REYES TÉPACH, M., "Las Convenciones Nacionales Fiscales y Hacendaria de 1925, 1933, 1947 y 2004", *Servicio de Investigación y Análisis, División de Economía y Comercio,* febrero de 2004, disponible en http://www.diputados.gob.mx/sedia/sia/se/SIA-DEC-ICS-05-04.pdf

del patrimonio público, ingreso, gasto y deuda. Debe concederse especial prioridad al principio de congruencia con el Sistema de Planeación Democrática y el orden constitucional, para cumplirse con un acuerdo nacional que implique la renovación del Pacto Federal, la autonomía y equilibrio de los sectores de gobierno para fortalecer equitativamente a las finanzas públicas.

Por último, exige la rectoría del principio de subsidiariedad para que las reformas impuestas otorguen a municipios y estados, facultades y recursos necesarios a fin de que puedan ejercer las facultades de las que son titulares.

¿Momento de renegociar el Pacto Fiscal?

Nuestro Sistema Nacional de Coordinación Fiscal (SNCF), también conocido como Pacto Fiscal, consiste en la renuncia voluntaria de las entidades federativas a ejercer sus facultades relativas a la imposición de contribuciones en favor de la Federación, a cambio de transferencias de recursos por parte de la Federación en favor de entidades federativas y municipios (Ramos 28 y 33 del Presupuesto de Egresos de la Federación).

En 2020, gobernadores de distintas entidades federativas de nuestra República[2] instaron al Presidente de la República, Andrés Manuel López Obrador, a que convocara una nueva Convención Nacional Hacendaria con la finalidad de renegociar los porcentajes de participaciones de la coordinación fiscal existente actualmente entre Federación y entidades federativas, y de renovar los montos de las transferencias a favor de determinadas entidades por concepto de participaciones federales y aportaciones. Tal como lo mencionamos con antelación, fue la falta de recursos que sufrieron algunas entidades federativas para hacer frente a la pandemia, la causa última que motivó la creciente exigencia de una nueva convención nacional hacendaria. No obstante, lo cierto es que la constante práctica de subsidiar a las entidades federativas más rezagadas

---

[2] Concretamente, los gobernadores de Nuevo León, Jaime Rodríguez Calderón; de Tamaulipas, Francisco García Cabeza de Vaca; de Coahuila, Miguel Ángel Riquelme; de Durango, José Rosas Aispuro; de Michoacán, Silvano Aureoles; de Colima, José Ignacio Peralta; de Aguascalientes, Martín Orozco Sandoval y de Jalisco, Enrique Alfaro Ramírez.

–sin observarse una mejoría en su situación como resultado de la coordinación fiscal– condujo al hartazgo de los estados más desarrollados.

Recordemos que, debido a la adhesión a este sistema, las entidades federativas renuncian a establecer gravámenes sobre: 1) actos o actividades por lo que deba pagarse el IVA, excepto la prestación de servicios de hospedaje, 2) los activos y las utilidades de las empresas, 3) los intereses, títulos de crédito, operaciones financieras derivadas y los productos o rendimientos derivados de su propiedad o enajenación. 4) El uso o goce temporal de casa habitación, y, 5) espectáculos públicos consistentes en obras de teatro y funciones de circo (que superen un gravamen a nivel local del 8 %). Estas renuncias se traducen en que las entidades federativas quedan prácticamente sin facultades impositivas, conservando únicamente la posibilidad de establecer gravámenes sobre la nómina, el turismo, la tenencia de automóviles, algunos espectáculos públicos, juegos, rifas y sorteos, así como un impuesto cedular a los ingresos percibidos por personas físicas por la prestación de servicios independientes y la realización de actividades empresariales, por el otorgamiento del uso o goce temporal de inmuebles y por la enajenación de bienes.

El SNCF representó grandes ventajas como lo son el evitar la doble tributación en perjuicio de los contribuyentes y garantizar a las entidades federativas, la obtención de un reparto seguro por parte de la Federación. La Federación es quien impone y recauda la mayor parte de las contribuciones a cargo de los sujetos pasivos o contribuyentes, y es la que transfiere a cada una de las entidades federativas un porcentaje del monto recaudado. De esta manera, es la Federación la que tiene a su cargo y bajo su potestad la decisión respecto a qué contribuciones impondrá y recaudará, así como los términos bajo los cuáles llevará a cabo la repartición entre las entidades federativas. Sin duda, en un inicio el SNCF generó importantes beneficios tributarios para las entidades federativas, pero actualmente, y después de 40 años de la implementación del sistema vigente hasta nuestros días, es dable observar fuertes desigualdades entre las entidades federativas y una importante inconformidad por parte de ciertos estados que además de no poder disponer de mayores transferencias, tampoco tienen plena libertad para decidir a qué rubros destinar los montos transferidos.

Las entidades federativas tienen deficiencias en sus sistemas de recaudación; deficiencias que no se han subsanado con el SNCF y que no cambiarán si dicho sistema no sufre modificaciones sustanciales. Aunado a esto, causa fuerte molestia a las entidades federativas, el hecho de que del total de los recursos recaudados por la Federación (Fondo General Participable), solo el 20 % se reparte entre las entidades federativas[3].

Consideramos que es tiempo de que dicho porcentaje de distribución sea renegociado, pues la realidad imperante ha demostrado que el mismo resulta insuficiente para las necesidades actuales por las que atraviesan las entidades federativas. De hecho, organismos empresariales y confederaciones patronales como COPARMEX han hecho propuestas concretas para que el porcentaje a repartir entre las entidades federativas ascienda al 30 % de la recaudación federal participable recaudada por la Federación. Al respecto, debemos mencionar que si bien es cierto es por demás conveniente el aumento del porcentaje del fondo a distribuir entre los estados, también lo es que un simple aumento en el porcentaje de transferencias, no propiciará por sí mismo ni la erradicación de las desigualdades entre entidades, ni el desarrollo de las entidades poco desarrolladas ni el fortalecimiento de nuestro sistema tributario. Con lo anterior queremos decir que deben verificarse diversos cambios al SNCF para que el mismo responda a las necesidades del Siglo XXI y coadyuve a la mejora de nuestro sistema impositivo. No debemos ignorar que aunque el Pacto Fiscal soluciona problemas inmediatos, no contribuye al crecimiento y desarrollo sustentable de las entidades federativas, quienes no aprenden a recaudar, porque en realidad no lo necesitan hacer; dején-

---

3 El reparto del 20 % del Fondo General Participable se hace de la siguiente manera: 1) La entrega del fondo general de participaciones a las entidades, mejor conocido como el Ramo 28, el cual se proporciona a las entidades federativas en atención a su aportación a la recaudación federal, al incremento en su Producto Interno Bruto y a su densidad poblacional. Conviene destacar que los montos entregados a las entidades federativas proveniente de este *fondo general de participaciones o Ramo 28* son de libre disposición por parte de cada una de las entidades beneficiarias; sin embargo, representan el menor porcentaje de los montos totales distribuidos entre los estados, y 2) la entrega del fondo general de aportaciones a las entidades, mejor conocido como el Ramo 33, el cual se transfiere a las entidades federativas en razón de sus carencias y rezago, y que tiene la característica de no ser de libre disposición para las entidades federativas, sino que constituye un fondo de *financiamientos atados* que deben destinarse a los siguientes rubros: i) educación, ii) salud, iii) seguridad pública, iv) fortalecimiento municipal e v) infraestructura de la entidad federativa.

dose por tanto de lado, los principios de "autonomía y autosuficiencia" consagrados en la Constitución.

Por otro lado, tampoco debemos omitir considerar otra fuerte inconformidad que ha ocasionado que los gobiernos locales demanden la celebración de una nueva convención nacional hacendaria. Esta inconformidad radica en que a su juicio, las entidades que más aportan al Pacto Fiscal, son las que menos reciben recursos por parte de la Federación.

Aunque muchas entidades federativas están conformes con lo que reciben por concepto de las transferencias federales que se les otorgan como consecuencia de haberse adherido al SNCF (pese a que el Pacto Fiscal, tiene como ya lo veíamos, el bemol de sumir a algunas entidades federativas en el atraso y en la deficiencia recaudatoria), lo cierto es que después de 40 años, a entidades como Jalisco, Nuevo León, Estado de México, Tamaulipas, Coahuila y Guanajuato les resultan insuficientes las "fórmulas" bajo las cuales se les transfieren los fondos por parte de la Federación. Estas entidades federativas que tienen mayor densidad poblacional y un mayor número de ingresos per cápita que el resto de los estados, y que por tanto, aportan más recursos a la Federación, no están conformes con los montos que les asigna la Federación del total del monto recaudado, ni con que la mayor parte de las transferencias aportadas vayan a entidades como Oaxaca, Guerrero y Chiapas, las cuáles (desafortunadamente) tampoco han mejorado ni avanzado como consecuencia del SNCF adoptado. A manera de ejemplo podemos decir que Jalisco solo recibe el 5.6 % del total de la recaudación federal, aun cuando es una de las entidades federativas que más aporta al Sistema Nacional de Coordinación Fiscal.

No obstante, esta última queja de las entidades federativas está sustentada en varios mitos. El primero de ellos es que en realidad, es la Federación y no las entidades federativas, quien hace la principal labor recaudatoria. Si no fuese por los esfuerzos recaudatorios de la Federación, la mayoría de las entidades federativas carecerían de los recursos necesarios para su subsistencia. De hecho, diversos analistas del CIDE afirman que de 100 pesos recaudados en México, 93 provienen de la Federación y solo 7, de las entidades federativas. La mayor parte del presupuesto de una entidad federativa se nutre de las participaciones federales. Pese a todas las quejas, estados como Jalisco, Nuevo León, Estado de México y Ciudad de México son las principales destinatarias de los montos transferidos por la Federación. Es así porque son estas entidades federativas las que representan el mayor PIB (y la mayor densidad poblacional) del país, cuestión que es un factor que se considera al realizar las transferencias (al menos, las transferencias del Ramo 28). Ahora, el que los montos transferidos no resulten suficientes para las entidades, es una cuestión diferente que desde luego, debe renegociarse.

Después de todo lo expuesto, podemos formularnos la siguiente pregunta: ¿Conviene que las entidades federativas abandonen el Pacto Fiscal en caso de una renuencia a una renegociación o a la celebración de una nueva Convención Nacional Hacendaria?

Hemos visto que el funcionamiento y las fórmulas de distribución que prevalecen actualmente en el Pacto Fiscal, son ya obsoletas. El SNCF que tan bien funcionó en su momento, ha sido el principal artífice del atraso y de la ineficacia recaudatoria de muchas entidades federativas. Estas cuestiones son suficientes para que tanto la Federación como las entidades se sienten a renegociar los términos y las fórmulas de distribución del Pacto Fiscal.

No obstante, consideramos que cualquier entidad federativa que por impulso abandone el Pacto Fiscal, estará firmando su sentencia de muerte.

En efecto, los primeros perjudicados por el abandono del Pacto Fiscal de una determinada entidad federativa serán los propios contribuyentes, quienes se verán afectados por el fenómeno de la doble tributación resultante de la concurrencia impositiva entre Federación y entidades federativas. De igual manera, los estados que decidan abandonar el SNCF estarían renunciando prácticamente, a la mitad de su presupuesto anual (refiriéndonos, desde luego, a las entidades desarrolladas), el cual se insiste, proviene directamente de la Federación. En este sentido, valdría la pena hacernos la siguiente pregunta: ¿cómo lograrían las entidades cubrir su presupuesto y suplir la falta de recursos federales, si no cuentan con suficiente experiencia recaudatoria?

Décadas de centralismo no se solucionan de un portazo. Desde nuestra perspectiva, la renegociación del Pacto Fiscal debe incluir como eje toral, el fortalecimiento de las facultades recaudatorias de las entidades federativas. Este fortalecimiento puede llevarse a cabo a través de la permisión del establecimiento de impuestos locales al consumo, sacrificando puntos porcentuales en la tasa del impuesto al valor agregado en aras de beneficiar el gravamen al consumo de las entidades federativas, sin perjudicar a los consumidores finales. Otro aspecto que puede ayudar a fortalecer el erario de las entidades es que estas coadyuven con los municipios en la recaudación del impuesto predial, que aun siendo uno de los pocos gravámenes con garantía real (el inmueble), ha mostrado una alarmante omisión en su recaudación.

Los aspectos que en nuestra opinión deberían abordarse en la nueva Convención Nacional Hacendaria, con el objeto de mejorar nuestro sistema impositivo, son los siguientes:

1. *Reducción de la tasa del IVA federal y la permisión de un impuesto local al consumo*
   El impuesto al valor agregado es un impuesto que propicia una recaudación a nivel local mucho más accesible que otros impuestos. Para fortalecer la recaudación de las entidades federativas sería recomendable que los contribuyentes del impuesto al valor agregado enterasen un 10 % del impuesto al valor agregado causado durante el mes ante la Federación y los 6 puntos porcentuales restantes, a la entidad federativa. Esto propiciaría que a) siguiera siendo la Federación la encargada del diseño tributario del impuesto al consumo más importante de nuestro país, y b) que las entidades federativas de obligasen a recaudar el impuesto causado por el consumo realizado dentro de sus territorios.

2. *Fortalecimiento de la recaudación del Impuesto predial*
   Podemos afirmar, sin temor a equivocarnos, que el impuesto predial es el único tributo que está respaldado por una garantía real que permite asegurar su cobro y efectiva recaudación (nos referimos, desde luego, al inmueble). Pese a esta situación, según el CIDE, la recaudación de impuesto predial en México es del 0.3 % del PIB, mientras que en países como Reino Unido, Canadá y Estados Unidos recaudan el 4.1 %, 3.9 % y 2.9 % de su PIB, respectivamente. Países con ingresos similares a México, como Argentina, Brasil y Chile recaudan 2.8 %, 2.0 % y 1.0 % respectivamente. De esta manera se observa que para alcanzar a Estados Unidos se tendría que multiplicar 9.7 veces o para empatar a países como Brasil serían necesarias 6.7 veces. Lo anterior nos muestra el gran

potencial de recaudación de hasta 4 % del PIB en el largo plazo y de entre 1 % y 2 % en el mediano plazo.[4]

La gran tragedia que viven la mayor parte de las entidades federativas en relación con el impuesto predial radica en el hecho de que aunque es la propia entidad la que diseña legislativamente el tributo, la responsabilidad de la recaudación de la contribución recae totalmente en los municipios; municipios que en la gran mayoría de los casos no cuentan con actualizaciones de catastro funcionales, ni mucho menos, con un óptimo sistema recaudatorio.

Nuestra sugerencia estriba en que en el marco de la Convención Nacional Hacendaria se lleve a cabo una reforma al artículo 115 de la Constitución, con el objeto de que las entidades federativas puedan (y deban) auxiliar a los municipios en la recaudación del impuesto predial, cuyo destino deberá seguir siendo eminentemente municipal.

3. *Actualización de las estadísticas del INEGI en relación con la población flotante de las entidades federativas*

Hemos mencionado en numerosas ocasiones a lo largo del presente artículo, que los ingresos federales que perciben los estados se encuentran constituidos en mayor medida por aportaciones federales. Los factores que fijan el reparto del Fondo General Participable (FGP) se determinan a partir de los elementos siguientes: i) el nivel de recaudación local y ii) el Producto Interno Bruto, siendo claro que en ambos factores, la población juega un papel clave.

La regla general para instituciones como el INEGI, es que tienden a estimar erróneamente el número de habitantes de cada Entidad Federativa (no distinguiéndose entre población flotante y residentes de las entidades federativas). Esto provoca que las haciendas públicas estatales sufran pérdidas y aunque el organismo ajusta las estimaciones de la población, esto no

4 REYNA, C. C. *El potencial recaudatorio del impuesto predial en las entidades federativas.* Centro de Investigación Económica y Presupuestaria, A. C., 2018.

implica que se restituya o compense a las entidades federativas afectadas en sus participaciones[5]. Consideramos imperioso que las mediciones de la dinámica demográfica realizada por el INEGI sean más estables para que la Secretaría de Hacienda y Crédito Público pueda emplearlas.

4. *Sistema que premie la recaudación local y municipal*
El hecho de que gran parte de las transferencias dependan más de necesidades observadas por la Federación que del nivel recaudatorio de las entidades federativas, ha propiciado que muchas de nuestras entidades federativas tengan aparatos fiscalizadores y recaudadores ociosos y poco experimentados, que no necesitan esforzarse por tener asegurada (aunque sea sobre bases mínimas) la subsistencia.

El Instituto Mexicano para la Competitividad (IMCO) a través de su estudio intitulado: "*Hablemos de ingresos en los estados*" señala que los ingresos de las entidades federativas se dividen en dos: (1) ingresos propios, recursos que las entidades federativas generan a través de sus facultades tributarias, y (2) transferencias federales: ingresos que el gobierno federal transfiere a los gobiernos locales para asegurar el financiamiento de ciertas funciones de gobierno. En este sentido, la recaudación de estados y municipios en México representa 0.9 % del PIB, mientras que el promedio de la OCDE es de 5.5 % del PIB, es decir, es urgente una mayor recaudación de los estados[6].

El actual SNCF no premia el esfuerzo recaudatorio. La nueva convención nacional hacendaria necesariamente tendrá que enfocarse en impulsar el crecimiento económico e incentivar a los estados a generar ingresos propios. De esta manera, un porcentaje de las transferencias debe destinarse a premiar a aquellas entidades federativas que hubiesen incrementado sen-

---

5 ARECHEDERRA, F. y URZÚA, C. *La Ley de Coordinación Fiscal en México: Una crítica aritmética.* México: Tecnológico de Monterrey, Campus Ciudad de México, EGAP Working Papers, 2016.

6 IMCO. *Hablemos de ingresos en los estados.* Instituto Mexicano para la Competitividad, 2019.

siblemente sus niveles de recaudación, tanto de tributos locales como de tributos federales.

CONCLUSIONES

Es un hecho incontrovertible el que el actual Pacto Fiscal constituye un sistema arcaico, que por infortunio, ya no resuelve las necesidades ni de la Federación ni de las entidades federativas del siglo XXI. También es un hecho incontrovertible el que el actual sistema de transferencias (que en su momento palió la brecha existente entre entidades federativas) no logró incrementar ni mejorar los sistemas recaudatorios de la gran mayoría de las entidades federativas; mismas que deben ser autosuficientes en aras de lograr un sistema impositivo sano y autónomo.

No obstante lo anterior, consideramos que actualmente ninguna de las entidades federativas en lo suficientemente autosustentable como para lograr abandonar el Sistema Nacional de Coordinación Fiscal y satisfacer su gasto público con las contribuciones que llegase a imponer y con los recursos que la Federación les otorgue con fundamento en el artículo 73, fracción XXIX, último párrafo de nuestra Ley Fundamental (recursos derivados de las facultades impositivas reservadas exclusivamente a la Federación). Esta imposibilidad proviene, precisamente, de décadas en las que no resultó tan imperioso el que los gobiernos locales actualizaran y modernizaran sus sistemas de recaudación y fiscalización.

Para ser independiente desde el punto de vista tributario, es *conditio sine qua non* el poder llevar a cabo las actividades de fiscalización y recaudación de manera óptima y satisfactoria; por ello, consideramos que es urgente la celebración de una nueva Convención Nacional Hacendaria que no se limite a la renegociación de fórmulas y porcentajes de transferencia (cuestión que aunque importante, no solucionará a largo plazo el problema de fondo), sino que también que se centre en conferir mayores facultades a las entidades federativas para imponer y recaudar contribuciones; pues a nuestro juicio, solo de esa manera lograremos iniciar la trayectoria hacia la verdadera autosuficiencia fiscal. Tal como lo mencionamos en el cuerpo del presente artículo, sería deseable que la futura Convención Nacional Hacendaria fortaleciera la recaudación del impuesto predial y concediera a los estados, la facultad de recaudar unos puntos porcentuales del impuesto al valor agregado o en el mejor de los casos, de establecer impuestos al consumo (con la consecuente reducción de algunos puntos porcentuales del impuesto al valor agregado), sin perjudicar a los contribuyentes con el fenómeno de la doble tributación, desde luego.

México es un país con recursos, que fomenta el consumo y respeta la propiedad privada, y cuya economía fue considerada durante algunos años como una de las más fuertes de América Latina. De esta manera, no sería erróneo arribar a la conclusión de que una de las causas de que seamos uno de los países con más bajos índices de recaudación a nivel mundial radique, precisamente en la abulia e ignorancia recaudatoria en las que algunas entidades federativas han incurrido como consecuencia del actual sistema de coordinación fiscal.

BIBLIOGRAFÍA

Arechederra, F. y Urzúa, C. *La Ley de Coordinación Fiscal en México: Una crítica aritmética.* México: Tecnológico de Monterrey, Campus Ciudad de México, EGAP Working Papers, 2016.

Instituto Mexicano para la Competitividad (IMCO). *Hablemos de ingresos en los estados.* Instituto Mexicano para la Competitividad, 2019.

Reyes Tépach, Marcial. "Las Convenciones Nacionales Fiscales y Hacendaria de 1925, 1933, 1947 y 2004", *Servicio de Investigación y Análisis, División de Economía y Comercio,* disponible en http://www.diputados.gob.mx/sedia/sia/se/SIA-DEC-ICS-05-04.pdf, febrero 2004.

Reyna, C. C. E*l potencial recaudatorio del impuesto predial en las entidades federativas.* Centro de Investigación Económica y Presupuestaria, A. C, 2018.

~

LA TRANSICIÓN HACENDARIA, HACIA UNA SEGUNDA CONVENCIÓN NACIONAL HACENDARIA. RETOS Y OPORTUNIDADES

Patricia López López[1]
Universidad Panamericana

INTRODUCCIÓN

Es lugar común en el caso del federalismo fiscal mexicano los requerimientos de ingresos por parte de los miembros del Sistema Nacional de Coordinación Fiscal, sin embargo hoy ante los cambios políticos, esto se torna más relevante en el escenario nacional, no es raro entonces advertir que en las condiciones actuales de cambio sustancial de timón en la política y ante la cada vez mayor pluralidad de partidos políticos en los niveles subnacionales del Estado Mexicano, se presenta un escenario propicio como en la Anterior Convocatoria a una Convención Nacional Hacendaria (la Segunda).

Así, es de gran relevancia los contenidos a abordar en una convención, la que ahora incluye temas sustanciales que marcarán la posibilidad de

[1] Doctora en Derecho por la Universidad Panamericana. Doctoranda en Derecho Tributario, Especialista en Derecho Tributario y Especialista en Derecho Tributario Internacional, todos por la Universidad de Salamanca, España. Especialista en Derecho Fiscal y Licenciada en Derecho por la Universidad Nacional Autónoma de México (UNAM).

¿cómo el gobierno llevará a cabo las diferentes líneas de acción y sus políticas públicas a satisfacer el cumplimiento de sus metas?, en ese entendido, es por demás indispensable advertir que uno de los grandes temas en esta llamada convocatoria a la transición Hacendaria se devela como de gran relevancia la "reforma fiscal", en la que se ha fijado se abordarán grandes temas a saber: los gastos fiscales, regulación fiscal ambiental, nueva regulación sobre el comercio electrónico, la recaudación subnacional y la progresividad y desigualdad social.

Son los gobiernos subnacionales, los que han impulsado desde hace tiempo, el que se aborden los temas que impliquen un verdadero cambio en el federalismo hacendario. Sin embargo se debe considerar que como refieren los grandes del federalismo Retchkiman y Gil Valdivia, mientras este es el fondo (el federalismo) la materialización es la Coordinación Fiscal, por lo tanto deberá de enfocarse desde la perspectiva de atenderse en fondo, un planteamiento por el que quizá tuvieren que trastocar el reparto de atribuciones en el gran tema de la Distribución competencial para decretar impuestos y que ello permita replantear la estructura del sistema en aras de la demanda mayor distribución en las fórmulas, considerando temas novedosos como lo son, los anunciados: regulación fiscal del comercio electrónico y regulación fiscal ambiental.

CONSIDERACIONES PRELIMINARES

El escenario actual pone de manifiesto la imperiosa necesidad de replantear las relaciones intergubernamentales que se presentan entre los diferentes niveles de gobierno que integran al Estado Mexicano, más allá de pensar en una reestructura, la problemática se centra en un elemento histórico que tiene como punto de partida, el reconocimiento de las características que distinguen a los estados y la falta de recursos que estos tienen debido a muchos factores, sin dejar de reconocer la opacidad en el ejercicio de sus potestades tributarias y que se recarga a la sola exigencia de la cada vez, más urgente revisión en las fórmulas sobre las que se construyen las transferencias federales en el rubro de las participaciones.

En fecha reciente han sido los señores gobernadores, los que han puesto el tema en la discusión nacional –específicamente en la actual administración del ejecutivo federal–, así, el tema no escapa, en sus antecedentes a la evolución propia del Sistema Nacional de Coordinación Fiscal (SNCF), el que ha sido el resultado de la evolución de las Convenciones Nacionales Fiscales, que tuvieron lugar en los años de 1925, 1933 y 1947, mismas que dieron como resultado el cúmulo de reformas que tuvieron lugar a lo largo del siglo XX, que llegados a la década de 1980 dieran a luz a la Ley de Coordinación Fiscal actual, la que al día de hoy está a la distancia de los requerimientos que demandan las entidades federativas.

Así, en aquel tiempo se estructuró el denominado SNCF, el que a lo largo de los años ha sufrido modificaciones. Uno de los elementos fundamentales lo constituye la incorporación de la descentralización del gasto, que de inicio se instrumentó en dos grandes ramos, como lo son: salud y educación, marcando la llegada de las transferencias del Ramo 033, desde el punto de vista del ejercicio del gasto, lo que incorporó el Capítulo V "De los Fondos de Aportaciones Federales"[2] a la Ley de Coordinación Fiscal.

Ahora bien, en el devenir del tiempo se han apreciado elementos históricos que son los motores que impulsaron la evolución, en general, del sistema impositivo mexicano, las que se han visto marcadas más por elementos políticos y no por económicos, ello trae a nuestra memoria la expresión del historiador inglés *Patrick O'Brien* en el sentido de que "los cambios históricos de la tributación tienen un motor político más que económico".[3]

Evidencia de ello, lo constituye como refiere el maestro Aboites:

> A unos cuantos meses del inicio de su administración, en marzo de 2001, el presidente Vicente Fox promovió una reforma fiscal. Era un momento oportuno, pues gozaba de una gran legitimidad y popularidad dada su calidad de primer presidente surgido de la oposición en más de siete décadas, sin embargo la iniciativa no tuvo éxito, lo que se explica porque recogía puntualmente el nuevo (pero a la vez viejo) consenso de los fiscalistas que se pronunciaba por los gravámenes indirectos. Para el país fue

---

[2] Capítulo adicionado por reforma publicada en el Diario Oficial de la Federación del 29 de diciembre de 1997.

[3] Citado por el autor en el libro *Penuria sin fin* ABOITES AGUILAR, L. y JUÁREGUI, L.(coords.), *Penuria sin fin. Historia de los impuestos en México, siglos XVIII-XX*. México: Instituto Mora, 2005, p. 35.

una experiencia aleccionadora. El cambio fiscal, la reorganización profunda de la Hacienda pública mexicana, tendría que esperar mejores tiempos.[4]

En este sentido apreciamos que justo fue la incidencia del cambio político trascendental, pues se daba por primera vez en la historia de México, un paso hacia la democracia, al llegar a la Presidencia de la República, el primer presidente de extracción distinta a la que había prevalecido durante tantos años en el poder, que fue justo en el periodo del Presidente Vicente Fox, cuando se dio la emblemática Declaración de Mazatlán, en el marco de los trabajos que los gobernadores venían haciendo en la Conferencia Nacional de Gobernadores (CONAGO) que posteriormente culminaron, dando a luz en Coahuila la "Declaración de Cuatro Ciénegas", en la que se consolidó finalmente el acuerdo y voluntad política entre los integrantes de la CONAGO (los señores Gobernadores), y muy importante a destacar el ejecutivo federal[5], que tenía por efecto impulsar la plataforma en la que se abordarían los grandes temas en los que estaban inmersos los actores políticos para replantear el federalismo y la reforma Hacendaria.

En esa Declaración como se ha dicho se consolidó la voluntad política para generar un foro en el que, en aquél momento se trataran temas de nuevo federalismo y reforma hacendaria y fue justo el 20 de agosto de 2003, en que los titulares de los gobiernos locales y el del ejecutivo federal asumieran el compromiso de fortalecer el federalismo, un equilibrio de poderes, unidad e identidad nacionales y eficacia en las gestión pública, lo que cristalizó el 5 de febrero de 2004, fecha en que dieran inicio formalmente los trabajos, de la que se dio por llamar PRIMERA CONVENCIÓN NACIONAL HACENDARIA,[6] hecho histórico muy distante en tiempo y alcances a las Convenciones Nacionales Fiscales que imperaron en el siglo pasado.

---

[4] *Ibidem*, p. 44.

[5] Un elemento de distingo con la actual situación, pues en este momento participación nula de parte del ejecutivo federal.

[6] Evolucionado a aun concepto "Hacendario" que desde luego era mucho más incluyente con la referencia hecha a la hacienda (considerada en su ámbito objetivo igual a patrimonio del Estado), cuyo tema en ese sentido considera imposición, deuda, participaciones y demás.

No se puede soslayar, que algunos autores han disentido en reconocer a esta Convención como Primera Convención Nacional Hacendaria, sin embargo la historia nos obliga a recordar este primer antecedente y cito a Don Javier Pérez Torres en ese momento Director General de INDETEC[7], con la referencia a la 1ª Convención Nacional Hacendaria.[8]

De la que es necesario contextualizar se empezó a gestar en 2003, justo cuando las condiciones de país habían permitido estimar:

> [...] un precio promedio de la mezcla mexicana en los mercados internacionales de alrededor de 18.35 dólares por barril, sin embargo, el precio anual promedio se mantuvo alrededor de 24 dólares por barril, ésta situación permitió al Gobierno Federal cumplir con algunos compromisos inmediatos sin desequilibrar sus finanzas, y a los Gobiernos estatales contar con recursos adicionales para equilibrar de alguna manera su presupuesto.[9]

Situación que no se presenta ni en lo más lejano a la actual, en el que, debemos tener presente lo acontecido el año pasado, "un lunes negro", donde el precio cayó por debajo de 0, inclusive estuvo en número negativos y hoy, ya no se puede apostar a la fortuna porque no se tiene ni producción, ni precio, ni reservas que prevalecían en esos años de bonanza.

Así, podemos contrastar condiciones tan diferentes entre la Primera Convención Nacional Hacendaria y la que hoy se gesta, la que siguiendo esta consecución es dable llamarle Segunda Convención Nacional Hacendaria y a la que así, en adelante nos podremos referir, teniendo presente las consideraciones que nos ocuparon en líneas previas.

En aquél entonces se consideraba una problemática existente, la elevada centralización que había persistido en los últimos años (en ese momento) en el país (aspecto hacendario muy pronunciado), y mucho más marcado en el rubro presupuestario. Constituyendo los temas en aquel momento, los siguientes: Gasto público, modernización, simpli-

---

7 Instituto para el Desarrollo Técnico de las Haciendas Públicas.

8 En prólogo al libro GUERRERO GARCÍA, J. *La lucha por el federalismo en México. Una visión sobre los resultados de la Convención Nacional Hacendaria*. México: Porrúa, 2005, p. 7.

9 *Ibidem*, p. 63.

ficación de la administración hacendaria, colaboración y coordinación intergubernamental, transparencia, fiscalización y rendición de cuentas.

HACIA LA SEGUNDA CONVENCIÓN NACIONAL HACENDARIA

Es importante haber precisado las condiciones que prevalecían (políticas y económicas), las que hacen contrastar entre la primera Convención Nacional Hacendaria y esta Segunda, y con ello, estar en posibilidad de abocarnos a las características particulares y términos en los que se convoca en este periodo actual.

Antecedentes inmediatos

Se da una conjunción de fuerzas políticas que se manifiestan en la publicación de la Gaceta Parlamentaria del pasado 02 de marzo de 2021, en pro de la construcción del Grupo de Trabajo para la Transición Hacendaria.

En ella, se deja sentado la trascendencia y coyuntura histórica, de la que destaca la necesidad de llevar a cabo un análisis exhaustivo de las diferentes aristas a integrar la reforma fiscal (máxime que está por iniciar el segundo trienio del mandato del actual titular del Ejecutivo Federal), y así fue anunciado:

Una "reforma fiscal integral", la que requiere para consolidarse, de diversos factores:

- Ingreso.
- Egresos públicos en los tres niveles (diría cuatro, por el caso *sui géneris* de Ciudad).
- De una conformación municipal pero a la vez estatal (una combinación de ambas).
- Implicando Deuda (consideraría los dos grandes tipos la tradicional y los esquemas de bursatilización).
- Teniendo por efecto posicionar a la "hacienda pública".

Los que confluyan en dejar sentados los estudios necesarios que respalden y permitan en su caso, conforme a procedimientos establecidos en la presentación, discusión y aprobación de reformas constitucionales y legales requeridas.

Hoy los temas son: Integrar el ingreso y el egreso público de los niveles federal, estatal y municipal, manejo de deuda, cuenta de la hacienda pública con el efecto de integrarla en el marco de los trabajos que se anuncian *in génere* como Convención Nacional Hacendaria y lo que lleva a la creación de un grupo plural especializado de trabajo integrado por legisladores de todos los grupos parlamentarios cristalizando con la publicación del 9 de marzo de 2021 en la Gaceta Parlamentaria, apreciando así, la integración de dicho grupo, al cual concurren con representación las diferentes fuerzas políticas representadas a la Cámara de Diputados y cuyo coordinador, es el diputado Alfonso Ramírez Cuellar[10].

Hasta aquí tenemos una gran diferencia en cómo se generó la anterior Convención Nacional Hacendaria, a la que ahora se gesta, y es en el sentido de que aquí no existe la participación del ejecutivo federal, lo que se evidencia con el escenario en el que se impulsa, que lo es, en el seno de la Cámara de Diputados, sin intervención del Senado, representación que no está considerada y por lo tanto, tampoco hasta ahora, representación de los estados en esa Cámara, gestándose solo en el seno de los representantes del pueblo, que son quienes convocan a la creación del Grupo de Trabajo para la Transición Hacendaria, en los términos de lo publicado el pasado 02 de marzo, la cual se centra en el Acuerdo Primero, que es el de siguiente contenido:

> **PRIMERO.** La Cámara de Diputados aprueba la creación del Grupo de Trabajo para la Transición Hacendaria, cuyo objeto será analizar y dejar preparados todos los estudios necesarios que respalden, desde un punto de vista especializado aquellos temas que son de suma urgencia

---

10 Así en el Acuerdo de fecha de publicación en la Gaceta Parlamentaria se aprecia en el rubro Adenda de la Junta de Coordinación Política, al acuerdo por el que se crea el Grupo de Trabajo para la Transición Hacendaria en el que se aprecia en el Acuerdo Punto Primero la integración del Grupo de Trabajo que es la siguiente: ACUERDO. Primero: Que el Grupo de Trabajo para la Transición Hacendaria, quedará integrado como sigue: Dip. Alfonso Ramírez Cuellar MORENA.- Coordinador; y con el carácter de integrantes los siguientes diputados con la representación del Grupo parlamentario que para cada uno se señalan a continuación de su nombre y son: Dip. Laura Angélica Rojas Hernández, PAN; Fernando Galindo Favela, PRI; Fernando Luis Manzanilla Prieto, PES; Benjamín Robles Montoya, PT Fabiola Raquel Guadalupe Loya Hernández MC; Antonio Ortega Martínez, PRD y Carlos Alberto Puente Salas, PVEM.

para la vida pública del país, **tales como la posible realización de una Convención Nacional Hacendaria, la reforma fiscal, el análisis de los requerimientos de gasto de la segunda mitad del sexenio, la reforma de pensiones, así como preparar la creación de Instituto de Estudios de la Hacienda Pública, logrando la presentación de propuestas fiscales y hacendarias de los integrantes del pacto federal,** permitiendo, en su caso, conforme a los procedimiento establecidos en la presentación, discusión y aprobación de las reformas constitucionales y legales requeridas.

Lo que tendrá por efecto uno de los temas fundamentales que nos ocupa en estas líneas, pues lo constituye y como se llama aquí "posible realización" de una **Convención Nacional Hacendaria** y una reforma fiscal, que de conformidad al discurso del titular del ejecutivo federal, no podría darse hasta el segundo trienio de su mandato en respeto a las promesas de campaña anunciadas por él, pues en el primer trienio se comprometió a no creación y aumento de nuevos impuestos o tasas, por lo que, los elementos a los que se direcciona este grupo de Trabajo comandado por el Diputado Ramírez Cuellar con el carácter de Coordinador y que representa el Grupo Parlamentario al que corresponde el titular del ejecutivo federal, ahora son diferentes.

Otros temas torales que se impulsan por las diferentes fuerzas representadas a la Cámara de Diputados, pero no menores en impacto y que le acompañan, como lo son: los requerimientos de gasto para la segunda mitad del sexenio, la reforma de pensiones y otro tema que se le da continuidad en esta administración y que lo constituye el preparar la creación del Instituto de Estudios de la Hacienda Pública.

En este sentido, los temas referidos en esta segunda parte que se destacó, en la actualidad no son menores, pues los requerimientos de gasto han constituido una prioridad en la política imperante en la actual administración, misma que va dirigida a un gran gasto social, al que necesariamente en un principio de equilibrio presupuestal debe obtenerse de los ingresos que primigeniamente se aprueben, en ese sentido, debe ser correlativo con la reforma fiscal que se intente, eso sin considerar los factores externos que necesariamente incidirán en la construcción de dicha reforma así anunciada, lo que constituye uno de los grandes temas del Grupo de Trabajo.

En el tema de **Requerimiento de gasto**, se advirtió que en la presente Legislatura se han aprobado importantes reformas constitucionales y legales, para las que se requieren recursos públicos, a efecto de dar cumplimiento a las obligaciones impuestas así a cargo del Estado.

En ese sentido, se refiere es indispensable realizar proyecciones financieras que permitan establecer la magnitud de las necesidades presupuestales, así, los temas propuestos en el Plan para el Grupo de Trabajo, lo constituyeron: educación, salud y legislación en materia de "cuidados", a lo que se agregó en el Plan de trabajo, la consideración que merecía la incidencia de la pandemia por la COVID-19, en atención a lo que se marcaba una pauta para la definición de los que debían constituir temas[11] prioritarios de gasto en el segundo trienio de la administración actual, sabedores que están así considerados, el gasto social –al que nos hemos ya referido–, el gasto en infraestructura, salud y educación.

En el rubro del que se podría decir de mayor importancia, desde luego que aparece en primer lugar la **Reforma fiscal**, la que ha quedado en el diseño del plan de trabajo desde sus inicios como el gran tema, pues justo se está arribando al ya mencionado segundo trienio del mandato del actual titular del ejecutivo federal y del que se ha expresado líneas arriba que se armoniza con los anuncios que desde campaña se habían exaltado en donde llegado el tiempo, es que, se haría viable en atención a dichos compromisos anunciados y de los que se hizo eco, y que hasta ahora se está en tiempo de realizar una reforma fiscal, que debe contar con un análisis técnico, detallado y a fondo de las que son así, son consideradas "[...] prioridades de nuestro país, así como un panorama del estado actual del sistema tributario, sus áreas de oportunidad e impactos asociados a cada uno de ellos".[12]

---

11 Sin dejar de lado la pretendida incorporación y los avances que se refieren sobre el principio y establecimiento de un Estado del Bienestar, del que se refiere es necesario buscar alternativas de financiamiento y dotarlo de sustentabilidad.

12 Proyecto de Plan de actividades para el Grupo de Trabajo para la Transición Hacendaria, p. 8.

Temas específicos que se deberán abordar en la Reforma fiscal

A efecto de abordar la reforma fiscal, se consideraron específicamente los temas siguientes:

- Gastos Fiscales
- Regulación fiscal ambiental
- Nueva regulación fiscal sobre el comercio electrónico
- Recaudación subnacional
- Progresividad fiscal y desigualdad social.

En este sentido, dentro de las directrices que de llegarse el supuesto se tendrían como líneas, está el gran tema de los "gastos fiscales", a los que ya se ha hecho referencia en diferentes foros.

a) *Gastos Fiscales*

De estos, se debe recordar que constituyen una carga importante para el erario, pues tienen por efecto minimizar la posibilidad de fortalecer las finanzas públicas. Se trata así, de recursos que se han dejado de recaudar y se presentan como: regímenes preferenciales, estímulos fiscales, subsidios, condonaciones, facilidades administrativas, etc.

Todos los mencionados, que han sido referidos en forma enunciativa más no limitativa tienen por efecto favorecer, incentivar o estimular a ciertos sectores, regiones actividades, sujetos o de quienes participan de la economía del país.

Han sido llamados como "renuncia tributaria", término no compartido porque se trata de beneficios que son establecidos inclusive en algunas ocasiones desde el Estado Legislador a que se refiere Don José Luis Pérez de Ayala, así desde el diseño de la norma, caso de las exenciones o inclusive los regímenes de no sujeción.

Su objetivo es reducir la desigualdad en la distribución del ingreso, buscando con ello la mejora en el hoy tan de moda "bienestar", de determinados sujetos o sectores económicos y pretender con ello impulsar la inversión y el empleo.

Ha constituido un tema que como lo dio a conocer el Boletín 3053 de la Cámara de Diputados del pasado 12 de enero de 2020, titulado: "Debe haber una revisión y en su caso cancelación de los gastos fiscales que sólo benefician a quienes más tienen", en el que se da a conocer lo siguiente:

> Que los gastos fiscales en 2019 representaron 209 mil 744 millones de pesos (MDP), mientras que para el ejercicio 2020, se espera ronden en los 130 mil 584 mdp.

Al clasificar los mismos, expresa el Boletín en mención, se trata de estímulos por su origen, reportándose que en 2019, el 58.4 de los beneficios, valorados en 123 mil 94 mdp, quedan incluidos en los Decretos Presidenciales[13], mientras que el 41.3 % restante equivale a los 86 mil 650 mdp, lo que tiene fundamento en la Ley de Ingresos de la Federación de 2019.

Cabe destacar que este tema aun cuando ha sido tratado en el Boletín referido, ya le había ocupado con antelación al Centro de Estudios de las Finanzas Públicas de la Cámara de Diputados en 2017, en el que, en estudio denominado "Presupuesto de gastos Fiscales 2017-2018", que aparece en la publicación CEFP/020/2017 de julio 26, 2017, se advirtió con gran claridad en relación a la clasificación de estos, lo siguiente:

> [...] los gastos fiscales se pueden ubicar en los siguientes cuatro casos, (I) aquellos que requieren de un proceso y son de aplicación general; (II) los que no requieren proceso para su obtención y son de aplicación general; (III) los gastos fiscales que no requieren de un proceso y son de aplicación particular; y finalmente (IV) aquellos que requieren de un proceso y son de aplicación particular.

Con lo que se pone de manifiesto que ya de tiempo atrás sería un tema obligado dada su importancia y por las cifras que estos representan, constituyendo tema ineludible a tratar en

---

13 Mención a los decretos de estímulos en zona fronteriza.

la reforma fiscal cuando se llegara a esta, razón por la que se aprecia hoy en la agenda nacional y por lo tanto en el Programa de Trabajo para la Transición Hacendaria.

b) *Regulación Fiscal Ambiental*

La regulación ambiental, resulta tan novedosa para el tema de la reforma fiscal, pues retomando las palabras del Ministro José Fernando Franco González Salas en su participación en la primera publicación de la Revista de la Procuraduría Fiscal de la Federación "Es la primera ocasión que el Tribunal Constitucional se pronuncia sobre este interesante tema que me lleva a realizar las siguientes reflexiones".

Bajo esa consideración, es evidente que la regulación ambiental en su incidencia con la materia tributaria es un tema que se presenta necesario a abordarse en la reforma que se llevará a cabo posterior al fallo de este trascendental tema que tuvo como origen la controversia Constitucional 56/2017[14] resuelta en la sesión del 11 de febrero de 2017, de la ponencia de la Sra. Ministra Norma Lucía Piña Hernández. De la que el Ministro a manera de conclusión refiere:

> [...] claro ejemplo del reto que tiene por delante el Tribunal Constitucional al analizar el diseño -novedoso- de contribuciones de naturaleza ecológica y/o ambiental que tanto la Federación como las entidades federativas comienzan a imponer como parte de las políticas públicas para evitar el incremento del grave deterioro ecológico que vive nuestro país[15].

---

14 Controversia Constitucional, promovida por la Federación, por conducto del Poder Ejecutivo, demandando la invalidez de diversas disposiciones de la Ley de Hacienda y de Ingresos del Estado de Zacatecas. Tomado del contenido de la versión taquigráfica de la sesión pública ordinaria del Pleno de la Suprema Corte de Justicia de la Nación, celebrada el lunes 11 de febrero de 2019.

15 FRANCO GONZÁLEZ SALAS, J. F. y FRAGA, J. "Impuestos ecológicos: un reto de definiciones jurisprudenciales", *Revista de la Procuraduría Fiscal de la Federación* 1.1 (2020): 22.

c) *Nueva regulación fiscal sobre el comercio electrónico*

La regulación fiscal sobre el comercio electrónico, pese a haberse pretendido regular o incorporar a la legislación fiscal en México, la misma fue insuficiente. En el primer intento que parte inclusive de una Resolución Miscelánea, que tuvo por efecto ser un primer intento por controlar a los contribuyentes personas físicas prestadoras de servicios que utilizan las plataformas tecnológicas, que en un primer momento se vio solo como opción de esquemas de retención por permitir el uso de plataformas tecnológicas a personas físicas y demás, la que solo constituyó un andamiaje para llegar a la Reforma Fiscal 2020, en la que, desde la exposición de motivos se estableció como uno de los antecedentes de una de las acciones a seguir en el Plan de Acción BEPS[16] en el que se señalan los efectos de la expansión de la economía digital y desafíos de la fiscalidad internacional.

Pese a haber pasado en la reforma 2020, por modificaciones y adiciones que tienen presencia en diferentes ordenamientos tributarios en la materia federal, muy lejos se está aun de regular el comercio electrónico, por lo que hoy, existe la expectativa fundada de llegar a acuerdos internacionales que permitan determinar elementos definitivos para construir una verdadera imposición sobre el comercio internacional, en el que se consideren las bases ya aceptadas en el concierto de naciones, siendo que para este año se espera la decisión definitiva, que necesariamente tendrá incidencia en la regulación sobre el comercio electrónico en forma definitiva de aplicación para los países miembros de la OCDE.

En este sentido y derivado del acuerdo a que recién se llegó por parte de los países del G7 se está cerca de acordar una reforma del sistema fiscal pero en el orden "global", el que llevaría a reducir la competencia entre los países y obligaría a las grandes empresas digitales a tributar donde obtienen beneficios, lo que necesariamente impactará la reforma fiscal ante un impuesto global.

---

16 *Base Erosion and Profit Shifting* - Plan de Acción Contra la Erosión de la Base Imponible y el Traslado de Beneficios.

d) *Recaudación Subnacional*

Un gran pendiente, lo ha constituido en los últimos tiempos, el impulso a las haciendas de los niveles subnacionales en el Estado Mexicano, lo que se entiende en el mismo marco que ha permitido gestar en una primera etapa el impulso a un nuevo pacto fiscal anunciado por los señores gobernadores.

En ese sentido, uno de los grandes pendientes lo ha constituido el fortalecimiento a las haciendas de los niveles subnacionales, siendo que en el caso de las municipales a lo largo del tiempo y quizá sentadas las bases en la reforma constitucional de 1999, que pretendió impulsar el fortalecimiento de la primera contribución en el nivel recaudatorio –el municipio–, que es la que se hace recaer en la propiedad inmobiliaria, a saber el comúnmente conocido impuesto predial. Por lo que este seguirá siendo materia de las mesas de trabajo, que en el ámbito de la recaudación subnacional sea obligado.

Máxime que como se ha sostenido en diversos foros, que este, es el que en otras jurisdicciones constituye una de las contribuciones que tiene singular representación inclusive a nivel de Producto Interno Bruto.

Este impuesto que se obtiene de la recaudación de lo que tiene por base la propiedad raíz, es un impuesto que en nuestro sistema tributario ha sido descuidado por muchas razones, falta de actualización de los catastros, no reconocimiento a reformas constitucionales que tuvieron por efecto impulsar el fortalecimiento de las haciendas municipales, pues no se hicieron las actualizaciones de valores a unitarios a valores de mercado, lo que hubiere representado un aumento considerable en la recaudación hasta pasando por la reforma a la Ley de Coordinación Fiscal que pretendiendo impulsar esta contribución abandonada por los niveles municipales, a través del establecimiento de mecanismos en los que la administración del mismo pasará a los gobiernos de los estados, bajo el concepto de hacer municipios elegibles, en el caso de haber suscrito convenio en el que se dé la asunción de la administración, cobro y recaudación del mismo, lo que llevaría a los municipios a jugar mejor en los coeficientes de la fórmula para el reparto de participaciones federales a dicho nivel de gobierno.

Ni que decir de los niveles estaduales, en los que simplemente la opacidad en el ejercicio de la potestad tributaria, les lleva únicamente a demandar a la federación un replanteamiento de las fórmulas y porcentajes de las participaciones federales para aliviar sus haciendas de los niveles estatales y los requerimientos cada vez más demandantes de la población a la que hay que dar respuesta. Constituyendo así el pendiente desde hacía muchos años en el sistema fiscal mexicano.

e) *Progresividad fiscal y desigualdad social*

El urgente tema a considerar de la desigualdad social, ha puesto a los gobiernos de las diferentes naciones a repensar sus sistemas impositivos, constituyendo hoy una tendencia mundial a la que ningún país escapa.

Imposible negar que México es un país en el que existe una desigualdad, pese a que se cuente con bastos recursos, existen más necesidades, que hoy además son de urgente atención, así el Estado como agente debe garantizar la solución de problemas, imposible también negar que justo el sistema fiscal constituye una herramienta de la que se puede valer el este para atemperar esas desigualdades[17], en ese entendido la desigualdad social hoy se ve desde la perspectiva de que son los gobiernos los que deben dirigir su política a efecto de llevar a una mejor redistribución de la riqueza, la que necesariamente deberá abordarse desde los que son menos favorecidos.

Así, los temas a considerar serán: la progresividad fiscal que debe tenerse en cuenta en el análisis que merecerá la Ley del Impuesto Sobre la Renta en tema de bases, deducciones y tarifas y el ya pensado impuesto a las grandes fortunas.

---

[17] Desigualdad que se ha intensificado durante las últimas tres décadas a causa de diferentes reformas impositivas que aliviaron las cargas tributarias sobre los sectores más ricos de la sociedad. PIKETTY, T. *La Economía de las Desigualdades. Cómo implementar una redistribución justa y eficaz de la riqueza.* México: Siglo veintiuno editores, 2015.

Este último menudo problema a dilucidar, pues aquí radicara el concepto de rico, si deberá tomarse en consideración en función a la comparación respecto de los ingresos de la población o con lo que se pueda considerar la media que tiene la población.

Reforma a Pensiones

La reforma de pensiones va de la mano con la necesidad de recursos del Estado para afrontar la viabilidad de las mismas, para las que hasta hoy resultan insuficientes las reformas que se han hecho en la materia, por lo que continúa siendo un gran pendiente.

Temas que se advierten como urgentes a tratar, pues como es sabido el sistema de pensiones mexicano enfrenta retos que están vinculados a sostenibilidad de gasto, limitación creciente que este representa para inversiones públicas urgentes en áreas de salud, educación, insuficiencia de pensiones y desigualdad reproducida por el sistema.

Para este tema el Plan de trabajo incluyó como temática la amenaza para la sostenibilidad de las finanzas públicas, la insuficiencia de pensiones, desigualdad en estas, informalidad y baja cobertura de pensiones contributivas y falta de transparencia en subsistemas.

Instituto de Estudios de la Hacienda Pública

Y en el último tema, del que se ha referido, debe decirse que ya en el Proyecto del Plan de Actividades para el Grupo de Trabajo para la Transición Hacendaria se deja sentado en el punto "3.5 Instituto de Estudios de la Hacienda Pública" y del que por su importancia se hace referencia a qué es lo que le ocupará al Grupo de Trabajo, que en contenido se aprecia a continuación:

> **3.5 Instituto de Estudios de la Hacienda Pública**
> El 4 de noviembre del presente año fue aprobado por la Cámara de Diputados proyecto de decreto por el que se adicionan y derogan diversas disposiciones de la Ley Orgánica del Congreso General de los Estados Unidos Mexicanos, en materia de institutos de investigación de la Cámara de Diputados.

> El dictamen aprobado por la Cámara de Diputados espera su aprobación por el Senado. Una vez aprobado será necesario la presentación y aprobación de la Ley del Instituto de Estudios de la Hacienda Pública.
>
> Al respecto, el Fondo Monetario Internacional señala que un Consejo Fiscal es una institución con capacidad técnica y apartidista que tiene como objetivo evaluar las políticas fiscales, su desempeño y su planeación. El Consejo debe ser apartidista y tener (tenga) voz propia en el debate. De esta forma, un Consejo Fiscal funge como órgano independiente que promueva una conducta fiscal responsable como parámetros objetivos y sin sesgos políticos.

Con lo que se aprecia que hoy le ocupa dentro de los temas contenidos en el Proyecto del Plan de Actividades para el Grupo de Trabajo para la Transición Hacendaria, que ahora se le da, al genérico denominado "Consejo Fiscal", que había constituido en su momento, atender como lo retoma el Plan de Trabajo una observación del Fondo Monetario Internacional y del que los diferentes sectores habían instado ya, a que se conformara, lo que ahora se presenta ya con el nombre y concepción que se ha diseñado en el punto 3.5 del proyecto del Plan de actividades, pues como expresamente se le refiere, es que se aprovecha lo aprobado el pasado 4 de noviembre de 2020, por la Cámara de Diputados en el sentido de adicionar y derogar disposiciones de la Ley Orgánica del Congreso General de los Estados Unidos Mexicanos, que llevó a realizar modificaciones sustanciales en materia de los institutos de investigación de la Cámara de Diputados, de la que se espera la aprobación del Dictamen por la colegisladora (el Senado), de la Ley del Instituto de Estudios de la Hacienda Pública.

En este sentido, como se puede apreciar del tercer párrafo del tema 3.5 está el requerimiento del Fondo Monetario Internacional en el sentido de que México tuviera un "Consejo Fiscal", considerando elementos que desde el 26 de agosto de 2015, encontraban cauce en lo que el Colectivo por un Presupuesto Sostenible presentaron una síntesis del trabajo que hasta ese momento habían realizado desde hacía ya cuatro meses[18].

---

[18] El Colectivo lo conforman nueve organizaciones de la sociedad civil, plurales y con enfoques metodológicos muy heterogéneos. Lo notable es que desde la diversidad, se

---

entendió que la sociedad civil tiene que adoptar un rol preponderante en la construcción de un sistema fiscal que cumpla con las expectativas de la población, fomente el desarrollo sea transparente, y sobre todo sostenible en el mediano y largo plazos. Sin esta última condición, cualquier discusión se limitaría al terreno de las buenas intenciones. Se elaboraron dos documentos torales que esperamos sean el punto de arranque de una reflexión profunda durante los siguientes meses. El primero de ellos tiene que ver con varias consideraciones puntuales sobre el gasto público y la necesidad de consolidar los ingresos del gobierno. El segundo, que vamos a discutir en este espacio, es la necesidad de fortalecer las capacidades técnicas del Congreso en materia de finanzas públicas.

Existen actualmente tres instancias en el Congreso con una vinculación directa a temas de finanzas públicas.

Se trate del Centro de Estudios de las Finanzas públicas (CEFP), radicado en la Cámara de Diputados; la Dirección de Finanzas del Belisario Domínguez que sirve al Senado; y la Unidad de Evaluación y Control (UEC), dependiente de la Comisión de Vigilancia en la Cámara de Diputados.

La UEC pudiera ser el instrumento idóneo de la Cámara de Diputados (que aprueba el presupuesto de egresos) para monitorear los cambios que la Secretaría de Hacienda haga al presupuesto aprobado durante su ejercicio. Además de informar a la Comisión de Presupuesto, podría coordinarse con las comisiones involucradas por las funciones de gasto afectadas y que estas dieran su aprobación bajo ciertos parámetros. De esta manera se preservarían las potestades de la Cámara de Diputados (aprobar el presupuesto), conservando la flexibilidad del Ejecutivo para ejercer el gasto.

La inminencia de una reforma fiscal a fondo que revise la estructura del gasto público y consolide los ingresos del gobierno mexicano, puede ser un marco natural para mejorar el diseño institucional del país en materia de finanzas públicas desde una perspectiva sistémica. México no cuenta actualmente con un consejo fiscal. Dicha instancia debiera cumplir con dos objetivos primordiales: auxiliar de manera apartidista y técnica a los legisladores en la elaboración de los presupuestos de cada año y velar por la salud del sistema fiscal bajo un enfoque de sostenibilidad. Tendría que evaluar los ingresos, gastos y deuda del gobierno federal, tanto en el corto plazo, como por medio de proyecciones de largo plazo que pudieran dar certidumbre a todos los actores sociales.

El lugar natural para un consejo de este tipo sería en el Poder Legislativo. Esto por dos razones, primero la necesidad de trabajar en conjunto con los legisladores. Segundo, a diferencia del Ejecutivo que en México y cualquier lugar del mundo debe enfrentar constantemente coyunturas de corto plazo, el Legislativo es un lugar más natural para ser un recinto de proyecciones a largo plazo, autónomas y que no dependan de vaivenes partidistas.

Con el afán de confrontar burocracias en momentos donde la austeridad es sumamente necesaria, se pudieran fusionar el Centro de Estudios de las Finanzas Públicas con la Dirección de Finanzas del Belisario Domínguez. La idea sería formar un organismo bicameral (quizá con una estructura administrativa similar a la del Canal del Congreso), que fuera descentralizado. Dicha Instancia debe funcionar con autonomía respecto a los liderazgos en el Congreso y regirse por criterios técnicos que cumplan con estándares internacionales de primer nivel, tal y como hoy sucede con la Auditoría Superior de la Federación.

La Dirección de Finanzas del Belisario Domínguez ha demostrado que se pueden hacer grandes cosas con pocos recursos. El Centro de Estudios de la Finanzas Públicas tiene un fuerte arraigo en amplios sectores sociales y una buena relación de trabajo con la Secretaría de Hacienda, que debiera ser preservada: Pensar en el mediano y largo plazos es indispensable para tener un sistema fiscal sostenibles, difícilmente lo vamos a hacer sin un organismo especializado.

Nota de 4 de agosto de 2020 Liliana Alvarado Baena ¿Habrá o no un Consejo Fiscal en México? Los **gobiernos frecuentemente rompían las reglas fiscales por razones político-electorales y no por razones técnicas. Esto condujo a crear órganos especializados que vigilarán la sostenibilidad fiscal y el cumplimiento de las reglas.**

Los Consejos Fiscales son instancias comunes en varios países del mundo. No obstante, vale la pena revisar brevemente cómo fue que surgieron. Quizá todos recordamos las severas crisis económicas y de deuda de la década de 1970 y 1980. La primera respuesta para prevenir que esto volviera a suceder fue la implementación de reglas fiscales. Por ejemplo, la Unión Europea tiene una regla fiscal de deuda que impide que la deuda de los países miembro rebase el 60 % de su Producto Interno Bruto (PIB). Durante las décadas de 1980 y 1990 proliferaron las reglas fiscales por todo el mundo.

Con el paso de las décadas se observó que la rigidez de las reglas fiscales impedía afrontar situaciones extraordinarias y que a veces era necesario suspenderlas temporalmente. También se observó que los gobiernos frecuentemente rompían las reglas fiscales por razones político-electorales y no por razones técnicas. Esto condujo a crear órganos especializados que vigilarán la sostenibilidad fiscal y el cumplimiento de las reglas fiscales por parte de los gobiernos. Hoy existe consenso internacional acerca de la complementariedad que existe entre las reglas fiscales y Consejos Fiscales. En ese sentido, el primer Consejo Fiscal fue creado en 1960 en Holanda lleva por nombre *Central Planning Bureau*. El Consejo Fiscal de Estados Unidos se llama *Congressional Budget Office* (CBO) que se creó en 1974.Por su parte, el Consejo Fiscal de Canadá se llama *Parliamentary Budget office* (PBO) Actualmente existen más de 40. En México Ethos Laboratorio de Políticas Públicas en conjunto con organizaciones de la Sociedad civil ha planteado desde 2017 la necesidad de crear un Consejo Fiscal, sustituyendo al Centro de Estudios de las Finanzas Públicas (CEFP) de la Cámara de Diputados. Sin embargo, por mucho tiempo el gobierno mexicano se ha rehusado a implementarlo, ignorando las recomendaciones del Fondo Monetario Internacional y otros organismos internacionales. El pasado martes 28 de julio se presentó una ini ciativa para crear un Consejo fiscal en México. "Consejo Fiscal" es nombre genérico para denominar a un órgano genérico para denominar a un órgano técnico que se encarga de vigilar la sostenibilidad de las (sic) finanzas públicas.

Por lo general, los Consejos Fiscales se encuentran separados del Poder Ejecutivo para poder aportar recomendaciones, análisis y proyecciones independientes. En muchos países son un órgano de su Congreso. De esta forma, los Consejos Fiscales proveen a los Congresos con análisis y pronósticos de alta calidad, lo cual los fortalece de manera significativa al momento de sostener la discusión fiscal frente al Poder Ejecutivo. Así los análisis y recomendaciones elaborados por el Consejo Fiscal reducen de manera drástica la asimetría de información entre el Congreso y Poder Ejecutivo. Hay que subrayar que los Consejos Fiscales no toman decisiones, solo

En ese sentido sabíamos se buscaba ya, el consenso para crear lo que genéricamente hasta ese momento era llamado "Consejo Fiscal", con el que se denominaba a un órgano técnico que se encargara de vigilar la sostenibilidad de las finanzas, del que alrededor de 40 países en el mundo cuenta con uno, y habiendo sido el primero en contar con uno, el caso de Holanda en la década de 1960, cuya denominación es *Planning Bureau*, destacando los casos del *Congressional Budget Office* en el caso de los Estados Unidos de América y el que se aprecia en el Canadá bajo la denominación de *Parliamentary Budget Office*:

En ese sentido el reclamo por los sectores debidamente organizados que se empezó a gestar años atrás es retomado hoy, con los avances que ya se tenían y se manifiestan en el punto 3.5 del Proyecto del Plan de Actividades para el Grupo de Trabajo para la Transición Hacendaria.

---

emiten recomendaciones con carácter vinculante. Sin embargo, cuando gozan de prestigio inciden de manera relevante en decisiones trascendentes en su país.

Dado este contexto, ahora es importante revisar cuáles son las características que debería tener un Consejo Fiscal en México para ser eficiente: 1) debe tener su propia ley; 2) debe también contar con autonomía presupuestaria y de gestión; 3) estar integrado por expertos del más alto nivel con una trayectoria íntegra y que garanticen objetividad e independencia; 4) estar blindado de la intervención de los partidos políticos; y 5)comunicar de manera directa, libre y periódica la opinión pública sus análisis, pronósticos y recomendaciones. Dado que México tiene un régimen político presidencialista, lo más adecuado sería que el Consejo Fiscal quede adscrito al Congreso para generar un contrapeso al Poder Ejecutivo.

En muchos países, esto ha permitido a los Consejos Fiscales ser una voz relevante diferente a la del gobierno y ha generado costos políticos para los gobiernos que rompen sus promesas relacionadas con la salud de las finanzas públicas. Las funciones del órgano que se propone crear en México debe ser las de un verdadero Consejo Fiscal: De esta forma los principales beneficios de contar con un Consejo Fiscal en México serían evitar que los gobiernos gasten demasiado, evitar que el país se endeude de manera irracional y, sobre todo, mantener una sostenibilidad fiscal a largo plazo.

En cuanto a su composición y funcionamiento, la Iniciativa presentada plantea que el Instituto cuente con un Consejo Directivo integrado por cinco consejeros designado por la Cámara de Diputados, de los cuales uno será nombrado Consejero Presidente. A su vez, este Consejo nombrará a una Directora o Director General. Todos durarán cuatro años en su cargo y podrán ser reelectos una ocasión. Todos deben contar con grado académico de doctorado en materias relacionadas con las finanzas públicas y no haber ejercido cargo alguno, ni miembro activo de partido político en los últimos 10 años. De aprobarse en los términos planteados, la Ley del Instituto entraría en vigor el 1 de enero de 2021.

El que de conformidad al cronograma en el que se establecieron los tiempos en los que realizarían su trabajo, hacia finales del mes de mayo de 2021, en las que se señaló el mes de abril, de la semana del 19 al 23 en la que, las Mesas de diálogo tuvieran como tema a abordar "Creación del Instituto de Estudios de la Hacienda Pública", es que al día de hoy se cuenta ya con un documento, muy elaborado al que se le ha denominado "Proyecto de Creación del Instituto de Estudios de la Hacienda Pública", en el que ya se considera de forma más acuñada la denominación que se le dará al genérico Consejo Fiscal así ideado y que como hemos visto adquiere diferentes nombres a saber en los diferentes países que cuentan con un organismo garante, como se ha visto sea el órgano técnico que se encargue de vigilar la sostenibilidad de las finanzas en un Estado.

Ahora bien, el documento así referido cuenta ya con una estructura muy elaborada en la que se abordan los siguientes rubros:

Naturaleza y objeto; Impacto jurídico, en este se incluye las necesidades legislativas a saber: Expedir la Ley del Instituto de Estudios de la Hacienda Pública, reformar el artículo 49, apartado 3 de la Ley Orgánica del Congreso General (LOCG) y adicionar el artículo 49-BIS a la LOCG.

En la Ley del Instituto de Estudios de la Hacienda Pública se considera que en esta se incluya: naturaleza y objeto, atribuciones: funciones y obligaciones; Integración Consejo, Dirección y Unidades administrativas; Operación: plan de trabajo e informes y por último lo referente a Transparencia y rendición de cuentas.

El tema de Difusión, Presupuesto, Atribuciones: funciones y obligaciones. En las áreas generales se estima se debe incluir tres temas a saber: 1.Finanzas públicas federales que incluirían los temas de deuda, Ingreso y gasto, y las iniciativas o decretos. 2. Entorno macroeconómico y 3. Otros.

Un rubro de Análisis y recomendaciones, en el que se incluyan los temas de: 1. Finanzas públicas, 2. Paquete económico, 3. Indicadores, 4. Iniciativas y Decretos y 5. Opinión anual sobre los montos mínimos y máximos de las remuneraciones de los servidores públicos de la federación.

En Monitoreo Económico, los grandes rubros son: 1. Generar alertas al interior de la Cámara de Diputados en ciertos casos, 2. Monitoreo mensual, verificación de cumplimiento, evaluación y otras.

Y el otro gran rubro lo constituye la integración Consejo Directivo, la metodología de selección que incluirá una comisión de notables que será el colegiado que calificará a los que serán candidatos a ser consejeros, las atribuciones del 6. Fuentes de Información Consultada.

CONCLUSIONES

La viabilidad de las finanzas de los niveles subnacionales exhibe la necesidad que se refleja en calidad y cantidad de servicios públicos que los gobiernos en cualquiera de sus niveles de gobierno están obligados a proporcionar a los gobernados.

El federalismo se replantea ante las necesidades de los sujetos, últimos destinatarios de los recursos, como se advirtió en las presentes líneas requiere atención inmediata a las mismas.

Hoy nos encontramos en una coyuntura política que se advierte peligrosa, pues justamente está comprometido el gasto hacia una dirección que minimiza atención a las necesidades de inversión, desarrollo, generación de empleo, lo que ha detonado en fechas recientes, en un impulso por parte de gobernadores a replantear las relaciones intergubernamentales entre los diferentes niveles de gobierno, que se ha manifestado en la urgente necesidad de arribar hacia un nuevo pacto fiscal, lo que hoy es imperioso.

La historia nos ha mostrado a lo largo de los años, que estos impulsos se han gestado a partir de elementos políticos, estando hoy las condiciones propicias para arribar a ello, una Segunda Convención Nacional Hacendaria.

Los temas para esta, no son menores pues los reclamos son mayores, así una reforma fiscal en la que, hasta hoy se tiene como tema central a los gastos fiscales (y el que estos sean minimizados), la recaudación subnacional y la inminente progresividad fiscal y desigualdad social, son los que se tratarán.

Sin embargo un gran ausente, el control en el ejercicio de gasto, así la problemática se centra en ello, necesidad de directrices que orienten y prioricen hacia donde se debe dirigir, que sea óptimo y que genere desarrollo, alejado del que prioriza una necesidad inmediata.

El nuevo ejercicio y práctica del poder público, hace que hoy se luche contra él y ponga en peligro la sana práctica de relaciones intergubernamentales en las que hay un gran ausente. Ante ello, se presenta un difícil y pedregoso camino el que se tiene por delante para alcanzar acuerdos en bien de México.

REFERENCIAS

Legislación

Constitución Política de los Estados Unidos Mexicanos.

Ley de Coordinación Fiscal.

Hemerografía

De la O Hernández Xóchitl Livier, "Cambios en los fondos de participaciones a partir de 2014", INDETEC, Federalismo Hacendario, número 182, noviembre-diciembre, México, 2013.

Cámara de Diputados. Gaceta Parlamentaria. Proposiciones de acuerdo de los órganos de gobierno. *De la Junta de Coordinación Política, por el que se crea el Grupo de Trabajo para la Transición Hacendaria.* Anexo IX. Palacio Legislativo de San Lázaro 2 de marzo de 2021 Núm. 5730-IX Año XXIV.

Cámara de Diputados. Gaceta Parlamentaria. Adenda de la Junta de Coordinación Política, al acuerdo por el que se crea el Grupo de Trabajo para la Transición Hacendaria. Anexo IX. Palacio Legislativo de San Lázaro 9 de marzo de 2021 Núm. 5735-IX Año XXIV.

Cámara de Diputados. Grupo de Trabajo para la Transición Hacendaria. *Proyecto de Plan de Actividades para el Grupo de Trabajo para la Transición Hacendaria.*

Libros y artículos

Aboites Aguilar, Luis y Jáuregui, L. (coords). *Penuria sin fin. Historia de los impuestos en México, siglos XVIII-XX.* México: Instituto Mora, 2005.

Colmenares Páramo, David. *El Federalismo Fiscal y las Transferencias Condicionadas (Ramo 033), en el Economista Mexicano.* México: Federalismo Fiscal desde Estado y Municipios, Colegio Nacional de Economistas, 1999.

Franco González Salas, J. F. y Fraga, J. "Impuestos Ecológicos: Un Reto de definiciones Jurisprudenciales", *Revista de la Procuraduría Fiscal de la Federación* 1.1 (2020): 22.

Guerrero García, Javier. *La lucha por el federalismo en México. Una visión sobre los resultados de la Convención Nacional Hacendaria.* México: Porrúa, 2005.

Piketty, Thomas. *La Economía de las Desigualdades. Cómo implementar una redistribución justa y eficaz de la riqueza.* México: Siglo veintiuno editores, 2015.

Vergara Rivas, Fabiola Guadalupe. E*l Certificado bursátil: Análisis y perspectivas sobre la bursatilización de deuda pública en México, Breviarios Jurídicos*. México: Porrúa, 2005.

Fuentes electrónicas

Alvarado Baena, L. "¿Habrá o no Consejo Fiscal en México?", *New York Times*, disponible en https://ruizhealytimes.com/economia-y-negocios/habra-o-no-consejo-fiscal-en-mexico/ (fecha de acceso: 8 de junio de 2021).

González Arreola, Alejandro y Villarreal, Héctor J. "El Congreso y la sostenibilidad fiscal", *El Universal,* disponible en https://www.eluniversal.com.mx/entrada-de-opinion/colaboracion/alejandro-gonzalez-arreola-y-hector-j-villarreal/nacion/2015/09/8/el (fecha de acceso: 10 de junio de 2021).

2
DERECHO CONSTITUCIONAL TRIBUTARIO

~

TUTELA JUDICIAL EFECTIVA EN MATERIA TRIBUTARIA. UNA PERSPECTIVA DESDE EL ASPECTO SUSTANCIAL: LA PERSONA, COMO PUNTO DE PARTIDA Y FIN

Raúl Bolaños Vital
Universidad Panamericana

INTRODUCCIÓN

La justicia, como consideración jurídica, es conceptualización entre las personas en sociedad.

En lo tributario, es la persona y su patrimonio, el eje sobre el que se desarrolla y genera o debiera generarse la impartición de justicia para hacer cumplir la ley, para que se haga cumplir lo que es debido o bien se impidan arbitrariedades de la autoridad.

No se permite que haya justicia por propia mano,[1] para ello es indispensable que haya un sistema que la imparta a través de operadores jurídicos capacitados para dedicarse de pleno a esa actividad.

Ese sistema debe ser confiable -imparcial- para autoridad y gobernados. En materia tributaria, reviste especial relevancia toda vez que está en juego el patrimonio de una persona física o moral.

---

1 En México, artículo 17, párrafo primero, de la Constitución Política de los Estados Unidos Mexicanos (CPEUM).

Sobre esa línea se considera hacer un replanteo que, en vez de establecer un objeto (tributo, contribuyente, interacción frente a la autoridad o las acciones de fiscalización y/o recaudación), se trata más bien de un horizonte de problemas[2], donde han de confluir cuestionamientos respecto de lo tributario, pero en su verdadera acepción (partiendo de su esencia, contenida en el ser humano), para darle valor adecuado y tratar de entender la impartición de justicia.

En la actualidad –pleno siglo XXI– resulta primordial distinguir lo que debiera ser, respecto de lo que es, cuando parece que la disyuntiva de que lo social –interés general o bien común– que lo protege y defiende el gobierno, hay que confrontarlo como opuesto, a lo egoísta, mezquino y abyecto del interés individual, lo cual, no es más que un falso dilema, que en verdad no debiera existir.

Mi planteo (ante la necesidad de buscar la tributación con el único fin de limitarlo a cubrir un presupuesto gubernamental para hacer frente al gasto público), es atender a lo esencial: el ser humano en sí mismo, aunque a este se le toma más como justificación, que como razón.

Debe existir un equilibrio entre gobierno y contribuyentes; ambos sujetos tienen una relación simbiótica; si se rompe ese equilibrio[3] (con un excesivo poder tributario, arbitrariedad –diría concusión– ya sea con o sin sustento legal y las defensas del contribuyente), puede a la larga, ser uno de los factores en el devenir de un posible resquebrajamiento social que aunado al deterioro del tejido social detone, sin augurios fatalistas, soluciones populistas (las estamos presenciando e incluso viviendo entre otros países en: Estados Unidos de América, México, España, Argentina

---

2 Y como tal mirar a lo necesario, opuesto a lo contingente -*doxe,* es decir, lo opinable, lo meramente argumentativo- que tiene ciertas posibilidades de sistematización, y donde se establezcan nexos causales, aun cuando subyace la intencionalidad, es decir, que dos personas pueden mirar la misma conceptualización e interpretarla diferente. Y conforme lo establece Karl Popper, "un problema" es una expectativa fracasada al seno de una determinada teoría, que estimula la búsqueda de una solución.

3 Lo cual se hace más notorio, por situaciones y circunstancias, tal vez meramente temporales –o ese es el matiz que se pretende– como la percepción de algo cada vez más evidente: corrupción, e impunidad que al permear en el colectivo social, hace que se origine un descontento que es más fácilmente manejable por quienes tengan interés en desestabilizar par un beneficio personal, e incluso a defenestrar lo que sea autoridad e incluso a no respetarla, lo que trae como consecuencia un desorden que en verdad a nadie conviene.

y más drásticamente en Venezuela), vía la democracia o lo que es más terrible, una rebelión.

El planteamiento que se propone es que la persona retome el lugar central en las relaciones de derecho tributario, y llegar a la razón de ser del propio derecho fiscal.

El planteamiento de este trabajo se encuentra en la centralidad de la persona humana, en el derecho tributario y la defensa de aquella frente a los embates de la autoridad.

PREÁMBULO

Como punto de partida y sustento de este trabajo, se toma como referente lo establecido en la Carta del ILADT (Carta de los derechos del contribuyente para los países miembros del Instituto Latinoamericano de Derecho Tributario), específicamente en los siguientes derechos:

> 25) Derecho de acceso a la justicia, independiente e imparcial, a la obtención de un fallo y a la ejecución del mismo.
> 26) Derecho a ser parte en un proceso tributario basado en el principio de contradicción y la presunción de inocencia.
> 28) Derecho a juez predeterminado, a la defensa y asistencia de letrado y a actuar asesorado por un profesional fiscal.
> 29) Derecho a que los funcionarios o magistrados que conformen los órganos en lo contencioso tributario gocen de independencia y estén dotados del conocimiento de las materias técnicas, conexas y necesarias para la correcta aplicación del derecho tributario.

Se ha creado una disyuntiva, que parte de una premisa falsa, o de menos, artificial dilema entre lo social y lo individual de la persona -ser gregario- y entre lo social y lo político, a lo que ha contribuido como causa y efecto, lo tributario entendido exclusivamente como recaudación económica con un fin de obtención de recursos, no de lograr el interés general o colectivo o bien común.

La persona se debe mirar, como sujeto jurídico, en cuanto a su dignidad humana y enfocarlo en el ámbito fiscal, como punto de partida para luego revisar diversos aspectos, entre ellos cuando se genera la contingencia.

La esencia de lo tributario es la persona. Ello constriñe y extingue lo que se ha establecido artificialmente como *ontología de lo tributario*, que paradójicamente ha sido un proceso que distorsiona lo fiscal y degrada su especificidad confundiendo la necesidad y obligación de contribuir, con otras realidades, desapegándolo de su origen, desnaturalizándolo, toda vez que *a contrario sensu*, de un pensamiento meramente economicista no es lo único para obtener un bienestar en forma integral.

Recordando que como lo dice Benjamín Franklin: "Solo hay dos cosas seguras en la vida: la muerte y los impuestos".

CONCEPTUALIZACIÓN DEL ENTORNO TRIBUTARIO Y SU PUNTO DE PARTIDA

La persona, a partir de lo humano,[4] es algo integral, y lo impositivo no es excluyente de lo humano (lo social, la ética, lo político, lo económico, el derecho, etc.). Debe reconocerse que le es implícito.

Me separo del planteamiento tan aceptado por los gobiernos a nivel mundial y más que nunca ahora –por su representación más acabada, la OCDE– que se refiere y va en función solo a las necesidades presupuestarias del gobierno voraz –Leviatán– en turno (si se me permite bajo el manto proteccionista de velar la economía, en aras de la protección de lo social), sin mirar nada más que números para "hacer frente al gasto público".[5]

Todo gobierno requiere allegarse de recursos económicos, esencialmente a través de tributos a la riqueza generada por los particulares, a efecto de satisfacer necesidades sociales.

Entonces, sobre la premisa que el Gobierno de cualquier Estado no genera riqueza, sino que recauda y administra la realizada por las personas, cabe cuestionar ¿Cuáles son esas necesidades sociales? ¿Son todas imprescindibles como obtención del bien común o interés general?

---

4 No importa si se trata de persona moral, aún en una estructura corporativa, al final de la misma siempre hay individuos, seres humanos.

5 El caso más reciente, solo a guisa de ejemplo, la adopción a partir de 2014 y en 2020, en la legislación mexicana de normas derivadas de las BEPS (Base Erosion and Profit Shifting), plan de acción contra la erosión de la base imponible y el traslado de beneficios; también los temas de Precios de Transferencia que realiza la OCDE.

¿Cuánto de lo programado por el gobierno es gasto necesario o erogaciones insustanciales?

No existe un ente independiente que supervise el gasto gubernamental, aunque de tiempo atrás, en México opera la Auditoría Superior de la Federación -a partir de 2000- y antes, -desde el México Independiente, 1824- era el órgano denominado Contaduría Mayor de Hacienda, que junto con un sistema eficaz de orientación y también con un real poder sancionatorio que supervise el gasto gubernamental del dinero de los contribuyentes, que no dinero público.

A guisa de ejemplo, el economista Everardo Elizondo, señala:

> El proceso presupuestal del Gobierno en México, conforme a la Constitución Política de nuestro país, resulta de menos curioso -por decir lo menos- toda vez que primero se decide cuánto cobrar en tributos y posteriormente en qué gastar lo recaudado. Pero tal vez lo correctamente metodológico sería entre otras empezar por determinar cuáles son las actividades que estrictamente corresponden a la Administración y luego definir la forma en que ese costo se traslade para su distribución entre los que contribuimos.
>
> Esto deriva de las necesidades públicas de la sociedad, para cuya satisfacción se requiere la producción de bienes y servicios a cargo del Erario y para que se lleven a cabo se requieren recursos.
> La función primaria de los impuestos es hacerle espacio en la economía al gasto público reduciendo el consumo y la inversión de los particulares[6].

¿Acaso, en voz de los especialistas, no es sintomática una arritmia, además de una falta de rumbo en lo referente a la política económica en casi cualquiera de los países?

Y, sin embargo, se sigue moviendo lo tributario sobre esa perspectiva. De ahí la confrontación que se suscita con los contribuyentes.

---

[6] Elizondo, Everardo, Glosas Marginales, Negocios, Reforma, 11 de noviembre de 2013. Cabe destacar que con independencia del año (hace poco más de siete años), la conceptualización sobre la que versa no ha perdido actualidad.

Consecuentemente: ¿Es resultado de que el sistema no es el adecuado, más allá de sus planeaciones y estrategias, en el origen de lo que pretende remediar, en función exclusiva de atender a lo inmediato -lo económico- en lugar de mirar al que debiera ser objeto y fin de su afán?

Ahora bien, se puede deducir que son dos los actores de la relación tributaria, con apoyo y soporte de diversos autores que al respecto han escrito, tales como: Emilio Margáin Manautou[7], Francisco De la Garza[8], Adolfo Arrioja Vizcaíno[9], Gonzalo Higuera Udías[10], Eduardo Johnson Okiuysen[11] y los clásicos Ernesto Flores Zavala[12], y Klaus Tipke[13] por mencionar algunos:

a) La Autoridad Fiscal -legislativa, administrativa y judicial en ese estricto orden- quién en función de su poder, impone el tributo -por creación, aplicación coactiva y resolución vinculatoria-; y,
b) La Persona -física o moral- quien es el sujeto pasivo que padece irremediablemente en diversas formas, la carga de la contribución, en cualquiera de sus acepciones.

Desde la óptica ciudadana, la autoridad tiene cada vez más *potestas* pero no goza de *auctoritas*, lo que parece ser el eje rector que se convierte en el último ejercicio de la ley, entendida esta, como el mero ejercicio del poder. De menos es la percepción de la sociedad en general, entre otros por los cada vez más sonados casos de corrupción e impunidad, revestida de legalidad, pero con total ausencia de eticidad en la que debiera sustentarse.

En lo que respecta al tema en específico, es necesario que haya un reconocimiento de la juridicidad, en clave de justicia, para sustentar y en

---

7 MARGAÍN MANAUTOU, E. *Introducción al estudio del derecho tributario*. México: Universidad de San Luis Potosí; *Nociones de política fiscal*. México: Porrúa.

8 DE LA GARZA, F. *Derecho Financiero Mexicano*. México: Porrúa.

9 ARRIOJA VIZCAÍNO, A. *Derecho fiscal*. México: Themis.

10 HIGUERA UDÍAS, G. *Ética fiscal*. Bogotá: Editorial de Autores Cristianos.

11 JOHNSON OKIUYSEN, E. *Equilibrio entre presión fiscal y justicia fiscal en el sistema tributario federal mexicano*. México: Dofiscal Editores.

12 FLORES ZAVALA, E. *Finanzas públicas*. México: Porrúa, 1995.

13 TIPKE, K. *Moral tributaria del estado y de los contribuyentes*, traducido por Pedro M. Herrera Molina. Madrid: Marcial Pons, 2002.

consecuencia, obrar sobre principios fundamentales de respeto hacia el patrimonio de las personas.

Desafortunadamente, lo cotidiano nos da continuas expresiones de esta afirmación.

LA PERSONA: SU CONCEPTUALIZACIÓN

La persona, referencia indispensable, que se justifica en sí misma, por su sola existencia (física o como creación jurídica) es el eje rector, o debiera serlo, en lo tributario y consecuentemente en la impartición de justicia en ese ámbito.

A partir de Martin Buber, quien cuestiona ¿Qué es el hombre?[14] -más allá de temas de género que se continúan discutiendo en la actualidad, este autor y su libro, de mediados del siglo pasado, debe entenderse el contexto- es imperativo definir al ser humano y el propio Buber establece un principio dialógico es decir, la presencia sustancial del prójimo como única posibilidad humana de acceso al ser. Así es que se coloca decididamente enfrente del individualismo *in extremis* y del colectivismo *in excelsis*: de la ficción y de la ilusión[15].

Este autor señala que, el gran hombre es poderoso pero no anhela el poder, lo que anhela es la realización de lo que lleva en el pecho, la encarnación del espíritu, claro que para esa realización tiene menester de su poder, porque el poder no significa otra cosa sino la capacidad de realizar lo que se pretende realizar; pero tampoco anhela esta capacidad que no es sino un medio obvio; lo que anhela cada vez es aquello que pretende que es capaz de realizar.

Del genuino ser uno mismo (*SELBSTEIN*) de la resolución, surge el ser con los demás[16].

Así como existe un "tú", existe un "nosotros", relación de unión de diversas personas independientes que han alcanzado ya la altura de las *mismidades* y la responsabilidad propia, unión que descansa sobre la base

---

14 BUBER, M. *¿Qué es el hombre?*, traducción de Eugenio Imaz, 1ª ed. español, 28ª reimpresión, México: Fondo de Cultura Económica, 2012.

15 *Ibidem*, p. 8.

16 *Ibidem*, pp. 94-95.

de esta *mismidad* y se hace posible por ellas. En el "nosotros" rige la inmediatez óntica que constituye el supuesto decisivo de la relación yo-tú.

El "nosotros" encierra el tú potencial.[17]

Al parecer, somos la primera época en que el hombre se ha hecho problemático, de manera completa y sin resquicio, ya que además de no saber lo que es, sabe también que no sabe, citando a Max Scheler.[18] Anotaría al respecto, en esos términos, que no menciona expresamente el autor, la esencia de la dignidad de la persona.

Lo anterior, cobra sentido toda vez que es la pauta para entender que el ser humano, gregario por naturaleza, posee dignidad.

Partiendo de la persona, de su dignidad, lo tributario hace sentido cuando el impuesto que se cobra a los contribuyentes se destina al bienestar de la sociedad como cumplimiento de su fin primordial.[19]

DIGNIDAD HUMANA

La sociabilidad, rasgo esencial y adicional de la dignidad de la persona, toda vez que, si bien también los animales irracionales llegan a juntarse y formar grupos, esa "sociabilidad" carece de la racionalidad que construye una cultura.

Es la sociedad, desde su núcleo primario o fundamental, la familia, quien en principio nos debería educar y dar la estructura necesaria como personas[20]; y este núcleo fundamental está inmerso en una comunidad, en una colonia, ranchería o cualquier denominación demográfica, y a su vez en una ciudad, país, etc.

---

[17] *Ibidem*, p. 104.

[18] *Ibidem*, p. 114.

[19] Cabe recordar que la conexión gasto-ingresos debe ser el fundamento racional de la imposición.

[20] Deber ser, ahora tan olvidado, en pos de una ficticia, fatua y frívola felicidad, la que está creando en general, salvo excepciones, a seres humanos que no están contentos, es decir, que no se saben contener en sí mismos, plagados de carencias, desconcierto, agobio, faltos de disciplina, cómo paradójicos huérfanos, que sustituyen en su adultez no madura, la falta de formación infantil y juvenil, con psicoterapias.

Dignidad Humana: factor que no debe olvidarse ni menospreciarse

Esta dignidad ontológica como seres humanos[21], es decir, la Dignidad Humana[22], debe necesariamente ser reconocida, protegida y considerada por cualquier acto que devenga de lo social, y en lo social se dan entre otros (sin ser una enumeración por grado o trascendencia), lo cultural, lo educativo, lo histórico, lo religioso, lo ético, lo político, lo económico y también lo que sostiene todo esto, en la parte monetaria: lo tributario.

La Dignidad Humana es toral para el derecho; si bien, es un concepto cuyo origen no es jurídico, sino un constructo filosófico que expresa el valor intrínseco de la persona derivado de que es única e irrepetible, que es un fin en sí misma, y que como tal, si bien ha ido evolucionando, adquirió toral relevancia particularmente después de las atrocidades de la Segunda Guerra Mundial.

La Dignidad Humana, concepto, en lo jurídico, derivado del iusnaturalismo, por su relevancia tuvo a su vez, un constructo positivista, lo cual es adecuado, independientemente de la polémica entre ambas vertientes, tópico que se ensambla adecuadamente, en su reconocimiento a partir de la Declaración Universal de 1948 -en su preámbulo y artículo primero-.

La Dignidad Humana, *topoi* que desprende su significado de lo que han establecido diversos pensadores desde la antigüedad; se perfila de nuevo durante el Renacimiento, a través del humanismo: la razón, que

---

21 Sea o no consciente de esta dignidad ontológica, e incluso si se deja o no de hacer lo que sea (ya se verá, más adelante en este mismo escrito que hay otra dignidad al respecto), porque no es prebenda o graciosa dádiva otorgada por autoridad (particular) o gobernante (funcionario público) alguno, en la sociedad, sino porque deriva de algo superior al propio ser humano. *Cfr.* SÓFOCLES. *Las siete tragedias, Antígona*. México: Porrúa, 1982, pp. 187-208.

22 Así, Dignidad Humana, con mayúsculas, porque en mi opinión tiene un valor específico por provenir del ser humano, de su esencia, de su naturaleza, de lo que le es implícito y en mi óptica, no se puede mirar de otra forma, si puede acrecentarse su análisis, ir evolucionando como la persona misma que no es estática, pero no pierde su autonomía, sentido y significado. De ahí mi manejo del concepto, las dos palabras que lo integran, escribiéndolo siempre como nombre propio, que a fin de cuentas lo es en cada ser humano, aparte y adicional al que cada individuo tiene.

a su vez produce el lenguaje que elabora conceptos a partir de ideas, da al hombre[23] una ubicación por encima de todos los demás seres vivos[24].

La idea del humanismo crea prácticamente una cosmogonía, a partir de la comunicación entre los saberes y el lenguaje, porque ninguna otra cosa hay que no pueda expresar el hombre y como por un embudo no pueda trasfundir y como trasegar de la mente propia a la ajena.[25]

La Dignidad Humana es el referente que marca los objetivos de lo público y a su vez, es el contenido de la condición humana a desarrollar. Para Christian Wolff, citado por Peces-Barba, quien parte del Derecho natural, en sus *Principios de Derecho natural y de las personas*, denomina al ser humano, en específico al hombre, como hombre moral, y lo considera sujeto de obligaciones y derechos e indica que la naturaleza y esencia humana siendo cosa en común a todos, supone al derecho natural como universal, lo que trae como consecuencia que la dignidad alcanza a todos los hombres, al ser moralmente iguales y por ende cada uno es libre y la libertad es la independencia en que se encuentran las acciones respecto a la voluntad de cualquier otro y solo se tiene como juez a su conciencia que le dicta lo que debe hacer.[26]

Sin embargo, es en el Derecho donde tiene el principal referente para el desarrollo de la actividad de las personas en sociedad.

No escapa, en su ámbito tributario, donde especial vinculación encuentra y donde menos quieren mirar, quienes detentan el poder, más allá del ámbito reduccionista de la proporcionalidad -en lo tributario, no así respecto de la norma- la equidad, pero no respecto de la impartición de justicia, como concepto -distributivo- de dar a cada quién lo que corresponda.

Pero resulta que la relación que se da por lo tributario entre las personas y quienes detentan el Gobierno, sobre todo en cuanto a los opera-

---

23 Y no me refiero a la persona, aunque es la conceptualización actual, en el siglo XXI, porque retomo la idea original de esa época. No para provocar una discusión acerca de la equidad de género.

24 A mi entender, la razón hace que se tenga percepción de uno mismo, concebirse y percibirse frente, similar pero diferente a los otros.

25 PECES-BARBA MARTÍNEZ, G. *La dignidad de la persona desde la filosofía del derecho,* Cuadernos Bartolomé de las Casas, número 26, 2ª ed. Madrid: Dykinson, 2003, p. 37.

26 *Ibidem*, p. 44.

dores jurídicos que imparten justicia, tiene invariable e inopinadamente que considerar el aspecto de la Dignidad Humana, que lleva a la protección de lo humano.

Si bien es cierto que aún hay mucho que analizar desde la óptica jurídica, en lo tocante a la Dignidad Humana (Derechos Humanos) y lo tributario, es en sí un axioma a considerar. Es su punto de partida.

En el entorno jurídico la Dignidad Humana tiene una posición toral, del que no es ajeno México ni los países, aunque en lo relativo al aspecto tributario queda mucho por andar.

La Dignidad Humana, es fundamento de la ética y por ende de la cosa pública, y es reconocida en el terreno laico, desde Kant que considera a la persona -hombre, como lo refiere- como un fin en sí misma y que se conduce al recto deber.

La concepción de Kant que basa la dignidad en la autonomía como postulado de la razón, tiene el gran valor de conectar dignidad, libertad, autonomía y moralidad, lo que es la estructura básica de la Dignidad Humana.[27]

Por su dimensión moral, tiene dignidad. Por ser portador de un imperativo moral incondicionado posee un valor intrínseco absoluto, es decir el "hecho de la razón" como fundamento de la dignidad de la persona.[28]

Más tarde, Hegel concibe a la Dignidad Humana como el deber de respetar a los hombres como imperativo jurídico, aunque tendrá que ser al final de 1945 -Segunda Guerra Mundial- cuando se da plena legitimación jurídica, como concepto inalienable pleno.

Hay un ámbito individual y uno social de o en la dignidad de la persona; es decir, lo implícito por el solo hecho de ser y el de la convivencia, y en toda situación es algo que pertenece a lo jurídico; precisamente en lo social, es donde se configura la Dignidad Humana en plenitud.

Y la Dignidad Humana es la base de la ética pública, que necesariamente es la adecuación del comportamiento con el modelo de moralidad privada, de bien o de virtud, porque el cumplimiento de esos objetivos, usando la autonomía inicial como elección, únicamente es posible en el

27 *Ibidem*, p. 57.

28 BECCHI, P. *El principio de la dignidad humana*, 2012, 1ª. ed. México: Fontamara, p. 16.

marco de la vida social organizada por el Derecho conforme a los fines marcados por la ética pública[29].

Es aquí, de manera primordial, donde juega un papel relevante el juez, quien como operador jurídico que resuelve las controversias entre autoridades tributarias y contribuyentes, es un fiel de la balanza en sociedad.

La construcción de los derechos humanos tiene su núcleo en la Dignidad Humana; a partir de ahí, se elabora todo el entramado de la ética pública y del Derecho positivo.

La Dignidad Humana es más un *prius* que un contenido de la ética pública con vocación de convertirse en lo que se nombra cómo moralidad legalizada, o lo que es lo mismo, en Derecho positivo, lo justo.[30]

En cuanto al Derecho positivo, la Constitución Política de los Estados Unidos Mexicanos, la reconoce precisamente en el artículo 1, en su último párrafo que a la letra indica, en su parte conducente: "Queda prohibida toda discriminación... que atente contra la **dignidad humana** y tenga por objeto anular o menoscabar los derechos o libertades de las personas".[31]

A la persona, ni se le puede diluir en la sociedad[32], porque siempre conserva su esencia individual[33], ni tampoco se le puede aislar cualquiera que sea la explicación incluso la proveniente de una desconfianza muy actual, muy a modo (derivada entre otras de la apología del vicio, que desafortunadamente a nivel general campea), por una especie de asepsia antinatural. Reitero lo precisado al respecto por Martin Buber: el individualismo -*in extremus*- es una ficción y el colectivismo -*in excelsis*- es una ilusión.

---

[29] PECES-BARBA, op. cit., p. 58.

[30] *Ibidem*, p. 67.

[31] Constitución Política de los Estados Unidos Mexicanos. Reforma publicada en el Diario Oficial de la Federación el 10 de junio de 2011.

[32] So pena de masificarla y, a fin de cuentas, cosificarla.

[33] Intimidad, en un concepto que considero adecuado, relacionado con su dignidad ontológica.

¿Qué es lo que se debe proteger por parte de y en lo social?

No se puede disociar la persona de lo social, ni a lo social de la persona, como tampoco pretender sobreponer a uno por encima de otro. Es el ser humano, a quien se debe proteger, ese ser gregario por sus limitaciones, pero también por su grandeza, requiere de dos aspectos que le son básicos, a saber: 1. Seguridad[34], que le permita cubrir necesidades básicas como la alimentación, la vivienda, la reproducción, la educación, entre otros, así como el ocio para su crecimiento intelectual. 2. Libertad, la que también necesita el ser humano forzosamente[35], para poder desarrollarse en lo que elija. Ambos elementos, seguridad y libertad, permiten acceder a la felicidad.[36]

Para Aristóteles, la felicidad es el ideal de la razón y efectivamente puede configurar la conducta, pues actuar bien (dignidad ética), produce felicidad, toda vez que es estar de acuerdo con nosotros mismos (dignidad ontológica).

Desde la óptica de las teorías psicoanalistas, en los inicios del siglo XX,[37] que en parte retoman el imperativo categórico de Kant, y lo enfrentan a la libertad humana, considerando que el ser humano tiene una personalidad que se disocia a partir de articulaciones que responden al placer[38] o al deber; por ende, su contraposición que pugna dentro de en un mismo ser.[39]

---

34 Que le permita una existencia tranquila, estabilidad, confianza contra la permanente zozobra.

35 El ser humano tiene inteligencia y voluntad; aspira a hacer lo que le gusta, lo que quiere, lo que desea, y aunque utilizar juntas las palabras libertad y forzosa pueda sonar paradójico, la integración de ambos vocablos, considero que no es discordante.

36 Primera referencia a este concepto, uno de los ejes fundamentales en lo referente a lo político, que es tomado en el presente trabajo como elemento de análisis y conjugación aunado a otros conceptos elementos necesarios de la tesis a exponer.

37 Con Sigmund Freud, a la cabeza, quien es el padre del psicoanálisis.

38 Considero que relacionar o utilizar como sinonimias las palabras placer y felicidad, es una visión parcial, porque parte de un concepto de felicidad egoísta –moderna– y por ende falsa, distinta de la auténtica que es la que mira por el bien común, pues el ser humano es naturalmente gregario, es un ser social, si con intimidad, pero en un entorno con otros. Se es a través de uno mismo, pero complementado con los otros.

39 Sin profundizar más en la visión del psicoanálisis, que no es motivo de este estudio.

La sociedad además de identidad también requiere de una organización, como sistema de comunicación, que articula símbolos, un modo de establecer diálogos,[40] y que en caso de diferendos se puedan resolver buscando el menor daño a la propia sociedad, a la persona.

Paralelamente, a la identidad y a la organización, debe haber instituciones, que permitan que haya seguridad y libertad para que haya felicidad. Y esas instituciones deben ser facilitadoras de generación de hábitos buenos que devengan en virtudes, las cuales se dan en el ámbito de la familia, la escuela, etc.

Porque es precisamente en la virtud, donde se gesta la confianza mutua, cómo, por el contrario, en el vicio, donde se produce la desconfianza que aniquila.

Hay crisis de confianza, a la cual en nada abona la confrontación desde el poder público, que infortunadamente acaba afectando a la sociedad, porque de la desconfianza en los "ejecutores profesionales" de la política, se pasa a otros ámbitos; es decir, se va generalizando, y se convierte en un fenómeno cultural, que justifica y se afianza paradójicamente en un individualismo dentro de lo social –cual ínsulas en un vasto océano– bajo la premisa de: ¿Quién resulta confiable?

---

40 Estudiosos de la Ciencia Política, como Rafael Alvira, *Cfr. El problema sociopolítico del cristianismo actual (ponencia del III simposio de Antropología y Ética en la Universidad de Navarra en octubre de 2001)*, *Intento de clasificar la pluralidad de subsistemas sociales, con especial atención al derecho (artículo publicado en el número 33 de la Revista de fundamentación de las instituciones jurídicas y de derechos humanos, publicación semestral de la Facultad de Derecho de la Universidad de Navarra, Pamplona, España, 1995), y Metafísica del poder (escrito de Montserrat Herrero, del curso de doctorado que impartió en la Universidad de Navarra en junio de 2001)*, considera que existen cuatro grupos o sistemas conceptuales para entender la organización social, y su relación con lo político, a saber: I. Los trascendentales sociales (civilización, historia, cultura y educación); II. La teoría de los subsistemas sociales de Rafael Alvira (economía –hábitat–, derecho, política, ética y religión); III. El sistema binario (de sinónimos y opuestos: común, público, estatal y político, frente a lo particular, privado, *non-governamental* y económico, respectivamente), y IV. Las Instituciones: no se puede confiar el recto orden social en las virtudes de las personas, el mecanismo sustituto son las instituciones que traen aparejadas a la obediencia y a la coacción (las instituciones son a las sociedades, lo que las virtudes al individuo).

Tomo este punto de partida toda vez que considero se requiere dar sentido y revalorar lo social, consecuentemente lo político, lo administrativo, lo económico, lo financiero, incluyendo, por ende, lo tributario.

De ahí que un sistema fiscal que sea justo, eficiente y distributivo, implica necesariamente un deber que se convierte en tema ético de cumplimiento, pues se contribuye al Bien Común y en caso de incumplimiento (por exceso, defecto u omisión) de cualquiera de las partes (sea el sujeto activo o el sujeto pasivo), conlleve una contingencia que debe dirimirse ante otra autoridad de carácter jurisdiccional o judicial.

Se necesita que haya gobernabilidad que resulta difícil, en la complejidad social, porque no es sencillo en las formas clásicas, encontrar una síntesis para tomar decisiones, dada la multiplicidad de centros de decisión, en un ambiente de interacciones entre diversos actores sociales con retroalimentaciones complejas y decisiones multidireccionales, en una globalización, que ha ido difuminando y desapareciendo el concepto "obediencia" (antecedido por el concepto de "mando" o "*imperium*" que aparece desprestigiado).

Entonces en este marisma ¿quién resulta confiable en cualquier ámbito de poder, como autoridad?

La respuesta, partiendo del sentido común y sin ser reduccionistas, ni simplistas, es que lo será quien sea previsiblemente responsable; es decir, quien responde voluntariamente por sus acciones, y a su vez lo es, quien es dueño y se controla a sí mismo, quien tiene buenos hábitos, que lo hacen virtuoso.

Luego entonces, la virtud genera confianza. A menor confianza, mayor imposición de controles, por "seguridad". El problema de las virtudes, a fin de cuentas, es un problema de lo tributario, de lo financiero, de lo económico, de lo administrativo, de lo político y por ende, de lo social.

Porque la virtud es el horizonte al que se debe aspirar, aunque no se alcance, porque los individuos virtuosos, por su calidad, hacen que la vida comunitaria lo sea.

Ahora bien, lo jurídico, lo tributario no es algo aislado, como no lo es el ser humano, la persona; tiene necesaria interrelación con otros ámbitos de lo social, como la economía, con la política, mimetización, a tal grado que incluso la primera ha fagocitado a la segunda y a otros aspectos de lo social.

El gran desafío, en la actualidad, es que, al igual que jardineros, desplantemos de raíz lo meramente económico, lo crematístico del jardín donde está sembrado por la hipermodernidad, que cual hiedra adentró sus raíces en la tierra y además sus ramas las introdujo entre la política, el arte, el derecho, la educación, lo tributario, en el pensamiento en general, distorsionando la esencia de lo humano.

El gobierno, sujeto activo, titular de la potestad tributaria, con *Imperium*[41], es el acreedor de las obligaciones tributarias de los sujetos pasivos[42], sometidos a dicha potestad y quienes presentan una situación de inferioridad, como deudores.

De esa relación tributaria, surgen conflictos. Sin hacer una disección de las múltiples razones que pueden generarlo, es menester que haya alguien que los resuelva y que sea confiable lo que decida.

JUSTICIA EFECTIVA: TUTELA DEL INTERÉS GENERAL Y DE LA DIGNIDAD DE LA PERSONA

Se comentó previamente que nadie puede hacerse justicia por propia mano. Para el caso de que se genere un conflicto se debe acudir a los tribunales para que un juez o jueces diriman la controversia.

Lo tributario no es la excepción.

A partir del lugar común que es la presunción de inocencia, se debe resolver tomando en cuenta lo probado por las partes y entonces decidir a favor de la justicia en orden a quien demuestre su argumentación.

Existe un tema adicional en esa ecuación jurídica: el principio *pro personae* hermanado con la buena fe en el actuar del contribuyente que incluso, en México, se encuentra previsto en la Ley Federal de los Derechos del Contribuyente, a fin de proteger los derechos humanos de la persona, es decir la dignidad implícita de la misma.

Resulta relevante considerar que esos derechos humanos (de la persona moral o de la persona física) sustentan la adecuada -legal- actuación de la autoridad para considerarla apegada a derecho.

---

41 Facultad de cobro coactivo de las contribuciones, incluyendo el uso de la fuerza pública.

42 GONZÁLEZ, E. y PÉREZ DE AYALA, J. L. *Derecho Tributario I*. Salamanca: Plaza Universitaria Ediciones, 1994, p. 205, citando a Vid, N. D'Amati, "Las exenciones y la subjetividad tributaria", *Revista de Derecho Financiero y Hacienda Pública*.

De ahí que, en el operar de la fiscalización de parte de la autoridad tributaria, esta debe respetar, a guisa de ejemplo, la propiedad, el mínimo vital, la no confiscatoriedad, la legalidad, el derecho a una defensa adecuada y tener un debido proceso a la par que un debido procedimiento administrativo que, si se viola cualquiera de ellos, debiera recibirse una protección que, incluso, debiera en verdad ser sumaria.

Ante la inobservancia no solo legal sino atentatoria de los derechos humanos por parte de la autoridad tributaria, el juez o jueces debieran poner su enfoque en la protección y restitución de lo que se debe salvaguardar, sin que ello sea óbice para que se pretenda no cumplir lo primordial que es contribuir.

En la complejidad de situaciones que se pueden presentar, es menester que el juzgador tenga siempre presente que es un pacificador y que al resolver lo debe hacer fuera de presiones ajenas a la justicia. La función de un togado, es decidir en bien de lo social, lejos de presiones tributarias.

Dar la razón a quien la tenga, no atender exclusivamente a que se recaude ya que ello es un riesgo equiparable, aunque inversamente proporcional a lo que es la evasión en el caso de un contribuyente ¿Por qué? Porque deviene en una injusticia que hace un hueco en la confianza social y por ende el juzgador se convierte en un elemento de inseguridad.

La trascendencia jurídica y social de un adecuado fallo es sustento de conservación de la cohesión social.

Un tribunal que se aparta de la impartición de justicia, desintegra el tejido social y crea inestabilidad que daña no solo al contribuyente al que lesiona, sino que como boomerang acaba afectando la reputación de la autoridad, del gobierno en sus instancias y ámbitos, porque el ciudadano de a pie no hace distingo entre si se trata del poder judicial, legislativo o ejecutivo sino que, dañado, menoscabado en su patrimonio y en su dignidad, ve que quien detenta autoridad lo lastimó. Sustentarse en la *auctoritas*, es decir el poder por el poder sin mirar a obtener una *potestas*, es apostar en un determinado momento a anquilosar, a esclerotizar la vida política de un país.

Si la persona recibe justicia, aunque le duela le quedará la sensación de que se decidió adecuadamente; en caso contrario se genera un rencor que puede sumarse exponencialmente.

La justicia, y en particular en lo tributario que pega en el patrimonio, no es un mero desiderata que se clama con anhelo; por el contrario, debe ser una realidad palpable, objetiva, perceptible generadora de bienestar, que permita el desarrollo de las capacidades de la persona, para que logre la consecución de sus fines en atención a generar un bien común que incluye el correcto pago de sus obligaciones tributarias.

Crece la persona, la sociedad se desarrolla, el país se fortalece, el gobierno mantiene el orden fomentando el progreso material e incluso, bajo la libertad de creencias y el respeto irrestricto a cada individuo, permite la evolución intelectual y espiritual en la sociedad en que se encuentra inmerso.

CONCLUSIONES

1. No hay oposición de lo personal frente a lo social. Es una falsa disyuntiva. La persona requiere naturalmente de lo social y de ahí se conforma el entorno de familia, comunidad, Estado, cuyo origen es la persona, quien tiene dignidad, que le es implícita por ser, y es en función de quien se ordena todo.

2. En ese entorno, lo tributario, es necesario, para que las cargas públicas en atención al bienestar del interés general sean suficientes y por ende, es un deber y un derecho tanto para las personas, como para el Estado.

3. Para las personas, deber, en cuanto a la obligación de tributar y un derecho concomitante, a protegerse frente a los embates jurídicamente indebidos de las autoridades.

4. Para el Estado, un deber en cuanto a no excederse y abusar, así como a responder de un adecuado ejercicio de su función; concomitantemente un derecho para ejercer su facultad de exigir conforme a la ley, pero ante todo de cara a la justicia con base en lo que corresponda a cada contribuyente.
5. Hay que lograr una justa armonía en el equilibrio entre el contribuyente como individuo frente al Estado como garante de la comunidad –que quede claro no como contrapartes, sino en la dimensión de que el individuo es parte de la comunidad, y de ella depende– y a partir de ese punto de partida, establecer

(legislar), determinar (administrar) y muy relevante, resolver (juzgar) lo tributario, precisamente para sostener las cargas públicas en aras del interés general o bien común.

Proteger los derechos humanos de los contribuyentes, en última instancia por el juzgador, sin desatender la captación debida de recursos.

6. El maltrato en la impartición de justicia agobia y sofoca a los contribuyentes, lo que deriva, junto con otras situaciones en un impulso detonador con efectos expansivos, orillando al hartazgo. No puede existir una acepción justificante de un obrar con una perspectiva de "política de Estado" sostenida en un afán exclusivamente recaudatorio.

7. Así, para retornar a la esencia de lo tributario, es necesario reestablecerlo dentro de su relación con la realidad, y para ello, es menester considerar otras actividades humanas, toda vez que a fin de cuentas lo tributario no se excluye de lo naturalmente humano (lo social, político, económico, ética y derecho), en donde es implícito en toda su realidad, y donde deben reconocerse las cuestiones que le son inmanentes.

8. El juzgador en general y en particular en lo tributario, es pieza clave que soporta el fiel de la balanza, da equilibrio en lo humano a la convivencia gregaria, a través del ejercicio de su actividad: la impartición de justicia como vocación de servicio.

REFERENCIAS

Legislación

Constitución Política de los Estados Unidos Mexicanos.

Ley Federal de Derechos de los Contribuyentes.

Libros, capítulos y artículos

Arrioja Vizcaíno, Adolfo. *Derecho fiscal.* México: Themis.

Becchi, Paolo. *El principio de la dignidad humana*, 1ª ed. México: Fontamara, 2012.

Buber, Martin. *¿Qué es el hombre?*, traducción de Eugenio Imaz, 1ª ed. español, 28ª reimp. México: Fondo de Cultura Económica, 2012.

De la Garza, Francisco. *Derecho Financiero Mexicano,* México: Porrúa.

Flores Zavala, Ernesto. *Finanzas públicas.* México: Porrúa, 1995.

González, Eusebio y Pérez de Ayala, José Luis. *Derecho Tributario I.* Salamanca: Plaza Universitaria Ediciones, 1994, p. 205, citando a Vid., N. D'Amati, "Las exenciones y la subjetividad tributaria", *Revista de Derecho Financiero y Hacienda Pública.*

Guzmán Loayza, Claudia Elena, "Algunas consideraciones sobre moral tributaria en el Perú". En *Ética y Moral Tributaria,* coordinado por Béjar Rivera, L. J. y Gómez Cotero, J. J. (pp. 75-117). México: Universidad Panamericana-Thomson Reuters, 2018.

Higuera Udías, Gonzalo. *Ética fiscal.* Bogotá: Editorial de Autores Cristianos.

Johnson Okiuysen, Eduardo. *Equilibrio entre presión fiscal y justicia fiscal en el sistema tributario federal mexicano.* México: Dofiscal Editores.

Margaín Manautou, Emilio. I*ntroducción al estudio del derecho tributario.* México: Universidad de San Luis Potosí.

Margaín Manautou, Emilio. *Nociones de política fiscal.* México: Porrúa.

Peces-Barba Martínez, Gregorio. *La dignidad de la persona desde la filosofía del derecho,* Cuadernos Bartolomé de las Casas, número 26, 2ª ed. Madrid: Dykinson, 2003.

Sófocles. *Las siete tragedias, Antígona.* México: Porrúa, 1982.

Tipke, Klaus, M*oral tributaria del estado y de los contribuyentes*, traducido por Pedro M. Herrera Molina. Madrid: Marcial Pons, 2002.

~

DELITOS INFORMÁTICOS Y RIESGOS DE LA SEGURIDAD JURÍDICA EN MATERIA TRIBUTARIA

Carlos Espinosa Berecochea[1]
Universidad Panamericana

INTRODUCCIÓN

Comúnmente cuando hablamos de seguridad jurídica, asociamos dicho término a una expectativa razonablemente fundada del gobernado respecto de cuál ha de ser la actuación de la autoridad. Así, partimos desde la noción básica de que será la Ley la que delimite dicho actuar, especificando detalladamente las facultades que pueden realizar, constituyendo estas el lindero de su ejecución, puesto que no podrán llevar a cabo acto alguno para el cual no estén expresamente facultadas.

Circunscribiendo el tema de seguridad jurídica al ámbito fiscal, tendremos que traer a colación que los tributos se crean a través de un proceso legislativo con características especiales, puesto que en caso de llevarse el proceso legislativo sin atender que la Cámara de Diputados

---

[1] Licenciado, Maestro y Doctor en Derecho por la Universidad Panamericana, Maestro en Ciencias Jurídicas por dicha Universidad y catedrático de la misma. Miembro del Sistema Nacional de Investigadores SNI de Conacyt, Nivel I.

invariablemente debe ser la de origen y revisora la de Senadores, traerá como consecuencia su inconstitucionalidad manifiesta.[2]

Igualmente, deben satisfacer la exigencia constitucional de ser proporcionales y equitativos y que para evitar que se lleguen a presentar abusos de la autoridad administrativa, sus elementos esenciales, objeto, base gravable, etc., deben estar claramente determinados en la propia ley, propiciando que el contribuyente sepa a qué atenerse en su relación tributaria y por tanto tenga la seguridad jurídica que habíamos anticipado, de conocer razonablemente el actuar de la autoridad fiscal dentro de la misma.

Por lo anterior, era razonablemente cierto concluir que la seguridad jurídica en la relación tributaria se colmaba con que el contribuyente se autodeterminara el impuesto a cargo con base en la aplicación de la ley respectiva y que en caso de duda por parte de la autoridad, la misma ejerciera las facultades que expresa y limitadamente le concedía el cuerpo normativo, lo que implicaría la confirmación del impuesto determinado por el ciudadano, o en su caso, la determinación de una nueva cantidad, caso en el cual, seguramente estaría acompañada de accesorios como multas y recargos. No obstante, igualmente existe toda una gama de medios de defensa que puede ejercer el contribuyente, en caso de considerar equívoca la resolución de la autoridad tributaria.

No obstante, con la irrupción de los medios digitales, esta simplista visión de la seguridad jurídica en materia tributaria ha cambiado radicalmente, puesto que como sé verá más adelante, hay toda una evolución en cuanto a la manera de tratar el cumplimiento de las disposiciones fiscales, insistiendo que uno de sus pilares es la autodeterminación de los contribuyentes. Desde la manera en conservar la contabilidad, exhibirla ante las autoridades, la forma en que estas la revisan, los comprobantes que se expiden, etc.

---

2 Tesis: P./J. 51/2002, Semanario Judicial de la Federación y su Gaceta, Tomo XVI, Diciembre de 2002, página 5, Registro Digital 185420 de voz: CONTRIBUCIONES. EL ARTÍCULO 8o. TRANSITORIO DE LA LEY DE INGRESOS DE LA FEDERACIÓN PARA EL EJERCICIO FISCAL DE 2002, QUE ESTABLECE EL IMPUESTO A LA VENTA DE BIENES Y SERVICIOS SUNTUARIOS, ES INCONSTITUCIONAL POR NO HABERSE DISCUTIDO PRIMERO EN LA CÁMARA DE DIPUTADOS.

Con lo anterior, enfrentamos un nuevo escenario para la seguridad jurídica donde el almacenamiento, tratamiento, envío y protección de datos de los particulares, ya sea que estén en su posesión o en la de las autoridades pueden quedar a merced de terceros, que anteriormente no formaban parte de la clásica relación fisco/contribuyente y sobre lo cual se desarrollará este ensayo, advirtiendo desde ahora al lector, que el objeto de este trabajo no es replicar una lista de delitos en materia informática -puesto que académicos que conocen bien el tema ya lo han hecho- sino resaltar aquellas ventanas de oportunidad que se abren con el incesante avance tecnológico y la necesidad de prever daños y establecer las medidas para resarcirlos.

SEGURIDAD JURÍDICA EN MATERIA TRIBUTARIA

Desde el punto de vista de su significado etimológico: La seguridad jurídica es definida por la real academia como: "Cualidad del ordenamiento jurídico, que implica la certeza de sus normas, y consiguientemente la previsibilidad de su aplicación. En España es un principio constitucional".[3]

Es decir, que de acuerdo a la academia deberíamos entender por seguridad jurídica la certeza de Derecho, o conocimiento cierto del Derecho. De suerte tal que tener seguridad jurídica significaría, así, desde esta óptica, estar seguro solo de lo que el Derecho dice y dispone. Pero, a nuestro entender, la definición se queda corta, pues cuando hablamos de que tenemos, o no, seguridad jurídica, no aludimos, solo, a lo que, etimológicamente, significa la expresión -conocimiento cierto del Derecho- sino que nos referimos, además, a que el Derecho que conocemos nos protege además un interés objetivo, ya sea la vida, propiedad, libertad, esto es, seguridad jurídica objetiva, y a que nos concede, por ello también, un margen de tranquilidad psicológica, que es en lo que, estrictamente consiste el valor de la seguridad jurídica. Por lo que consiste, así, la misma, en un interés añadido (el más específico de la seguridad) a los que, según vimos ya, protege la ley.

---

3 Voz "seguridad jurídica" en la versión electrónica de la Real Academia Española, visible en http://dle.rae.es/?id=XTrlaQd

A la luz de nuestro Derecho interno, podemos considerar que la existencia de la seguridad jurídica en nuestra Ley Fundamental queda cimentada cuando determina que en nuestro país "... todas las personas gozarán de los derechos humanos reconocidos en esta Constitución y en los tratados internacionales..., cuyo ejercicio no podrá restringirse ni suspenderse, salvo en los casos y bajo las condiciones que esta Constitución establece"[4].

Nos resulta obvia la fuerza de este precepto, la seguridad que emana de la Constitución está por encima de la legislación secundaria, pues en todos los casos en que la legislación secundaria limite, restrinja o suspenda derechos, sin que se trate, desde luego, de aquellos casos y en las condiciones en que la propia Carta Magna establezca, estaremos en presencia de violaciones de derechos humanos.

Igualmente, el Poder Judicial Federal ha avalado la preeminencia constitucional en diversas tesis.[5]

Elías Díaz lo escribe como:

> El estado de derecho es el Estado sometido al Derecho, es decir, el estado cuyo poder y actividad vienen regulados y controlados por la ley, las ideas de control jurídico, de regulación desde el Derecho de la actividad estatal, de limitación del poder del estado por el sometimiento a la ley, aparecen, pues, como centrales en el concepto del estado de derecho en relación siempre con el respeto al hombre, a la persona humana y a sus derechos fundamentales.[6]

Los principios que se enumeraron en el apartado anterior no tienen sentido por sí solos, para que en verdad puedan estar al servicio de la seguridad jurídica es necesario que todos ellos, estén presentes en un ordenamiento jurídico determinado. Sería inútil que las leyes no pudieran ser retroactivas si su contenido fuera tan oscuro que nadie las entendiera, tampoco tendría sentido disponer la necesidad de publicar

---

4 Art. 1° Constitución Política de los Estados Unidos Mexicanos.

5 Entre otras la de rubro: CONSTITUCIÓN. SUPREMACÍA DE LA, Segunda Sala, Quinta Época, Semanario Judicial de la Federación, Tomo LXXIII, página 7848, Registro digital: 326474

6 DÍAZ, E. *Estado de Derecho y Sociedad Democrática*. Madrid: Taurus, pp. 17-18.

las leyes si los jueces pudieran utilizar sus propias convicciones personales al momento de imponer una multa o fijar una pena privativa de la libertad. La seguridad jurídica exige la presencia de todos esos principios para volverse realidad.

De esta manera, vemos claramente como la relación jurídico tributaria vincula en derechos y obligaciones tanto a gobernantes como a gobernados, puesto que no solamente existe el imperativo de contribuir al gasto público para los súbditos, sino que también para los gobernantes, de conducirse bajo leyes que los limitan a que dichas contribuciones se encuentren en un marco de legalidad, que brinde protección al que contribuye.

En su obra conjunta Pérez de Ayala y González García refieren al principio de legalidad en materia tributaria diciendo que:

> En su concepción más restringida y propia, el principio de legalidad tributaria exige que sólo pueden ser impuestos por el Estado sacrificios patrimoniales a sus súbditos mediante ley, esto es, mediante aquella fórmula jurídica, que por ser expresión de una voluntad soberana (legítimamente constituida, en otro caso no sería jurídica) manifestada en la forma solemne establecida, tiene la virtud de obligar (la fuerza de ley) al tiempo que permite, en su caso, la apertura de los mecanismos revisores previstos ante la Jurisdicción.[7]

Posteriormente identifican estos tratadistas a este principio con el de reserva de ley, ya que tiene como función el límite a la potestad tributaria normativa del Estado al imperio de la Ley. Así el principio de reserva de ley propiamente dicho:

> [...] se produce en el supuesto, harto infrecuente, de que la totalidad de la materia acotada deba venir regulada en exclusiva por la ley o, al menos, por actos con fuerza de ley y la denominada reserva relativa o atenuada, que consiste en exigir la presencia de la ley tan solo a efectos de determinar los elementos fundamentales o identidad de la prestación

---

7 PÉREZ DE AYALA, J. L. y GONZÁLEZ GARCÍA, E. *Derecho Tributario*, tomo I. Salamanca: Editorial Plaza Universitaria, pp. 33-34.

> establecida, pudiendo confiarse al ejecutivo la integración o desarrollo de los restantes elementos.[8]

Somos de la opinión que este último es el caso de nuestro sistema tributario, donde el legislador como garante de la seguridad jurídica delinea los elementos esenciales de los tributos, que como obligación constitucional deben satisfacer los gobernados y constituye un vicio que sea el ejecutivo, ya sea a través de su facultad reglamentaria propiamente dicha, o mediante la emisión de reglas de carácter general en materia impositiva, que colma de sentido la disposición legislativa, puesto que jurídicamente debe ser materia de este poder exclusivamente.

Arrioja Vizcaíno enuncia lo anterior en el sentido siguiente:

> La autoridad hacendaria no puede llevar a cabo acto alguno o realizar función alguna dentro del ámbito fiscal, sin encontrarse previa y expresamente facultada para ello por una ley aplicable al caso.
>
> Por su parte, los contribuyentes sólo se encuentran obligados a cumplir con los deberes que previa y expresamente les impongan las leyes aplicables, y exclusivamente pueden hacer valer ante el Fisco los derechos que esas mismas Leyes les confieren.[9]
>
> [...] el principio de legalidad permite al contribuyente conocer con la debida anticipación cuál es la naturaleza y cuáles son los alcances de sus obligaciones frente al fisco, así como la esfera de derechos ejercitables en contra del Estado cuando éste, en su función recaudatoria, pretenda traspasar o exceder los límites del marco jurídico a los que debe constreñirse su actuación.[10]

Delgadillo Gutiérrez, refiere la actualidad –entre otros– del principio de Certidumbre de Adam Smith, puesto que refiere:

---

[8] *Ibidem*, p. 146.
[9] ARRIOJA VIZCAÍNO, A. *Derecho Fiscal*. México: Themis, p. 18.
[10] *Ibidem*, p. 19.

> [...] es necesario especificar con precisión los siguientes datos: el sujeto, el objeto, la cuota, la forma de hacer la valuación de la base, la forma de pago, quién paga, las penas en caso de infracción, etc., lo cual hace necesario que las normas tributarias sean claras y precisas.[11]

Por su parte, Margain Manautou refiere sobre este principio que:

> [...] el legislador debe precisar con claridad quién es el sujeto del impuesto, su objeto, la base, tasa, cuota o tarifa, momento en que se causa, fecha de pago, obligaciones a satisfacer y sanciones aplicables, con el objeto de que el Poder Reglamentario no altere dichos elementos en perjuicio del contribuyente, e introduzcan la incertidumbre.[12]

El principio anterior, no es otra cosa que el actual principio de legalidad tributaria consagrado en el numeral 31 fracción IV de la Ley Fundamental, puesto que implica el conocer con certeza la forma en que tenemos que tributar, no solo como obligación a cargo de los contribuyentes, sino también para el Estado en cuanto al establecimiento de impuestos justos. Así ha sido interpretado por nuestra Corte Suprema en múltiples ocasiones[13], en la que se destaca que es:

> [...] el legislador, y no las autoridades administrativas, quien establezca los elementos constitutivos de las contribuciones, con un grado de claridad y concreción razonable, a fin de que los gobernados tengan certeza sobre la forma en que deben atender sus obligaciones tributarias, máxime que su cumplimiento defectuoso tiende a generar actos de molestia y, en su caso, a la emisión de sanciones que afectan su esfera jurídica.[14]

---

[11] DELGADILLO GUTIÉRREZ, L. H. *Principios de Derecho Tributario*. México: Limusa, p. 39.

[12] MARGAIN MANAUTOU, E. *Introducción al Estudio del Derecho Tributario Mexicano*. México: Porrúa, pp. 45-46.

[13] LEGALIDAD TRIBUTARIA. ALCANCE DE DICHO PRINCIPIO EN RELACIÓN CON EL GRADO DE DEFINICIÓN QUE DEBEN TENER LOS ELEMENTOS CONSTITUTIVOS DEL IMPUESTO, P./J. 106/2006, Semanario Judicial de la Federación y su Gaceta, Tomo XXIV, Octubre de 2006, página 5, Registro digital: 174070.

[14] *Ídem.*

Y como veremos más adelante, podrán generarse otras consecuencias que afecten su patrimonio.

Es claro pues, que el principio de legalidad en materia tributaria, es uno de los pilares donde recae la seguridad jurídica de todo gobernado, puesto que le permitirá prever las consecuencias que generen sus actos.

Lo anterior cobra particular relevancia en el ámbito impositivo, puesto que causándose las contribuciones al realizarse las situaciones jurídicas o de hecho previstas en las leyes, el contribuyente podrá estar en aptitud de conocer el monto de los tributos que adeude al fisco, o al menos, tener la certeza de los términos en que se podrá efectuar su cuantificación. Sin embargo, ahora el cumplimiento previsto en las referidas leyes se realiza a través de medios electrónicos, a través del envío de datos, situación que trataremos en el apartado siguiente.

RIESGOS POR DELITOS INFORMÁTICOS

Antes de abordar el tema que por rubro lleva este apartado, consideramos oportuno traer a cuenta la distinción entre cibernética e informática que nos transmite Julio Téllez, puesto que en ocasiones parece que se utilizan como sinónimos y debemos aclarar la razón por la cuál este apartado se refiere a delitos informáticos y no cibernéticos.

Cibernética, término atribuido al título del libro escrito por Norbert Wiener en 1948, debemos atender por su etimología al vocablo *Kybernetes* piloto, y *Kybernes*, concepto referido al arte de gobernar, por lo que denomina a la función del cerebro con respecto a las máquinas. Entonces es la ciencia de la comunicación y el control.[15]

Por su parte la palabra informática es un neologismo derivado de los vocablos información y automatización, sugerido por Philipe Dreyfus en 1962, siendo entonces el conjunto de técnicas destinadas al tratamiento lógico y automático de la información para una mejor toma de decisiones,[16] con lo cual ya queda deslindada la razón por la cual hablamos de delitos informáticos.

---

[15] *Cfr.* TÉLLEZ VALDÉS, J. *Derecho Informático.* 2ª ed. México: Mc Graw Hill, 1998, p. 3.

[16] *Ibidem*, p. 4.

Iniciemos con dar cabida en nuestro entorno a la utilización de medios tecnológicos que han ocasionado que nos adentremos en lo que Javier Echeverría reconoce como el tercer entorno en los que se desarrolla la actividad humana, con estas palabras:

> [...] el primero es el de la naturaleza, en el que transcurre la sociedad rural agraria basada en el trabajo del campo (*physis*), donde los tiempos son los de las estaciones y, por ende, se trata de tiempos largos; el segundo es el entorno de la ciudad (*polis*), de la industria y del mercado, donde los tiempos ya se aceleran y se fabrica en masa; y el tercer entorno es el electrónico, el espacio de la sociedad de la información, que se superpone a los dos anteriores y coexiste con ellos, aquí el poder económico lo tienen quienes manejan la conectividad y las redes.[17]

En esos términos resulta que las características del tercer entorno son muy diferentes a todo lo anteriormente conocido, ya que la distancia entre las personas se vuelve irrelevante, se confluye en las redes y requiere adaptación a este nuevo espacio para quienes no son nativos digitales[18], situación que, si bien ya se venía gestando desde los inicios del siglo XXI, se potenció notablemente con la reciente pandemia de la COVID-19.[19]

Entrando en la materia que nos ocupa, diremos que han quedado en el pasado las neobizantinas discusiones respecto de que si es una obligación constitucionalmente válida que los contribuyentes estén obligados a llevar contabilidad electrónica con determinadas características, o si la deben compartir con la autoridad fiscal aún sin una notificación de ejercicio de facultades de comprobación.

Igualmente, ya resulta prácticamente irrelevante para la inmensa mayoría de ciudadanos que formamos parte del padrón de contribu-

---

[17] Citado por LUZ CLARA, B. B. "Tecnología, derecho y conflictos". *Revista Mexicana de Ciencias Penales* 3.10 (2020): 35-46, disponible en https://revistaciencias.inacipe.gob.mx/index.php/02/article/view/96

[18] *Idem*. Término acuñado y divulgado por Marck Prensky en su libro Inmigrantes digitales (2001) para indicar a los niños nacidos desde 1990 en adelante, para quienes utilizar los elementos tecnológicos es muy sencillo, a diferencia del resto de las personas que tienen que aprender y esforzarse.

[19] Ocasionada por el virus SARS-CoV-2.

yentes pagadores de impuestos, que se deba emitir un CFDI[20] por las operaciones que realizamos, entre las que se encuentran las relativas a ingresos; egresos; traslado; recepción de pagos; nómina y retenciones[21]; que su versión .xml[22] tiene preferencia sobre la .pdf[23], puesto que las revisiones que realiza la autoridad ya son sobre archivos electrónicos.

Por otra parte, nos encontramos en tiempos en que se ha incrementado de manera sustancial el que la autoridad fiscal realice revisiones electrónicas[24], desconociéndose por parte del gobernado si el funcionario que la realiza cuenta con facultades para ello, o la duración de la misma -incluso pudiera darse el caso que estemos en constante vigilancia y fiscalización–, puesto que será hasta el momento en que se emita una resolución provisional, que el causante tome conocimiento de la actividad del ente fiscalizador: No de cómo, ni quién, ni durante cuánto o sobre qué ejercicios se gestó.

Con lo anterior, es claro que si bien no han desaparecido las clásicas visitas domiciliarias o de gabinete[25], en los cuales los representantes del fisco revisaban documentos físicos, serán cada vez menos frecuente su utilización por parte de la autoridad fiscalizadora, puesto que a través de diversas herramientas informáticas con las que cuenta, puede hacer el análisis de múltiples datos que los contribuyentes día a día y momento a momento le proporcionan, ya sea por el simple hecho de expedir o recibir un CFDI, como de enviar a través del buzón tributario su la contabilidad electrónica que incluye la preparación del catálogo de cuentas, envío mensual de la balanza de comprobación y en su caso de información de pólizas y auxiliares.[26]

---

20 Comprobante Fiscal Digital por Internet.

21 SAT. "Anexo 20. Guía de llenado de los comprobantes fiscales digitales por Internet", disponible en http://omawww.sat.gob.mx/tramitesyservicios/Paginas/documentos/guiaanexo20_07092017.pdf

22 XML son las siglas de *Extensible Markup Language*, que podemos traducir como Lenguaje de Marcas Extensibles, aunque realmente es un metalenguaje.

23 Siglas en inglés de *Portable Document Format*, «formato de documento portátil») es un formato de almacenamiento para documentos digitales independiente de plataformas de software o hardware.

24 Art. 42 Fr. IX y 53-B del Código Fiscal de la Federación.

25 Art. 42 Fr. II y III del Código Fiscal de la Federación.

26 SAT. "Envía tu Contabilidad Electrónica", disponible en https://www.sat.gob.mx/aplicacion/42150/envia-tu-contabilidad-electronica

Por ello es claro que ha cambiado de manera sustancial la forma en que la autoridad ejerce sus facultades de comprobación, puesto que se separará cada vez más de la revisión de documentos físicos, para limitarse al análisis de datos informáticos mediante sistemas de inteligencia artificial manifestada a través de "sistemas expertos", que como dice Julio Téllez, se trata de un sistema informático que contiene:

> a) una base de conocimientos en forma de banco de datos bien estructurado de forma tal que permite un cálculo lógico en él.
> b) Un sistema cognoscitivo, mecanismo de inferencia que contiene la mayor parte de los esquemas de razonamiento válidos en ese dominio.
> c) Una interfase que comunica al usuario con la máquina.[27]

Y es precisamente este punto, en el que se pueden filtrar los delitos informáticos, por lo cual se hace más qué necesario conceder mayor importancia al tema de protección de datos, qué si bien está ya regulado en términos generales, somos de la opinión que se requiere ajustar a la materia fiscal, y que de momento, por su relativa reciente aparición no está suficientemente normado.

A nivel internacional podemos hacer referencia al Pacto Internacional de Derechos Civiles y Políticos como un primer instrumento multilateral que desde 1966 -entrando en vigor en 1976- refiere una protección a la privacidad, destacando que su artículo 17 del precisa que nadie será objeto de injerencias arbitrarias o ilegales en su vida privada, su familia, su domicilio o su correspondencia, ni de ataques ilegales a su honra y reputación.[28]

Sin embargo, esta protección genérica a la privacidad se fue perfeccionando y en los términos del Comentario General No. 16[29] al referido Pacto, proporciona más especificaciones sobre los requisitos de protección de datos bajo el citado numeral 17, ya que contempla que la colección y el almacenamiento de información personal en computadoras, bases de datos u otros dispositivos, ya sea por órganos públicos o privados,

---

27 TÉLLEZ VALDÉS, op. cit., p. 48.

28 https://www.ohchr.org/sp/professionalinterest/pages/ccpr.aspx

29 https://www.oas.org/es/sla/ddi/docs/proteccion_datos_personales_conferencias_varsovia_2013_resol_proteccion_datos.pdf

deben ser regulados por la ley; así como que los Estados deben tomar medidas efectivas para garantizar que la información relativa a la vida privada de un individuo no caiga en manos de personas que no estén autorizadas por ley para recibir, procesar y utilizar dicha información; y que los individuos deben tener el derecho de determinar qué información se posee sobre ellos y para qué fines, así como para solicitar la corrección o eliminación de información errónea.[30]

En nuestro país la legislación sobre la materia que debiera ser garante de que los datos de los contribuyentes dados al fisco de manera directa -por ellos mismos- o indirecta -a través de terceros-, es, derivada de la fracción II, base A) del artículo 6[31] y segundo párrafo[32] del 16 de la Constitución Política de los Estados Unidos Mexicanos, la Ley General de Protección de Datos Personales en Posesión de Sujetos Obligados[33], toda vez que si bien existe la Ley Federal de Protección de Datos Personales en Posesión de los Particulares[34], la misma como su nombre lo indica, brinda protección a los datos personales poseídos por particulares, en tanto que la primera ley se refiere a sujetos obligados, entendidos estos en el ámbito federal, estatal y municipal, a cualquier autoridad, entidad, órgano y organismo de los Poderes Ejecutivo, Legislativo y Judicial, órganos autónomos, partidos políticos, fideicomisos y fondos públicos.

Si bien el objeto de esta Ley es ambicioso, puesto que entre otras cosas pretende el establecimiento de bases mínimas y condiciones homogéneas que regirán el tratamiento de los datos personales[35] y el ejercicio de los Derechos ARCO, también pretende garantizar la observancia de

---

[30] Derechos de acceso, rectificación, cancelación u oposición al tratamiento de sus datos personales (ARCO).

[31] "II. La información que se refiere a la vida privada y los datos personales será protegida en los términos y con las excepciones que fijen las leyes".

[32] "Toda persona tiene derecho a la protección de sus datos personales, al acceso, rectificación y cancelación de los mismos, así como a manifestar su oposición, en los términos que fije la ley, la cual establecerá los supuestos de excepción a los principios que rijan el tratamiento de datos, por razones de seguridad nacional, disposiciones de orden público, seguridad y salud públicas o para proteger los derechos de terceros".

[33] http://dof.gob.mx/nota_detalle.php?codigo=5469949&fecha=26/01/2017

[34] http://dof.gob.mx/nota_detalle.php?codigo=5150631&fecha=05/07/2010

[35] Cualquier información concerniente a una persona física identificada o identificable. Se considera que una persona es identificable cuando su identidad pueda determinarse directa o indirectamente a través de cualquier información.

los principios de protección de datos personales y el ejercicio de los Derechos ARCO, así como en general, proteger los datos personales en posesión de cualquier sujeto obligado.

A mayor inri, respecto de los datos sensibles[36] se determina que regla general no podrán tratarse, salvo que se cuente con el consentimiento expreso de su titular o en su defecto, se trate de los casos establecidos en el artículo 22, el cual entre otras excepciones contempla en su fracción V: "Cuando los datos personales se requieran para ejercer un derecho o cumplir obligaciones derivadas de una relación jurídica entre el titular y el responsable", con lo cual se hace innecesario que el ente responsable de la guarda y conservación de datos requiera el consentimiento expreso de sus titular para tal fin, con lo cual tenemos que el Servicio de Administración Tributaría y demás autoridades fiscales no están obligadas a contar con el referido consentimiento expreso.

Después de repasar la Ley en cita, vemos que está estructurada con base en buenas intenciones y múltiples normas programáticas que ni remotamente garantizan la seguridad de los datos en posesión de los sujetos obligados, aunado a que no existe un catálogo preciso en dicha ley que sancione su incumplimiento por lo que como refiere Nuhad Ponce Kuri, respecto a la similar Ley Federal de Protección de Datos Personales en Posesión de los Particulares:

> Toda norma jurídica es una regla imperativa de conducta, cuya violación genera la consecuencia de una posible imposición de sanción por parte del órgano del Estado que sea competente para ello... La sanción tiene la finalidad específica de regular las conductas de los individuos conforme

[36] Aquellos que se refieran a la esfera más íntima de su titular, o cuya utilización indebida pueda dar origen a discriminación o conlleve un riesgo grave para este. De manera enunciativa más no limitativa, se consideran sensibles los datos personales que puedan revelar aspectos como origen racial o étnico, estado de salud presente o futuro, información genética, creencias religiosas, filosóficas y morales, opiniones políticas y preferencia sexual. Entre estos quedan comprendidos los que puedan revelar la capacidad financiera o económica de las personas, lo cual, sin duda, en mayor parte caen los CFDI y otros datos que se envían al SAT.

a los preceptos que se establecen en el orden social. Una sanción es un efecto derivado del incumplimiento de una norma jurídica[37].

En los términos anteriores, vemos una muy pálida protección por parte de la Ley que nos ocupa, a la par de que no contiene un apartado de infracciones y sanciones lo suficientemente robusto para asegurar el cumplimiento de la misma por parte de los sujetos obligados, así como para servir de elemento disuasivo para prácticas indebidas.

Sin embargo, si dejamos el universo de los sujetos obligados[38] y nos referimos al respectivo de los particulares[39], encontramos un tratamiento totalmente asimétrico para ellos, puesto que en los términos del numeral 63 de la Ley que los regula se sancionará con multa de 200 a 320,000 veces el salario mínimo vigente en el Distrito Federal[40] las conductas relativas a; Incumplimiento al deber de confidencialidad; Cambiar sustancialmente la finalidad originaria del tratamiento de los datos sin consentimiento del titular; Transferir datos a terceros sin comunicar a estos el aviso de privacidad que contiene las limitaciones a que el titular sujetó la divulgación de los mismos; Vulnerar la seguridad de bases de datos, locales, programas o equipos; Transferir o ceder los datos personales, fuera de Ley; Recabar o transferir datos personales sin el consentimiento expreso del titular, en los casos en que este sea exigible; Obstruir los actos de verificación de la autoridad; Recabar datos en forma engañosa y fraudulenta; Continuar con el uso ilegítimo de los datos personales cuando se ha solicitado el cese del mismo por el interesado; Tratar los datos personales de manera que se afecte o impida el ejercicio de los derechos ARCO y Crear bases de datos contengan datos personales sensibles, sin que se justifique la creación de las mismas para finalidades legítimas, concretas y acordes con las actividades o fines explícitos.

---

[37] PONCE KURI, N. "Del Procedimiento de Imposición de Sanciones". En *Ley Federal de Protección de Datos Personales en Posesión de los Particulares Comentada*, coordinado por Tenorio Cueto, Guillermo A. México: INAI, 2019, p. 207.

[38] en el ámbito federal, estatal y municipal, cualquier autoridad, entidad, órgano y organismo de los Poderes Ejecutivo, Legislativo y Judicial, órganos autónomos, partidos políticos, fideicomisos y fondos públicos.

[39] Regulados por la Ley Federal de Protección de Datos Personales en Posesión de los Particulares.

[40] De $ 28,340 a $ 45'344,000 pesos.

Adicionalmente se puede imponer otra multa por los mismos montos en caso de reincidencia y de otro tanto adicional, tratándose de datos sensibles y expresamente se menciona en su numeral 66 que las sanciones apuntadas se impondrán sin perjuicio de la responsabilidad civil o penal que resulte, al igual que las penas de prisión en caso de los delitos ahí consignados tratándose del supuesto provocar una vulneración de seguridad a las bases de datos bajo su custodia, con ánimo de lucro y también con ese ánimo se traten datos personales mediante engaño, aprovechándose del error en que se encuentre el titular o la persona autorizada para transmitirlos.

Las únicas referencias concretas en materia penal respecto de algún ilícito en materia de datos y sistemas informáticos, las encontramos en el Código Penal Federal, el cual contiene dentro de su Título Noveno de Revelación de secretos y acceso ilícito a sistemas y equipos de informática, un Capítulo II referido al Acceso ilícito a sistemas y equipos de informática, en los que a través de los numerales 211 bis 1 a 211 bis 5 regulan los supuestos de modificación, destrucción o pérdida de información contenida en sistemas o equipos de informática protegidos por algún mecanismo de seguridad, con sanciones realmente insignificantes para los daños y consecuencias que se pueden causar con la modificación, destrucción o pérdida de datos.

Así, el respectivo 211 bis 1[41] implica una pena de seis meses a dos años de prisión por sin autorización modifique, destruya o provoque pérdida de información contenida en los equipos ya mencionados, reduciéndose la pena para quien sin autorización conozca o copie información contenida en dichos equipos informáticos a tres meses a un año de prisión.

Tal como está dirigido el artículo anteriormente mencionado a castigar la intromisión y daño informático en equipos de particulares, el

---

[41] Al que sin autorización modifique, destruya o provoque pérdida de información contenida en sistemas o equipos de informática protegidos por algún mecanismo de seguridad, se le impondrán de seis meses a dos años de prisión y de cien a trescientos días multa.
Al que sin autorización conozca o copie información contenida en sistemas o equipos de informática protegidos por algún mecanismo de seguridad, se le impondrán de tres meses a un año de prisión y de cincuenta a ciento cincuenta días multa.

relativo 211 bis 2[42] regula lo respectivo a equipos del Estado, donde la sanción será de uno a cuatro años de prisión para la modificación, destrucción o pérdida de información, y de seis meses a dos años a quien en las circunstancias anteriores conozca o copie la información, añadiéndose además una pena.

Finalmente, el respectivo 211 bis 3[43] tipifica las conductas anteriores, pero considerando que quien las va a ejecutar está autorizado para acceder a sistemas y equipos de informática del Estado, en cuyo caso las sanciones que se aplicarán irán de los dos a los ocho años; uno a cuatro años y cuatro a diez años, con las características mencionadas en el párrafo precedente.

No obstante, lo anterior esta codificación resulta en la práctica. No solo por los avances de la tecnología y el *modus operandi* de los ciberdelincuentes, sino también por la falta de técnica jurídica en la redacción del tipo penal, puesto que como afirma Cinthya Solís "el juez no entiende cómo se lleva a cabo la conducta y le es muy difícil encuadrar el delito informático en un tipo penal existente. En derecho penal es requisito que la ley específica describa la conducta, luego tienes que comprobar que cada punto se cumplió. "Entonces, si la conducta no está descrita como tal, a detalle y con la redacción que está prevista en el Código, no

---

42 Al que sin autorización modifique, destruya o provoque pérdida de información contenida en sistemas o equipos de informática del Estado, protegidos por algún mecanismo de seguridad, se le impondrán de uno a cuatro años de prisión y de doscientos a seiscientos días multa.
Al que sin autorización conozca o copie información contenida en sistemas o equipos de informática del Estado, protegidos por algún mecanismo de seguridad, se le impondrán de seis meses a dos años de prisión y de cien a trescientos días multa.
A quien sin autorización conozca, obtenga, copie o utilice información contenida en cualquier sistema, equipo o medio de almacenamiento informáticos de seguridad pública, protegido por algún medio de seguridad, se le impondrá pena de cuatro a diez años de prisión y multa de quinientos a mil días de salario mínimo general vigente en el Distrito Federal...

43 Al que, estando autorizado para acceder a sistemas y equipos de informática del Estado, indebidamente modifique, destruya o provoque pérdida de información que contengan, se le impondrán de dos a ocho años de prisión y de trescientos a novecientos días multa.
Al que, estando autorizado para acceder a sistemas y equipos de informática del Estado, indebidamente copie información que contengan, se le impondrán de uno a cuatro años de prisión y de ciento cincuenta a cuatrocientos cincuenta días multa.

puedes hacer nada. Si te falta un elemento, no hay delito que perseguir y dejan libres a los ciberatacantes"[44].

Bajo esos lineamientos básicos encontramos que la clásica noción de seguridad jurídica y su vertiente en materia fiscal se ha visto superada, puesto que existen circunstancias ajenas a la autoridad fiscalizadora y del contribuyente que lo dejan o pueden dejar en estado de indefensión.

Nos referimos a variados ilícitos que se perpetran todos los días desde múltiples lugares del mundo, a través de los cuales se vulneran -modifican o eliminan- los datos enviados o almacenados por las personas.

Al ser un problema que trasciende fronteras, puesto que la intromisión en los servidores que contienen los datos puede hacerse desde cualquier lugar del mundo a través de la red informática, muchos países, particularmente los europeos[45] han suscrito el Convenio sobre la Ciberdelincuencia del Consejo de Europa (Convenio de Budapest) que es el acuerdo internacional de uso más extendido para desarrollar la legislación de combate al cibercrimen y el cual reconoce al menos -para la materia que nos ocupa- los siguientes ilícitos: Acceso deliberado e ilegítimo a todo o parte de un sistema informático; interceptación deliberada e ilegítima por medios técnicos de datos informáticos en transmisiones no públicas dirigidas a un sistema informático, originadas en un sistema informático o efectuadas dentro del mismo; cualquier acto deliberado e ilegítimo que dañe, borre, deteriore, altere o suprima datos informáticos; introducción, alteración, borrado o supresión deliberados e ilegítimos de datos informáticos que genere datos no auténticos con la intención de que sean tomados o utilizados a efectos legales como auténticos; actos deliberados e ilegítimos que causen perjuicio patrimonial a otra persona mediante: a) la introducción, alteración, borrado o supresión de datos informáticos; b) cualquier interferencia en el funcionamiento de un sistema informático, con la intención, dolosa o delictiva, de obtener de forma ilegítima un beneficio económico para uno mismo o para otra persona.[46]

---

44 https://www.itmastersmag.com/noticias-analisis/delitos-informaticos-en-mexico-que-dice-la-ley/

45 Aunque también lo han ratificado Japón, Estados Unidos, Chile, Argentina, Australia, Israel entre otros. México es simple

46 *Cfr.* https://obtienearchivo.bcn.cl/obtienearchivo?id=repositorio/10221/26882/1/Convenio_de_Budapest_y_Ciberdelincuencia_en_Chile.pdf

México aún no es signatario del Convenio citado, por lo que se evidencia poca voluntad de sancionar penalmente las infracciones cometidas, y menor de legislar, o de estructurar políticas públicas efectivas para evitar la intromisión de los ciberdelincuentes a los sistemas informáticos del Servicio de Administración Tributaria o de los contribuyentes, que traigan como consecuencia con la modificación o supresión de datos que implique el que estos se encuentren en falta en el cumplimiento de sus obligaciones fiscales.

Nos referimos entre otros, a hechos como modificación de elementos que conforman la base gravable de los tributos. Así al incrementarse artificialmente los ingresos de un contribuyente o reducirse sus pérdidas o deducciones, podrán situarlo en una situación de haber cubierto una cantidad menor del débito fiscal.

Igualmente se podrían alterar los avisos presentados, o inclusive eliminarlos del sistema del SAT, con lo cual es evidente la infracción hipotéticamente cometida, así como sus consecuencias fiscales.

Imaginemos también un caso de *ramsonware*[47] por el que se inhabilita el uso de los datos contenidos en el equipo de cómputo de un contribuyente durante el ejercicio de facultades de comprobación o cerca de la temporada de cumplimiento de alguna obligación tributaria.

También podríamos hablar de casos sobre robo de identidad[48] a través de la cual un tercero haciéndose pasar por un contribuyente, auténtica con la firma electrónica de aquel, diversa documentación que traerá perjuicios al referido contribuyente, desde omisión de ingresos, suscripción de garantías, emisión de diferentes tipos de CFDI, etc.

Si bien como concepto el robo de identidad pudiera suponer al lector que solamente se realiza mediante muy sofisticados equipos, o que se

---

[47] Software malicioso que cifra los datos de un equipo para exigir dinero. Si el usuario no le paga al cibercriminal en un cierto plazo, no puede recuperar los datos y los pierde para siempre. Visible en https://mx.norton.com/internetsecurity-malware-ransomware-5-dos-and-donts.html

[48] El robo o suplantación de identidad es el delito informático de más rápido crecimiento en el mundo. Conocido también como *impersonation*, se entiende como suplantación de personalidad o identidad a quien funge ser una persona que no es. El caso más común es el robo o la utilización de tarjetas de crédito y documentos de terceros. Visible en https://contaduriapublica.org.mx/wp-content/uploads/2020/07/Que_es_la_usurpacion_de_identidad.pdf

encuentra dirigido contra personajes públicos de gran notoriedad, lo cierto es que no, puesto que se realiza de manera masiva, mediante las siguientes acciones, que detalla Raúl Cervantes[49]:

> *Phishing* (solicitar información mediante correos falsos) es la duplicación de una página web para que el visitante crea que se encuentra en el portal original en lugar de uno duplicado.
>
> *Tabjacking.* Este tipo de ataque es conocido con este término y básicamente consiste en una página que, luego de un tiempo de inactividad, es reemplazada por otra que puede verse como la original, por eso es tan peligroso como cualquier otro *phishing*.
>
> *Pharming* (robo de información mediante el uso de páginas falsas). Es una nueva modalidad de fraude on line que consiste en suplantar el sistema de resolución de nombres de dominio (*Domain Name Server* o DNS) para conducir al usuario a una página web falsa. Aunque es una amenaza creciente y peligrosa, la solución está en la prevención y en un antivirus eficaz.
>
> Cuando un usuario teclea una dirección en su navegador, esta debe ser convertida a una dirección de protocolo de Internet numérica (IP). Este proceso es lo que se llama resolución de nombres, y de ello se encargan los servidores DNS, en los que se almacenan tablas con las direcciones IP de cada nombre de dominio.
>
> *Spam y spyware* (archivos malignos dentro de correos electrónicos). El spam son mensajes no solicitados y enviados en cantidades masivas. Aunque se puede hacer por distintas vías, la más utilizada entre el público en general es por correo electrónico. Otras tecnologías de Internet que han sido objeto de spam incluyen grupos de noticias, motores de búsqueda y blogs. El spam puede tener también como objetivo los celulares y los sistemas de mensajería instantánea.
>
> Por su parte, el *spyware* es un *software* que recopila información de una computadora y después la transmite a una entidad externa sin el

[49] *Ídem.*

> conocimiento o el consentimiento del propietario. Un *spyware* típico se autoinstala en el sistema afectado de forma que se ejecuta cada vez que se pone en marcha la computadora (utiliza el CPU y la memoria RAM, reduciendo así la estabilidad) y funciona controlando todo el tiempo el uso que se hace de Internet y mostrando anuncios relacionados.

Es probable que el lector llegue a pensar que los ejemplos líneas arriba descritos, son mera especulación hipotética de quien esto escribe. Sin embargo, la realidad es que los ciberataques son mucho más comunes de lo que nos imaginamos y el pensar que el SAT es inmune a este tipo de ataques por ser un importante órgano del gobierno federal, es totalmente ilusorio. Al efecto, el propio organismo diseñó una aplicación para que los contribuyentes puedan identificar cientos de correos apócrifos[50] creados con la intención del robo de datos fiscales, detallando que si luego de efectuar la búsqueda en el mismo: "Si aparece "Registrado como correo apócrifo", ¡no descargues ningún archivo!", con lo que expresamente está reconociendo el grave riesgo que gravita sobre los datos de particulares al cumplir con sus obligaciones fiscales mediante plataformas electrónicas.

Igualmente decimos lo mismo con los órganos de impartición de justicia en línea, ya sea del Poder Judicial de la Federación o el Tribunal Federal de Justicia Administrativa, pues puede darse el caso de alteración de los datos contenidos en los expedientes electrónicos de las controversias jurisdiccionales ante ellas sustanciadas, que inclinen a otorgar la validez o negarla del acto impugnado, de acuerdo a la alteración sufrida.

Baste al lector como prueba de que la posibilidad de que ocurran los ciberataques antes mencionados es bastante factible, con el recuerdo de tres casos paradigmáticos que nos recuerda Juan Manuel Aguilar-Antonio respecto de:

> i) El *Cablegate* de la organización *hacktivista Wikileaks,* en 2011, de más de 250,000 cables de seguridad e inteligencia del departamento de Estado, en los que se vertió información sobre la estrategia de combate al crimen organizado en México. Dicha filtración causó una breve crisis diplomá-

---

[50] https://www.sat.gob.mx/noticias/01993/correos-apocrifos-identificados

tica que culminó con la declaración de persona *non grata* del embajador de Estados Unidos en México, Carlos Pascual, ese mismo año.

ii) Los dos importantes ciberataques al Sistema de Pagos Electrónicos Interbancarios (SPEI) del Banco de México en 2018. El primero detectado en abril e involucró a tres bancos privados, una casa de bolsa y una caja de ahorro popular, en el que se estima hubo pérdidas de alrededor de 300 millones de pesos. El segundo fue ejecutado en octubre, a través de la aseguradora AXA, institución privada, mediante la cual los agresores infiltraron el SPEI y realizaron múltiples operaciones anómalas que elevaron a rojo el nivel de alerta de seguridad informática en las operaciones del SPEI.

iii) El ciberataque de *ramsonware* a la paraestatal mexicana Petróleos Mexicanos (PEMEX) durante noviembre de 2019, empresa que está al centro de la política económica del Plan Nacional de Desarrollo y se encuentra en un proceso de reestructuración y plan de rescate para salvar sus finanzas, proyecto que está en evaluación por parte de entidades financieras internacionales como las calificadoras internacionales Fitch, Moody's y Standar & Poor, y que con dicho ciberataque afectaron su operación para el pago de deuda internacional y nómina, proceso que puede afectar su calificación y prestigio a escala internacional, dado que el rescate que se pidió para regresar el control de la red de operaciones por parte de los hackers osciló entre 4.9 millones de dólares, uno de los más caros en la historia de América Latina.[51]

Igualmente podemos citar al reciente caso de "secuestro" de información a la Lotería Nacional "Contamos con datos como contratos y convenios de 2009 a 2021, documentos legales, correspondencia, finanzas, datos notariales, outsourcing, y mucho más", dice el post publicado por el grupo Avaddon, que advierte que la institución no está cooperando

---

[51] AGUILAR ANTONIO, J. M. "Presente y futuro de los retos de la ciberseguridad en México. Una propuesta para la seguridad nacional", *Revista Legislativa de Estudios Sociales y de Opinión Pública* 13.29 (2020): 112-114, disponible en http://www5.diputados.gob.mx/index.php/camara/Centros-de-Estudio/CESOP/Estudios-e-Investigaciones/Revista-Legislativa-CESOP

con ellos, por lo que le da 240 horas o 10 días para hacerlo o de lo contrario expondrán "documentos valiosos de la compañía".[52]

No se ofrecen más datos sobre este último ataque, puesto que, al cierre de este trabajo, no concluía el término de un segundo plazo otorgado para el cumplimiento de las exigencias de los cibercriminales, luego de empezar a filtrar información de la compañía y tampoco se había producido comunicación concisa por parte del afectado.

No obstante, es suficiente la narrativa anterior para poner a debate el riesgo que implica para la seguridad jurídica de los contribuyentes la falta de políticas públicas efectivas que tiendan a robustecer los sistemas informáticos de la autoridad donde se alojan miles de datos sensibles de los gobernados, y el resarcimiento de los daños que se les puede causar por un ciberataque.

¿SE DEBEN POSITIVIZAR LOS DERECHOS HUMANOS DE CUARTA GENERACIÓN?

Carlos Ramírez nos comenta:

> Es un hecho que esta "nueva" gama de derechos se apertura con el reconocimiento e importancia de la protección de datos personales, aquellos derechos de acceso, rectificación, corrección y oposición que pregona nuestro órgano garante en la materia, que, para muchos usuarios son completamente desconocidos e inexistentes al buscar dar el contenido personal de baja en alguna publicación donde se utilice su información, a lo cual no hay campañas de penetración masivas para dar a conocer este tipo de atención.[53]

En este sentido, es claro como ya se detalló en el numeral anterior que los reconocidos como Derechos ARCO[54] están presentes en las leyes

---

[52] https://www.eleconomista.com.mx/tecnologia/Ataque-a-Loteria-Nacional-seria-el-segundo-caso-de-ransomware-en-el-gobierno-de-AMLO-20210531-0090.html

[53] RAMÍREZ CASTAÑEDA, C. "México lejos de los Derechos Digitales", *Revista Digital Expansión* (2020), disponible en https://expansion.mx/opinion/2020/06/12/mexico-lejos-de-los-derechos-digitales

[54] Acceso, rectificación, cancelación y oposición.

de protección de datos personales, tanto en protección de particulares, como de sujetos obligados pero también se aclaró que en la primera existen grandes multas por infracciones a la Ley, en tanto que la segunda es concebida como un cuerpo dogmático del deber ser, carente de la coacción suficiente para lograr su cumplimiento y mejor aún, adolece de medios para resarcir daños en materia de violación al manejo y conservación de datos de los contribuyentes.

Así tenemos que ya está bastante explorado y lo relata Rodolfo Guerrero que los derechos civiles y políticos de primera generación, son aquellos que inciden sobre la expresión de libertad de los individuos, proceden de la tradición constitucionalista liberal y están recogidos en la Declaración Universal de los Derechos Humanos de 1948 y los Pactos Internacionales de 1966, a saber, el de los Derechos Civiles y Políticos, y el de los Derechos Económicos, Sociales y Culturales El derecho a la dignidad de la persona, y a su autonomía y libertad frente al Estado[55], en tanto que los de segunda se incorporan a partir de una tradición de pensamiento humanista y socialista; son de naturaleza económica y social, e inciden sobre la expresión de igualdad de los individuos[56], en tanto que en los de tercera, se identifican los derechos de la solidaridad que se concretiza en la segunda mitad del siglo XX[57], para arribar a los de cuarta con el entorno del ciberespacio.[58]

Para Juan Carlos Riofrío existe una "cuarta ola de derechos humanos" conformada por los derechos defendidos en la sociedad de la informa-

---

[55] El derecho a la dignidad de la persona, y a su autonomía y libertad frente al estado, su integridad física, las garantías procesales, son derechos que tienen como soporte la filosofía de la ilustración y las teorías del contrato social.

[56] Se exige la intervención del Estado para garantizar un acceso igualitario a los derechos de primera generación para compensar las desigualdades naturales creadas por las ventajas y desventajas de clases, etnia y religión que caracterizan las diferencias sociales de los individuos desde su propio nacimiento.

[57] Declaraciones sectoriales que protegen los derechos de colectivos discriminados grupos de edad, minorías étnicas o religiosas, países del Tercer Mundo, que se afectados por alguna de las múltiples manifestaciones que cobra la discriminación económico social.

[58] *Cfr*. GUERRERO MARTÍNEZ, R "Derechos humanos de cuarta generación y las tecnologías de la información y de la comunicación", *Revista Derechos Fundamentales a Debate* 12 (2019): 139-141, disponible en http://cedhj.org.mx/revista%20DF%20Debate/revista%20pdf/ADEBATE%2012-2020.pdf

ción, dentro de los cuales destacan los derechos digitales. Si bien muchos de estos derechos ya se encuentran reconocidos en los tradicionales derechos humanos, con el advenimiento del mundo digital se han desarrollado de tal manera que han adquirido una fisonomía propia. Destacándose, para efectos del presente la protección en el mundo digital de al menos del derecho a la paz cibernética y a la seguridad informática[59], aunque identifica muchos más.[60]

Este autor comenta ante la dificultad de definir el concepto de paz, es mejor determinar qué nos quita la paz:

> Concretamente en el mundo cibernético nos intranquilizan muchas cosas: que la tecnología no funcione, que las máquinas se cuelguen y no podamos trabajar, que seamos víctimas de hackers, de crackers, de intromisiones, de injurias, de robos de identidad o de ciberbullyng[61].

Detallando que se utilizó el término "paz cibernética" para hablar de la tranquilidad en todos los aspectos del mundo digital, distinguiéndolo de la voz "seguridad informática" al ser este, un término técnico utilizado por la ciencia informática para hablar solamente de la estabilidad del funcionamiento del hardware y del software.

Como establece en el preámbulo del Pacto Internacional de Derechos Civiles y Políticos en vigor desde 1976 que no puede realizarse el ideal del ser humano libre en el disfrute de las libertades civiles y políticas y liberado del temor y de la miseria, a menos que se creen condiciones que permitan a cada persona gozar de sus derechos civiles y políticos, tanto como de sus derechos económicos, sociales y culturales"[62], sería inútil el simple reconocimiento de derechos si no trae aparejado la instrumentación de garantías y políticas públicas para su debido cumplimiento.

---

[59] *Cfr.* RIOFRÍO MARTÍNEZ-VILLALBA, J. C., "La Cuarta Ola de Derechos Humanos: Los Derechos Digitales", *Revista Latinoamericana de Derechos Humanos* 25.1 (2014): 30-41, disponible en https://www.corteidh.or.cr/tablas/r33897.pdf

[60] Derecho a; Existir digitalmente; A la reputación digital; La estima digital; La libertad y responsabilidad digital; La privacidad virtual; Al olvido; Al anonimato; Al big-reply; Al domicilio digital; A la técnica, al update y al parche y al testamento digital.

[61] *Ibidem*, p. 41.

[62] https://www.ohchr.org/sp/professionalinterest/pages/ccpr.aspx

En ese sentido, si bien ya está elevado a nivel constitucional el derecho a la protección de datos personales en posesión de sujetos obligados y prevé la existencia de un organismo autónomo para su defensa, al quedar acotado dicho derecho según la fracción II, del artículo 6 a "La información que se refiere a la vida privada y los datos personales será protegida en los términos y con las excepciones que fijen las leyes", necesariamente nos implica acudir a la Ley General de Protección de Datos Personales en Posesión de Sujetos Obligados, que como ya se destacó en su oportunidad adolece de medidas para resguardarla y menos para resarcir los daños causados ante el mal uso que se dé a la misma.

CONCLUSIONES

Grosso modo la seguridad jurídica implica un escenario donde se tiene una razonable expectativa del actuar de la autoridad, porque esta está sujeta a la Ley para únicamente actuar conforme a facultades expresas.

El monto de contribuciones a cargo de los contribuyentes, deriva de un ejercicio autodeclarativo, tomando en consideración que el resultado fiscal se obtendrá al restar de sus ingresos acumulables, las pérdidas y deducciones que tengan derecho, pudiendo las autoridades revisar dicha determinación, en los términos que le permiten las leyes.

Acorde a los anterior, los elementos esenciales de la relación jurídico tributaria solamente involucraban al contribuyente y al fisco.

La irrupción tecnología en este campo, concretamente con el uso de medios electrónicos y la informática, ha ocasionado que terceros puedan involucrarse y manipular los elementos esenciales de las contribuciones, no existiendo de momento verdaderas herramientas para evitar esa manipulación y menos para garantizar un debido resarcimiento de daños a las partes.

BIBLIOGRAFÍA

Legislación

Código Fiscal de la Federación.

Constitución Política de los Estados Unidos Mexicanos.

Ley Federal de Protección de Datos Personales en Posesión de los Particulares.

Ley General de Protección de Datos Personales en Posesión de Sujetos Obligados.

Libros, capítulos y artículos

Aguilar Antonio, J. M. "Presente y futuro de los retos de la ciberseguridad en México. Una propuesta para la seguridad nacional", *Revista Legislativa de Estudios Sociales y de Opinión Pública* 13.29 (2020): 112-114, disponible en http://www5.diputados.gob.mx/index.php/camara/Centros-de-Estudio/CESOP/Estudios-e-Investigaciones/Revista-Legislativa-CESOP

Arrioja Vizcaíno, Adolfo. *Derecho Fiscal,* 2ª ed. México: Themis, 1985.

Delgadillo Gutiérrez, Luis Humberto. *Principios de Derecho Tributario,* 3ª ed. México: Limusa, 1987.

Díaz, Elías. *Estado de Derecho y Sociedad Democrática.* Madrid: Taurus, 1971.

Guerrero Martínez, R "Derechos humanos de cuarta generación y las tecnologías de la información y de la comunicación", *Revista Derechos Fundamentales a Debate* 12 (2019): 139-141, disponible en http://cedhj.org.mx/revista%20DF%20Debate/revista%20pdf/ADEBATE%2012-2020.pdf

Margain Manautou, Emilio. *Introducción al Estudio del Derecho Tributario Mexicano,* 12ª ed. México: Porrúa, 1996.

Pérez de Ayala, José Luis y González García, Eusebio. *Derecho Tributario*, tomo I, 1ª ed. Salamanca: Plaza Universitaria, 1994.

Ponce Kuri, Nuhad. "Del Procedimiento de Imposición de Sanciones". En *Ley Federal de Protección de Datos Personales en Posesión de los Particulares Comentada,* coordinado por Guillermo A. Tenorio Cueto. México: INAI, 2019.

Ramírez Castañeda, C. "México lejos de los Derechos Digitales", *Revista Digital Expansión* (2020), disponible en https://expansion.mx/opinion/2020/06/12/mexico-lejos-de-los-derechos-digitales

Riofrío Martínez-Villalba, J. C., "La Cuarta Ola de Derechos Humanos: Los Derechos Digitales", *Revista Latinoamericana de Derechos Humanos* 25.1 (2014): 30-41, disponible en https://www.corteidh.or.cr/tablas/r33897.pdf

Téllez Valdés, Julio. *Derecho Informático*. 2ª ed. México: Mc Graw Hill, 1998.

Recursos electrónicos

http://dle.rae.es/?id=XTrlaQd

http://omawww.sat.gob.mx/tramitesyservicios/Paginas/documentos/guiaanexo20_07092017.pdf

https://www.sat.gob.mx/aplicacion/42150/envia-tu-contabilidad-electronica

https://www.ohchr.org/sp/professionalinterest/pages/ccpr.aspx

https://www.oas.org/es/sla/ddi/docs/proteccion_datos_personales_conferencias_varsovia_2013_resol_proteccion_datos.pdf

http://dof.gob.mx/nota_detalle.php?codigo=5469949&fecha=26/01/2017

http://dof.gob.mx/nota_detalle.php?codigo=5150631&fecha=05/07/2010

https://obtienearchivo.bcn.cl/obtienearchivo?id=repositorio/10221/26882/1/Convenio_de_Budapest_y_Ciberdelincuencia_en_Chile.pdf

https://mx.norton.com/internetsecurity-malware-ransomware-5-dos-and-donts.html

https://www.itmastersmag.com/noticias-analisis/delitos-informaticos-en-mexico-que-dice-la-ley/

http://www5.diputados.gob.mx/index.php/camara/Centros-de-Estudio/CESOP/Estudios-e-Investigaciones/Revista-Legislativa-CESOP

https://revistaciencias.inacipe.gob.mx/index.php/02/article/view/96

https://www.eleconomista.com.mx/tecnologia/Ataque-a-Loteria-Nacional-seria-el-segundo-caso-de-ransomware-en-el-gobierno-de-AMLO-20210531-0090.html

https://expansion.mx/opinion/2020/06/12/mexico-lejos-de-los-derechos-digitales

http://cedhj.org.mx/revista%20DF%20Debate/revista%20pdf/ADEBATE%2012-2020.pdf

https://www.corteidh.or.cr/tablas/r33897.pdf

https://www.ohchr.org/sp/professionalinterest/pages/ccpr.aspx

3
DERECHO TRIBUTARIO SUSTANTIVO

~

FONDO VS FORMA. EL SISTEMA FISCAL EN MEDIO DE CORRIENTES OPUESTAS

Mario Barrera Vázquez
Universidad Panamericana

Catalina Mandujano Ortiz[1]
Participación especial

Sin desconocer la tradición formalista de nuestro país, en los últimos años se ha advertido una migración de las reglas de aplicación mecánica a las reglas de principio, en la práctica fiscal mexicana. Resulta relevante analizar la viabilidad de coexistencia de los criterios de forma contra los de fondo, a partir de su origen y hasta su implementación, sin pasar por alto que, un indebido análisis y desconocimiento por parte de los creadores y aplicadores de Derecho, tiene como consecuencia un ambiente de incertidumbre jurídica.

Es preciso señalar que el desconocimiento de estos conceptos y como se han ido cristalizando en la práctica fiscal, tendrá como resultado un sistema jurídico ambiguo, cuyas bases e interpretación podría detonar una violación directa a los derechos humanos de los contribuyentes.

---

[1] Con la participación especial de la licenciada Catalina Mandujano Ortiz, asociada, Thompson & Knight LLP

INTRODUCCIÓN

El presente artículo tiene como principal objetivo identificar corrientes filosóficas contrapuestas, que al día de hoy coexisten y afectan el sistema jurídico mexicano. En específico, como se ven reflejadas en el sistema normativo y la práctica fiscal en México, tal cómo se encuentra vigente al día de hoy. Asimismo, se identifican aquellos factores históricos que han influido para dicha determinación y las consecuencias de la implementación de ambas corrientes en una misma práctica fiscal.

La importancia de estudiar este tema en particular radica en las consecuencias y contradicciones que podría generar la implementación de ambas corrientes filosóficas, derivando en un evidente conflicto entre forma y fondo. Conocer esta discrepancia y como se materializa, nos permitirá tener un mayor entendimiento de una práctica fiscal ética y responsable, desde cualquier perspectiva: los tribunales y la administración pública; o los contribuyentes y hasta los abogados postulantes.

Para analizar este tema, hay que entender de dónde viene este conflicto, y como se ve reflejado en el sistema fiscal mexicano en todas las fuentes del derecho, pasando por i) legislación, ii) costumbre y iii) jurisprudencia, y finalmente hacia dónde vamos como país, es decir, ¿Pueden coexistir ambos elementos en la práctica fiscal? ¿Cuál es la tendencia al día de hoy?

A través de este artículo, se pretende demostrar la importancia de entender y conocer la teoría para que en el ámbito práctico no se contrapongan las corrientes, creando un ambiente de incertidumbre, tanto en la esfera pública como en la privada.

ORIGEN DEL CONFLICTO FONDO VS FORMA

El origen del conflicto fondo versus forma, deviene de la filosofía del Derecho en sí misma. Por una parte, tenemos el iusnaturalismo, que entiende el Derecho como una representación de la realidad social. Así la tarea del legislador no es, en ningún caso, trazar esquemas o pautas de un actuar posible, sino enlazar en forma lógicamente necesaria a los hechos que realicen los supuestos legales, el nacimiento de determinados deberes y facultades.[2]

Ahora bien, la concepción iusnaturalista será poco a poco sustituida por el iusnaturalismo racionalista y eventualmente, por la concepción positivista sin que esto genere grandes cambios en esta nueva realidad jurídica, pues el paso fundamental del Derecho moderno es precisamente ese en el que ambas visiones coinciden: el que se da hacia una concepción sistemática del Derecho (no casuista) y, en ese contexto, hacia el papel del juez como aplicador de las leyes controladas por el Estado que componen el sistema.[3]

A partir de las definiciones previamente referidas se puede advertir que mientras que el iusnaturalismo buscaba enlazar el actuar humano con la aplicación de consecuencias legales, el iuspositivismo buscaba anticiparse al actuar humano y codificar su actuar, sancionado posibles conductas que podrían manifestarse en la sociedad.

En ese sentido el contenido de las normas de derecho natural, por lo mismo no es discurrido por el hombre, sino que proviene directamente de la naturaleza. Dicho contenido se traduciría en ciertos principios indemostrables y en las cosas próximas a ellos, tales como: debe evitarse el mal; nadie debe dañarse injustamente; no debe hurtarse; y otros semejantes.[4]

En cambio, el derecho positivo encuentra su causa en la voluntad de los hombres, quienes lo instituyen dotándolo de los más variados contenidos. Sus normas por los mismos, no son universales ni inmutables, sino, a la inversa, mutables y limitadas en cuanto a su ámbito de validez temporal y espacial.[5]

---

[2] MÁYNEZ, E. "En torno de la teoría de Alf Ross", *Crítica: Revista Hispanoamericana de Filosofía* 1.3 (1967): 3-20, disponible en http://www.jstor.org/stable/40103875

[3] VIAL-DUMAS, M. "Los jueces y la ciencia del Derecho en el nuevo orden constitucional, una comparación entre el mundo premoderno y la posmodernidad / judges and legal science in the new constitutional order, a comparison between the premodern and postmodern World", *Revista española de Derecho Constitucional* 112 (2018): 177-204, disponible en https://www.jstor.org/stable/26557942

[4] SQUELLA, A. "¿Por qué vuelve a hablarse de derecho natural?", *Revista Chilena de Derecho* 22.1 (1995): 79-89, disponible en from http://www.jstor.org/stable/41609332

[5] *Ídem*.

Al considerar lo anteriormente descrito, se advierte que en la actualidad existen claros representantes de ambas corrientes. Por una parte, tenemos desde el lado iuspositivista a Francia que, con Napoleón, realizó un ejercicio de codificación, buscando regular todas las actividades humanas de forma estricta y con un enfoque sancionatorio; y por otro, desde el lado iusnaturalismo, tenemos a Estados Unidos, representando el *common law*.

SISTEMA FISCAL MEXICANO

Ahora, el sistema jurídico mexicano, ¿en dónde está parado? El siglo XIX, tuvo una vocación codificadora, estableciendo la Ley como fuente primaria del Derecho en casi todos los ordenamientos jurídicos, salvo la excepción anglosajona[6]. Al respecto, los Estados Unidos Mexicanos, no son una excepción, pues adoptaron la tendencia de codificación, radicada en Francia y Alemania, con singular alegría, teniendo como base la Constitución Política de los Estados Unidos Mexicanos y como eje rector del derecho, el Código Civil.

Este legalismo se encuentra implícito y ha permeado la naturaleza del derecho fiscal en México. Ello se advierte desde la Constitución Política de los Estados Unidos Mexicanos ("CPEUM"), hasta las reglas de carácter general emitidas por el Servicio de Administración Tributaria ("SAT").

Efectivamente, los principios rectores del derecho fiscal se encuentran inmersos en el artículo 31, fracción IV de la CPEUM[7], consistentes en una obligación de contribuir al gasto público, de forma i) proporcional, ii) equitativa y iii) con base en las leyes.

Posteriormente, si nos remitimos a la ley ordinaria, observaremos que en el Código Fiscal de la Federación ("CFF"), la legalidad se muestra evidente en su artículo 5, el cual establece medularmente que las dis-

---

[6] RIPOLLÉS, A. "Legalismo y judicialismo en lo internacional penal", *Revista Española de Derecho Internacional* 6.1-2 (1953): 281-311, disponible en http://www.jstor.org/stable/44293067

[7] "Artículo 31. Son obligaciones de los mexicanos: [...] iv. contribuir para los gastos públicos, así de la Federación, como de los Estados, de la Ciudad de México y del municipio en que residan, de la manera proporcional y equitativa que dispongan las leyes".

posiciones fiscales que establezcan cargas a los particulares y las que señalan excepciones a las mismas, así como las que fijan las infracciones y sanciones, son de aplicación estricta.

Así es claro como el Legislador busca regular cada uno de los supuestos relativos a la obligación de los mexicanos y extranjeros (cuando esto sea aplicable), a través de una codificación que no deje margen a una interpretación diversa a la literal, lo que implica una problemática, que bien advirtieron los juristas y el derecho anglosajón ¿Cómo se puede regular todos los aspectos de la conducta humana, al ser tan compleja?

El Legislador mexicano optó por emitir la denominada cláusula habilitante, facultando así a las autoridades administrativas para que emitieran reglas de carácter general que "llenen" los espacios o lagunas en el derecho administrativo, las cuales no pudieron ser observadas por el legislador.

En resumen, esto nos deja con un sistema fiscal que busca regular y tener una respuesta y definición para cada una de las conductas realizadas por el contribuyente, limitando la interpretación a la estricta aplicación del derecho, es decir, aplicando una regla altamente kelseniana, en una época en que la sociedad y su actuar ha aumentado en su complejidad.

MIGRACIÓN A REGLAS DE FONDO

Esta tendencia de ninguna forma ha sido omitida por los legisladores mexicanos, los cuales eligieron adoptar principios de fondo que se asocian más con un *iusnaturalismo* jurídico, que con un *iuspositivismo* y su evidente consecuencia: la codificación.

Es por ello que, en los últimos años hemos visto una irrestricta aceptación del plan de acción para combatir la erosión de la base y la transferencia de utilidades (*base erosion and profit shifting* o BEPS por sus siglas en inglés) emitidas por la Organización para la Cooperación y Desarrollo Económicos, homologándose a una tendencia internacional que prioriza el fondo sobre la forma; y que contrasta de una forma evidente con la estructura legalista que rige el sistema fiscal.

Como ejemplo de esta situación y a efecto de realizar un estudio que priorice un caso concreto, se utilizará la regla general anti-abuso, contenida en la reforma al Código Fiscal de la Federación publicada en el Diario Oficial de la Federación, el 12 de diciembre de 2019.

A través de esa reforma y a partir de la experiencia internacional, se consideró que resultaba oportuno incluir una norma general anti-abuso, que incluyera los siguientes elementos: a) que la operación del contribuyente no tenga una razón de negocios; y que b) esto genere un beneficio fiscal.

Así se incorporó el artículo 5-A del Código Fiscal de la Federación, en el cual se establece medularmente que aquellos actos jurídicos que carezcan de una razón de negocios y que generen un beneficio fiscal, no gozarán de tal beneficio, sino que se les atribuirán los efectos fiscales que corresponderían a los actos que debieron haberse realizado para obtener el beneficio económico razonablemente esperado por el contribuyente.

En ese sentido, a partir de la exposición de motivos, se advierte que se considera que no existe una razón de negocios cuando el beneficio económico cuantificable presente o futuro es menor al beneficio fiscal, identificado como único parámetro los "beneficios económicos", cuando existen muchos otros propósitos en la realización de los actos jurídicos por los contribuyentes.

PROBLEMÁTICA CAUSADA

Para advertir como se contrapone una norma general anti-abuso con el legalismo mexicano y las consecuencias de su implementación, resulta importante realizar un estudio general de este tipo de normas o reglas.

Dichas disposiciones tienen como objeto evitar que los contribuyentes realicen operaciones que reduzcan la base imponible sobre la cual pagan contribuciones, sin desalentar operaciones comerciales legítimas. Es por ello que uno de los principales factores que se deben considerar en su implementación es que sean objetivas y constituyan el último recurso de la autoridad fiscal, pues cuenta con otras herramientas para atacar operaciones abusivas en materia fiscal.

Es importante señalar que la mayoría de los países han determinado que son necesarias y eficientes y a pesar de la controversia que generan han sido implementadas de forma exitosa en diversas jurisdicciones.

A efecto de implementar de forma correcta estas disposiciones, resultará de suma importancia establecer un test de propósito, el cual medularmente establece que estas normas aplicaran a aquellas operaciones cuyo único o principal objeto es obtener un beneficio fiscal. Si hay un beneficio fiscal incidental no debería ser aplicable.

Este es un tema muy delicado que debe ser correctamente delimitado, pues será muy difícil para el contribuyente argumentar que ninguno de los propósitos fue obtener un beneficio, si de forma legítima resultó tal beneficio. Entonces resulta de suma importancia que se establezcan reglas claras para determinar si el propósito de obtener el beneficio fiscal fue mayor al propósito económico de la operación.

Una vez que hemos recordado qué es una cláusula general anti-abuso, es preciso adentrarnos en el rol de la sustancia económica, en el cual radica el principio general de las cláusulas generales anti-abuso. Aun cuando es un concepto demasiado amplio cuya definición, al menos en México, no se encuentra en la legislación fiscal, lo cual nos adentra en la problemática de fondo versus forma, pues este tipo de normas se deben de enfocar en la sustancia económica de las operaciones, contrario a enfocarse en la forma.

Es decir, se debe atender a las razones de negocio, sustancia económica y como fue efectivamente realizada, y no así a la forma en que se presentó la operación, a través de contratos, actas de asamblea, protocolizaciones e incluso facturas, las cuales incluso están establecidas en ley como requisitos para obtener beneficios fiscales como lo son la deducción y el acreditamiento en impuesto sobre la renta e impuesto al valor agregado respectivamente.

Ahora bien, ¿qué podríamos entender por sustancia económica? La sustancia económica se vincula con la modificación en la posición económica del particular, guardando estrecha relación con la razonable posibilidad de obtener una ganancia. Ello implica una serie de conductas observables en quien adquiere los bienes o recibe los servicios, como son: diligencia en la contratación, supervisión sobre el efectivo cumplimiento de los compromisos pactados, exigencia de resultados. Asimismo, resulta relevante acreditar la existencia del valor económico que los bienes o servicios representan para quien paga por ellos.

En línea con lo anterior, no se debe omitir señalar que una cláusula de este calibre genera una problemática relevante dentro de un sistema legalista, pues nuestra tradición jurídica, de código, en ningún momento ha definido los términos i) sustancia económica, ii) razón de negocios o iii) un test de beneficio.

Aunado a lo anterior, al considerar el artículo 5 del CFF, a través del cual se establece el principio de aplicación estricta de la Ley; y el artículo

31, fracción IV Constitucional, que contiene el principio inamovible de legalidad para la aplicación de las disposiciones fiscales, una cláusula anti-abuso cuyos conceptos esenciales no se encuentran definidos, genera una evidente violación al derecho fundamental de seguridad jurídica del contribuyente.

Lo anterior es así pues sin ninguna directriz escrita en Ley, como establece la Constitución, la autoridad fiscal podrá realizar las determinaciones y presunciones. Es decir, la autoridad es juez y parte. Ello es tanto como preguntar a un acreedor si considera que su deudor le debe, pues en el ejercicio de las facultades de comprobación. La autoridad puede presumir que los actos jurídicos carecen de una razón de negocios, aun cuando no existe en Ley ningún parámetro para realizar dicha determinación.

En ese sentido, la autoridad fiscal podrá presumir, salvo prueba en contrario, que no existe una razón de negocios, cuando el beneficio económico cuantificable razonablemente esperado, sea menor al beneficio fiscal.

Adicionalmente, la autoridad fiscal podrá presumir, salvo prueba en contrario, que una serie de actos jurídicos carece de razón de negocios, cuando el beneficio económico razonablemente esperado pudiera alcanzarse a través de la realización de un menor número de actos jurídicos y el efecto fiscal de estos hubiera sido más gravoso.

Sin embargo, como se mencionó con anterioridad el problema radica en que no existe parámetro alguno para realizar dicha presunción. En otras palabras, esta problemática, derivada de la yuxtaposición de una norma de este tipo en nuestro sistema jurídico, se evidencia en la misma norma. Efectivamente, si se observa el contenido del artículo 5A en comento, se advertirá que ese dispositivo, lejos de definir el concepto de "razón de negocios", establece que su ausencia se conocerá mediante presunciones, a saber: (i) cuando el beneficio económico razonablemente esperado sea inferior al fiscal; o (ii) cuando el beneficio económico esperado se hubiere alcanzado con un número inferior de actos jurídicos que los realizados por el contribuyente, como ya se ha mencionado. Como se observa, en el intento de establecer una norma de principio, el Legislador no resiste a la tentación de establecer reglas cuya aplicación sea mecánica. Esto no es gratuito sino que se debe, en gran medida, a la conformación de nuestro sistema jurídico.

Ahora, si esta regla resulta tan controversial, ¿por qué ha sido aceptada e implementada en tantas jurisdicciones? Al respecto se debe recordar que ciertas jurisdicciones optaron desde hace muchos años por *el ius commune*, atendiendo a los principios *ius naturalistas* que buscan enlazar e individualizar situaciones de la vida cotidiana con el "deber ser", contrario a aquellas que optaron por intentar regular todas y cada una de las situaciones que podrían suceder en la realidad.

Un ejemplo de ello se encuentra en los Estados Unidos. Efectivamente, en ese país, el principio de que la substancia debe prevalecer sobre la forma; y de que las operaciones de los contribuyentes deben tener una razón de negocios para que sus efectos fiscales sean respetados, fue establecido por la Suprema Corte de esa jurisdicción dese 1935 en el caso *Gregory v Helvering.*

Es por ello en casos como el de los Estados Unidos de América, se podría optar por la implementación de este tipo de normas, sin vulnerar los derechos de los contribuyentes, pues a través de los años han adquirido la experiencia judicial y administrativa necesaria para la interpretación de conceptos tan ambiguos como lo pudiera ser la sustancia económica.

Contrario a eso, los países que optamos por un derecho de "código", se nos limita por la misma constitución y las leyes ordinarias, pues se restringe en cuanto a la aplicación de una disposición, pues en sentido estricto, debería existir una norma que definiera esos términos de forma clara, para que este pudiera ser aplicado sin vulnerar los derechos de los contribuyentes.

Es por todo lo anterior que se concluye que un sistema jurídico que opte por principios de fondo y forma resulta en una vulneración de los derechos del gobernado, pues no se puede establecer que se deben seguir los requisitos al pie de la letra, y dentro de esos requisitos, dejar al libre albedrío de la autoridad si estos se cumplen o no.

Lo descrito en el párrafo anterior resulta ilógico al limitar al gobernando a un sistema legalista de aplicación estricta y facultar, simultáneamente, a la autoridad para realizar una interpretación de las leyes fiscales de una forma que no resulta estricta ni apegada a las disposiciones fiscales y constitucionales.

Este criterio se ve reflejado incluso en la jurisprudencia, pues los jueces federales han optado por reconocer estas facultades discrecionales de la autoridad, emitiendo criterios que resultan del todo vinculantes al ser cosa juzgada, y por otra parte, accediendo a que el principio de legalidad se podrá ver sesgado por diversos factores, como puede ser fines extra fiscales o normas anti-elusión. Efectivamente, existen precedentes judiciales que admiten la posibilidad de que las normas de carácter general, emitidos por órganos especializados, como el Servicio de Administración Tributaria, no están constreñidos por principios constitucionales, lo cual es de suyo inadmisible en nuestro sistema jurídico. Un ejemplo de ello es el criterio sustentado por el Cuarto Tribunal Colegiado en Materia Administrativa del Primer Circuito en la tesis que aparece publicada en la página 912 del Tomo II del Libro 76, marzo de 2020, 10ª Época, del Semanario Judicial de la Federación, cuyo texto es:

> DECLARACIÓN INFORMATIVA A QUE SE REFIERE LA FRACCIÓN II DEL ARTÍCULO 76-A DE LA LEY DEL IMPUESTO SOBRE LA RENTA. LA VALIDEZ DE LA REGLA 3.9.16. DE LA RESOLUCIÓN MISCELÁNEA FISCAL PARA 2017, CONTENIDA EN SU PRIMERA RESOLUCIÓN DE MODIFICACIONES, QUE AMPLÍA Y DESCRIBE EL TIPO DE INFORMACIÓN QUE AQUÉLLA DEBE INCLUIR, SE JUSTIFICA Y ENCUENTRA RACIONALIDAD EN EL EJERCICIO DE LA DISCRECIONALIDAD REGULATORIA DESARROLLADA POR EL SERVICIO DE ADMINISTRACIÓN TRIBUTARIA, SIN QUE LE SEAN APLICABLES LOS PRINCIPIOS DE RESERVA DE LEY Y DE SUBORDINACIÓN JERÁRQUICA.
>
> El artículo 76-A de la Ley del Impuesto sobre la Renta, en el contexto del Estado regulador, otorga al Servicio de Administración Tributaria, mediante una cláusula habilitante, la facultad de establecer reglas de carácter general para la presentación de las declaraciones informativas (maestra de partes relacionadas, local de partes relacionadas y país por país del grupo empresarial multinacional) a que aluden las fracciones I, II y III del propio precepto. Es así que dicho órgano podrá solicitar información conducente y relacionada con los fines y propósitos ahí propuestos, e incluirá los medios y formatos correspondientes. En ese sentido, la regla 3.9.16. de la Resolución Miscelánea Fiscal para 2017, contenida en su primera resolución de modificaciones, publicada en el Diario Oficial de la Federación el 15 de mayo de 2017, que amplía y describe el tipo de información que debe incluir la declaración informativa a que se refiere la fracción II del precepto mencionado, no debe someterse

a las exigencias o límites de los principios de reserva de ley ni de subordinación jerárquica, ya que éstos, al estar sujetos al principio de legalidad como restricciones, son exclusivos de la facultad reglamentaria del Presidente de la República -acotada por la propia ley- y distintos de los que aplican en el modelo de Estado regulador, como sucede con el Servicio de Administración Tributaria, donde la norma habilitante señala fines o propósitos y reserva al ente elegir u organizar los medios más eficientes para lograrlos, con base en ciertos márgenes de discrecionalidad, por ser un órgano especializado, cuya encomienda institucional consiste en regular técnicamente ciertas actividades económicas o sectores sociales de manera independiente, a través de todos los medios razonables para alcanzar su finalidad. Ello encuentra explicación, en razón de que ante el modelo de Estado regulador, los poderes clásicos no podrían reclamar la titularidad exclusiva de la función jurídica que tenían asignada; de ahí que los órganos reguladores no pueden ser acusados de usurpar alguna de esas funciones. Por el contrario, éstos son titulares de competencias mixtas (cuasi legislativas, cuasi jurisdiccionales y cuasi ejecutivas), precisa y exclusivamente para el cumplimiento de una función regulatoria técnica en el sector de su competencia, en armonía y como complemento a las funciones de los poderes clásicos, ya que la división funcional clásica de atribuciones no opera de manera tajante y rígida, identificada con los órganos que la ejercen, sino que se estructura con la finalidad de establecer un adecuado equilibrio de fuerzas, potestades y capacidades especializadas, mediante un régimen de cooperación y coordinación que funciona como medio de control recíproco y limitado, a fin de evitar la arbitrariedad en el ejercicio del poder público y garantizar la unidad, establecimiento y preservación del Estado de derecho. Por tanto, la validez de la regla 3.9.16. citada se justifica y encuentra racionalidad en el ejercicio de la discrecionalidad regulatoria desarrollada por el Servicio de Administración Tributaria, al no desbordar los fines y propósitos de la norma habilitante.

CONCLUSIONES

En conclusión y posterior al análisis de los conceptos que nos ocupan se concluye que el conflicto de forma versus fondo se ve reflejado en el sistema fiscal mexicano, en todas las fuentes del Derecho. En específico, llama la atención la implementación de normas contrarias a la tradición legalista de un país como México.

No se pasa por alto que, derivado de la complejidad adquirida de la globalización y operaciones internacionales, resulta necesario abandonar las reglas de forma y optar por un sistema que priorice el fondo, dando un mayor juego a actores como los tribunales administrativos y judiciales. No obstante lo anterior, esto no implica que sea constitucional y legal implementar reglas de fondo al sistema jurídico mexicano, sin antes realizar una reforma integral que priorice y dé cabida a la interpretación del Derecho, antes que a la aplicación estricta de la Ley.

Al día de hoy, no pueden existir los 2 elementos en la práctica fiscal pues se deja al contribuyente en un estado de incertidumbre y a la autoridad fiscal con facultades para interpretar o no según sea conveniente, contrario al principio general que establece que el particular puede hacer todo lo que no esté prohibido y la autoridad únicamente aquello que le esté permitido.

Es por lo anterior, que se debe migrar a un sistema de fondo de una forma holística; y no únicamente favoreciendo los intereses de las autoridades competentes.

REFERENCIAS

Legislación

Código Fiscal de la Federación.

Constitución Política de los Estados Unidos Mexicanos.

Artículos

Máynez, E. "En torno de la Teoría de Alf Ross", *Crítica: Revista Hispanoamericana de Filosofía* 1.3 (1967): 3-20, disponible en http://www.jstor.org/stable/40103875

Squella, A. ¿Por qué vuelve a hablarse de derecho natural? *Revista Chilena De Derecho* 22.1 (1995): 79-89, disponible en http://www.jstor.org/stable/41609332

Ripollés, A. Legalismo y judicialismo en lo internacional penal, *Revista Española de Derecho Internacional* 6.1/2 (1953): 281-311, disponible en http://www.jstor.org/stable/44293067

Vial-Dumas, M. Los Jueces y la Ciencia del Derecho en el Nuevo Orden Constitucional, una comparación entre el mundo premoderno y la posmodernidad [Judges and legal science in the new constitutional order, a comparison between the premodern and postmodern World], *Revista Española De Derecho Constitucional* 112 (2018): 177-204, disponible en https://www.jstor.org/stable/26557942

∾

RESPONSABILIDAD SOLIDARIA (O SUBSIDIARIA) DE LOS ACCIONISTAS, ADMINISTRADORES ÚNICOS, GERENTES, Y DIRECTORES GENERALES EN MATERIA FISCAL

Juan Antonio Aguilar Cervantes
Universidad Panamericana

A través del presente artículo, haremos referencia a la primera ocasión en la que se reguló la figura jurídica de responsabilidad solidaria en materia fiscal; concluiremos si en realidad se trata de una responsabilidad solidaria o subsidiaria; hablaremos de los cambios legislativos de dicha figura, hasta llegar a la legislación vigente, con nuevos supuestos a partir de 2020. En especial, la responsabilidad relativa a los socios, accionistas, gerentes, administradores únicos y directores generales.

INTRODUCCIÓN

Resulta constante la preocupación de los contribuyentes, desde el momento en que la autoridad hacendaria decide iniciar alguna facultad de comprobación, llámese visita domiciliaria, revisión de gabinete, revisión de dictamen o revisión electrónica, que normalmente culmina con la determinación de un crédito fiscal (cuantificación líquida de un adeudo tributario), respecto la responsabilidad que ello conlleva.

Esto es, cuando una o dos personas físicas operan a través de una persona moral, en realidad ocurre una ficción jurídica, en la que este nuevo ente jurídico actúa de manera independiente y separada de los accionistas, con personalidad, patrimonio y responsabilidades propias, como regla general.

En este orden de ideas, cuando el fisco determina un crédito fiscal a una empresa, la responsabilidad es de la empresa y no de los accionistas, ni de los miembros del consejo que la conforman. Siendo así, la empresa responde con todo su patrimonio, que evidentemente incluye cuentas bancarias, pero no responden los accionistas, gerentes, directores generales ni administradores únicos con su patrimonio personal, en principio.

Lo anterior, tiene 9 excepciones previstas en las fracciones III y X del artículo 26 del Código Fiscal de la Federación, y en estos casos, responderán con su patrimonio las personas indicadas en el párrafo precedente, **siempre y cuando los bienes de la empresa resulten insuficientes para cubrir el adeudo fiscal, y solamente en los casos que prevé la ley**.

Esto es, la propia legislación nos indica que la responsabilidad de estas personas físicas, **será subsidiaria y no solidaria,** situación que abordaremos más adelante en el presente artículo.

Asimismo, estudiaremos esta figura jurídica desde la primera vez que quedó regulada en nuestra legislación, comentaremos la reforma de 1981, para abordar el artículo 26, fracciones III y X del Código Fiscal de la Federación, tal y como se encuentra regulado a la fecha.

Sin dejar de comentar, que –en la práctica– se han presentado determinaciones de créditos fiscales a cargo de responsables "solidarios", de manera más frecuente en los últimos 7 años, careciendo de una debida motivación y fundamentación en los casos que hemos litigado en el despacho.

Incluso, hemos obtenido resoluciones favorables desde Recurso de Revocación, ya sea porque la autoridad no supo determinar de manera correcta la causa que supuestamente motivó la responsabilidad solidaria, o bien, porque la facultad de la autoridad para determinarla, ya había caducado.

ANTECEDENTES HISTÓRICOS DE LA RESPONSABILIDAD SOLIDARIA EN LA LEGISLACIÓN MEXICANA

El primer antecedente histórico de esta figura jurídica en nuestra legislación, data del 31 de diciembre de 1938, donde se reguló en el Título Segundo (De los créditos fiscales), Capítulo Primero (Del sujeto), en el artículo 28 que a la letra disponía:

> Artículo 28.- Están solidariamente obligados al pago de los créditos fiscales:
> I.- Los funcionarios públicos y notarios que autoricen algún auto jurídico o den trámite a algún documento, si no comprueban que se han cubierto los impuestos o derechos respectivos, o no dan cumplimiento a las disposiciones correspondientes que regulen el pago del gravamen.
> II.- Las empresas porteadoras que transporten productos gravados con algún impuesto de elaboración o de venta de primera mano, si no cumplen los requisitos que señalen las leyes particulares para el transporte.
> III.- Los representantes legales y mandatarios, por los créditos fiscales que dejen de pagar por sus representados.
> IV.- Las demás personas que señalen las leyes especiales.

Como podemos observar de la transcripción que antecede, la primera ocasión en la que la figura jurídica en estudio entró en vigor, no tiene prácticamente nada qué ver con la legislación actual, y tampoco se menciona alguna cuestión relacionada con los accionistas, asociantes, directores generales, gerentes o administradores únicos.

Ahora bien, el Código Fiscal de la Federación publicado el 31 de diciembre de **1981**, establecía en el artículo 26, lo siguiente:

> Artículo 26.- Son responsables solidarios con los contribuyentes:
>
> I. Los retenedores y las personas a quienes las leyes impongan la obligación de recaudar contribuciones a cargo de los contribuyentes, hasta por el monto de dichas contribuciones.
> II. Las personas que estén obligadas a efectuar pagos provisionales por cuenta del contribuyente, hasta por el monto de estos pagos.

> III. Los liquidadores y síndicos por las contribuciones que debieron pagar a cargo de la sociedad en liquidación o quiebra, así como de aquéllas que se causaron durante su gestión.
> IV. Los adquirentes de negociaciones, respecto de las contribuciones que se hubieran causado en relación con las actividades realizadas en la negociación, cuando pertenecía a otra persona, sin que la responsabilidad exceda del valor de la misma.
> V. Los representantes, sea cual fuere el nombre con que se les designe, de personas no residentes en el país, con cuya intervención éstas efectúen actividades por las que deban pagarse contribuciones, hasta por el monto de dichas contribuciones.
> VI. Quienes ejerzan la patria potestad o la tutela, por las contribuciones a cargo de su representado.
> VII. Los legatarios y los donatarios a título particular respecto de las obligaciones fiscales que se hubieran causado en relación con los bienes legados o donados, hasta por el monto de éstos.
> VIII. Quienes manifiesten su voluntad de asumir responsabilidad solidaria.
> IX. Los terceros que para garantizar el interés fiscal constituyan depósito, prenda o hipoteca o permitan el secuestro de bienes, hasta por el valor de los dados en garantía, sin que en ningún caso su responsabilidad exceda del monto del interés garantizado.
> Los responsables solidarios también lo son por los recargos.

Tal y como podemos observar, en esta reforma tampoco se decía nada aún en relación a la responsabilidad "solidaria" de accionistas, socios, administradores únicos, gerentes y directores generales.

Posteriormente, fue hasta el 2000 cuando se empezaron a regular los supuestos de responsabilidad solidaria, en relación a las personas físicas indicadas en el párrafo anterior.

A continuación, transcribiremos el numeral 26 del Código Tributario Federal, con reformas hasta el 2021, en la parte que nos interesa, a saber:

> Artículo 26.- Son responsables solidarios con los contribuyentes:
> ...
> (REFORMADA, D.O.F. 9 DE DICIEMBRE DE 2019)

III. Los liquidadores y síndicos por las contribuciones que debieron pagar a cargo de la sociedad en liquidación o quiebra, así como de aquellas que se causaron durante su gestión.

La persona o personas cualquiera que sea el nombre con que se les designe, que tengan conferida la **dirección general, la gerencia general, o la administración única de las personas morales**, serán responsables solidarios por las contribuciones causadas o no retenidas por dichas personas morales durante su gestión, así como por las que debieron pagarse o enterarse durante la misma, **en la parte del interés fiscal que no alcance a ser garantizada con los bienes de la persona moral que dirigen**, cuando dicha persona moral incurra en cualquiera de los supuestos a que se refieren los incisos a), b), c), d), e), f), g), h) e i) de la fracción X de este artículo.

...

(REFORMADO ESTE PÁRRAFO [N. DE E. CON SUS INCISOS], D.O.F. 9 DE DICIEMBRE DE 2019).

X. Los socios o accionistas, respecto de las contribuciones que se hubieran causado en relación con las actividades realizadas por la sociedad cuando tenía tal calidad, **en la parte del interés fiscal que no alcance a ser garantizada con los bienes de la misma**, sin que la responsabilidad exceda de la participación que tenía en el capital social de la sociedad durante el período o a la fecha de que se trate, cuando dicha persona moral incurra en cualquiera de los siguientes supuestos:

a) No solicite su inscripción en el Registro Federal de Contribuyentes.

b) Cambie su domicilio sin presentar el aviso correspondiente en los términos del Reglamento de este Código, siempre que dicho cambio se efectúe después de que se le hubiera notificado el inicio del ejercicio de las facultades de comprobación previstas en este Código y antes de que se haya notificado la resolución que se dicte con motivo de dicho ejercicio, o cuando el cambio se realice después de que se le hubiera notificado un crédito fiscal y antes de que éste se haya cubierto o hubiera quedado sin efectos.

c) No lleve contabilidad, la oculte o la destruya.

d) Desocupe el local donde tenga su domicilio fiscal, sin presentar el aviso de cambio de domicilio en los términos del Reglamento de este Código.

e) No se localice en el domicilio fiscal registrado ante el Registro Federal de Contribuyentes.

f) Omita enterar a las autoridades fiscales, dentro del plazo que las leyes establezcan, las cantidades que por concepto de contribuciones hubiere retenido o recaudado.
g) Se encuentre en el listado a que se refiere el artículo 69-B, cuarto párrafo de este Código, por haberse ubicado en definitiva en el supuesto de presunción de haber emitido comprobantes que amparan operaciones inexistentes a que se refiere dicho artículo.
h) Se encuentre en el supuesto a que se refiere el artículo 69-B, octavo párrafo de este Código, por no haber acreditado la efectiva adquisición de los bienes o recepción de los servicios, ni corregido su situación fiscal, cuando en un ejercicio fiscal dicha persona moral haya recibido comprobantes fiscales de uno o varios contribuyentes que se encuentren en el supuesto a que se refiere el cuarto párrafo del artículo 69-B del este código, por un monto superior a $7'804,230.00.
(REFORMADO, D.O.F. 8 DE DICIEMBRE DE 2020)
i) Se encuentre en el listado a que se refiere el artículo 69-B Bis, noveno párrafo de este Código, por haberse ubicado en definitiva en el supuesto de presunción de haber transmitido indebidamente pérdidas fiscales a que se refiere dicho artículo. Cuando la transmisión indebida de pérdidas fiscales sea consecuencia del supuesto a que se refiere la fracción III del mencionado artículo, también se considerarán responsables solidarios los socios o accionistas de la sociedad que adquirió y disminuyó indebidamente las pérdidas fiscales, siempre que con motivo de la reestructuración, escisión o fusión de sociedades, o bien, de cambio de socios o accionistas, la sociedad deje de formar parte del grupo al que perteneció.
(REFORMADO, D.O.F. 9 DE DICIEMBRE DE 2013)
La responsabilidad solidaria a que se refiere el párrafo anterior se calculará multiplicando el porcentaje de participación que haya tenido el socio o accionista en el capital social suscrito al momento de la causación, por la contribución omitida, **en la parte que no se logre cubrir con los bienes de la empresa**.
(REFORMADO, D.O.F. 9 DE DICIEMBRE DE 2013)
La responsabilidad a que se refiere esta fracción únicamente será aplicable a los socios o accionistas que tengan o hayan tenido el control efectivo de la sociedad, respecto de las contribuciones que se hubieran causado en relación con las actividades realizadas por la sociedad cuando tenían tal calidad.

> (REFORMADO [N. DE E. CON SUS INCISOS],
> D.O.F. 9 DE DICIEMBRE DE 2013)
> Se entenderá por control efectivo la capacidad de una persona o grupo de personas, de llevar a cabo cualquiera de los actos siguientes:
> a) Imponer decisiones en las asambleas generales de accionistas, de socios u órganos equivalentes, o nombrar o destituir a la mayoría de los consejeros, administradores o sus equivalentes, de una persona moral.
> b) Mantener la titularidad de derechos que permitan ejercer el voto respecto de más del cincuenta por ciento del capital social de una persona moral.
> c) Dirigir la administración, la estrategia o las principales políticas de una persona moral, ya sea a través de la propiedad de valores, por contrato o de cualquier otra forma.
> ...
> (REFORMADO, D.O.F. 28 DE DICIEMBRE DE 1989)
> La responsabilidad solidaria comprenderá los accesorios, con excepción de las multas. Lo dispuesto en este párrafo no impide que los responsables solidarios puedan ser sancionados por actos u omisiones propios.[1]

Ahora bien, a partir de 2020, se adicionaron las causales previstas del inciso e) al i), de la fracción X del multicitado artículo 26 del Código Fiscal de la Federación.

Derivado de lo anterior, y de conformidad con dicha propuesta hoy en día los socios, accionistas y asociantes; así como las personas que tengan conferida la dirección general, la gerencia general, o la administración única de personas morales, además de responder respecto de la responsabilidad "solidaria" por aquellas contribuciones que se hubieren causado en relación con las actividades realizadas por la sociedad cuando tenía tal calidad, de igual manera responderán de manera solidaria (mejor dicho subsidiaria) por actos, tales como, no solicitar su inscripción en el Registro Federal de Contribuyentes, cambiar su domicilio sin presentar el aviso correspondiente, no llevar contabilidad, la oculten o destruyan, desocupar el local donde tenga su domicilio fiscal, no se localice en el domicilio fiscal, omita enterar a las autoridades fiscales las contribu-

[1] Las negritas son nuestras.

ciones que hubiere retenido o recaudado, se encuentre en el listado definitivo al que se refiere el artículo 69-B, se encuentre en el supuesto a que se refiere el artículo 69-B octavo párrafo del CFF, así como se encuentre en el listado definitivo del artículo 69-B Bis, octavo párrafo del Código por transmitir indebidamente pérdidas fiscales.

CLASIFICACIÓN DE LOS SUJETOS PASIVOS

La doctrina habla de distintas clases de sujetos pasivos del tributo, para tal efecto, el autor Raúl Rodríguez Lobato, hace la siguiente clasificación, a saber:

> Hemos visto ya que el contribuyente de derecho puede ser deudor o responsable directo, o bien deudor responsable indirecto, de donde se sigue que no todos adquieren la responsabilidad de la misma manera, es decir, la responsabilidad del sujeto pasivo puede provenir de distintos conceptos; puede ser que el sujeto pasivo haya dado origen directamente al crédito fiscal o en concurrencia con otras personas, o que haya sustituido al deudor original, ya sea de manera voluntaria o por imperio de la ley. La responsabilidad también puede provenir del incumplimiento de una obligación que la ley impone, o bien ser consecuencia de la adquisición de un objeto que se encuentra afecto objetivamente, al pago de un gravamen no cubierto por el deudor original, o bien porque así disponga la ley por el control que supone su posición en relación con el deudor directo. Tomando en cuenta la mayoría de las situaciones mencionadas, Pugliese ha elaborado la siguiente clasificación:
>
> *1. Sujetos pasivos por deuda propia con responsabilidad directa.* Es el caso del deudor directo del tributo o su causahabiente *mortis causa* o *inter vivos*, es decir, herederos legatarios o donatarios a título universal, y si se trata de personas morales, la que subsiste o se crea por fusión o por escisión.
>
> *2. Sujetos pasivos por deuda de carácter mixto (propia y ajena) con responsabilidad directa.* Es el caso de las personas que, conforme a la ley, pueden disponer libremente no sólo de sus bienes, sino también de terceros; por lo tanto, la ley designa como responsable directo a quien tiene esa

facultad, aunque el hecho generador lo haya realizado el tercero, pues por la disponibilidad de los bienes podrá cubrir el adeudo total (en algunas legislaciones el ejemplo ha sido el jefe de la familia respecto de los bienes de los integrantes de la misma, pero en México no existe esa situación).

3. Sujetos pasivos, en parte por deuda propia y en parte por deuda ajena, con responsabilidad parcialmente directa y parcialmente solidaria. Es el caso de copropietarios y coherederos, ya que de cada uno se puede exigir el total del adeudo y no sólo la parte que le corresponde. Desde luego, se respeta su derecho a repetir contra los demás responsables.

4. Sujetos pasivos por deuda ajena con responsabilidad sustituta. Es el caso de los sustitutos legales del deudor directo, ya sea voluntarios o por ministerio de ley, a quienes se respeta su derecho a repetir contra el deudor directo; en el primer caso el sustituto legal manifestó expresamente su voluntad de serlo (equivale a un avalista o fiador) y en el segundo caso la ley prevé la sustitución, como en el caso del ejercicio de la patria potestad respecto de menores.

5. Sujetos pasivos por deuda ajena con responsabilidad solidaria. Es el caso de personas a quienes la ley tributaria impone ciertas obligaciones de carácter formal cuyo incumplimiento trae como consecuencia un perjuicio al fisco; por lo tanto, se establece como una sanción por este incumplimiento o cumplimiento deficiente, por ejemplo, el notario que por el acto que ante él se otorga no recauda el tributo causado, o lo hace incorrectamente, en aquellos casos en que la ley fiscal le impone la obligación de efectuar esa recaudación.

6. Sujetos pasivos por deuda ajena con responsabilidad objetiva. Es el caso de las personas que adquieren bienes afectos al pago de un tributo que no fue satisfecho en su oportunidad y respecto del cual el bien constituye la garantía objetiva; por ejemplo, la adquisición de un inmueble con adeudos pendientes por concepto de impuesto predial o territorial.

A la clasificación de Pugliese antes comentada, agregamos una categoría más que existe en el derecho fiscal mexicano.

> *7. Sujeto pasivo por deuda ajena con responsabilidad subsidiaria.* Es el caso de directivos de sociedades por las contribuciones causadas o no retenidas por dichas sociedades durante su gestión, así como por las que debieron pagarse o enterarse durante la misma, y también es el que se hubieran causado en relación las actividades realizadas por la sociedad cuando tenían tal calidad, en ambos casos, en la parte del interés fiscal que no alcance a ser garantizada con los bienes de la propia sociedad.[2]

Para efectos del presente artículo, la categoría que nos interesa es la indicada por Pugliese: Sujeto pasivo por deuda ajena con responsabilidad subsidiaria, y efectivamente es la que regula nuestro Código Fiscal de la Federación, a pesar de que incorrectamente la denomine "solidaria".

RESPONSABILIDAD SOLIDARIA O SUBSIDIARIA

La siguiente cita específica con claridad la responsabilidad solidaria, así como la subsidiaria:

> Es muy probable que en algún momento, hayamos oído hablar sobre dos tipos de responsabilidades legales: **solidaria y subsidiaria**. Ambos términos tienen una relación directa con la responsabilidad que tienen las partes de un acuerdo para pagar la deuda, ya que sirven para identificar a quién tiene que hacer frente a la obligación de pago.
>
> Ahora bien, al ser dos términos con nombres muy parecidos y características muy concretas, e**s común confundirlos o no saber con precisión el significado de cada uno de ellos**. Por este motivo, veremos en qué consiste cada una de las responsabilidades, cuál es su diferencia principal y si se pueden dar ambas a la vez.
>
> Responsabilidad subsidiaria
>
> Cuando hablamos de responsabilidad subsidiaria, nos referimos a que una vez llegado el vencimiento de la obligación de pago, **en caso de que**

---

2 RODRÍGUEZ LOBATO, R. *Derecho Fiscal*, 3ª ed. México: Oxford, 2014, pp. 148-150.

el deudor principal no pueda o no haya abonado la deuda, se podrá exigir el pago correspondiente a los responsables subsidiarios que se hayan establecido en el contrato.

Este tipo de responsabilidad **solo se llevará a cabo si se puede demostrar que el deudor principal no ha cumplido con su obligación de pago**, es decir, únicamente cuando se le haya intentado cobrar la deuda y no se haya podido efectuar la operación.

Los deudores subsidiarios solo tienen la obligación de responder al pago en caso de que el principal no lo haga, por lo que no se puede acudir directamente a los deudores subsidiarios en primer lugar.

Responsabilidad solidaria

La responsabilidad solidaria hace referencia a los casos en que al existir una deuda, **todos los deudores tienen la obligación común de hacerse cargo del pago**. La deuda se puede dirigir a cualquiera de los deudores, sin ningún tipo de distinción entre ellos, por lo que no hay que declarar el fallo de pago por parte del deudor principal para exigir la obligación a otro de los deudores. También, es importante puntualizar que **se puede exigir la totalidad de la cuantía a cualquiera de los deudores**, sin distinguir entre principal y solidario.

Este tipo de responsabilidad presenta una gran ventaja para el acreedor en la deuda, ya que tiene todo el derecho a reclamar el pago a cualquiera de los responsables solidarios, lo cual aumenta considerablemente la probabilidad de cobrar la deuda. Eso sí, una vez la deuda haya sido saldada por alguno de ellos, no podrá solicitar su pago a otro de los responsables, es decir, la totalidad de la deuda solo puede ser saldada una vez.[3]

---

3 SOFTWARE DELSOL. "Diferencia entre responsabilidad solidaria y subsidiaria", disponible en https://www.sdelsol.com/blog/tendencias/diferencia-responsabilidad-solidaria-subsidiaria/

Ahora bien, llevada esta distinción a la materia fiscal, **claramente podemos concluir que en la especie estamos en presencia de una responsabilidad subsidiaria y no solidaria.**

Ya que única y exclusivamente el fisco podrá cobrar a los responsables objeto de nuestro estudio: socios, accionistas, administradores únicos, directores y gerentes generales, cuando los bienes de la sociedad sean insuficientes para cubrir el adeudo.

Esto es, resulta contundente la prelación establecida en nuestra legislación, a propósito de esta cuestión, tal y como se corrobora con lo que menciona el segundo párrafo de la fracción III del artículo 26 y la fracción X del Código Fiscal de la Federación, cuando señala (esta última) que serán responsables solidarios los socios o accionistas, respecto de las contribuciones que se hubieran causado en relación con las actividades realizadas por la sociedad -únicamente por los periodos en que tuvieron la calidad de socios o accionistas-, **en la parte del interés fiscal que no alcance a ser cubierto con los bienes de la sociedad**.

Ello, tomando en cuenta que la responsabilidad no podrá exceder de la participación que tenía el socio o accionista en el capital social de la empresa, durante el periodo en que éste haya tenido este carácter en la sociedad.

Asimismo, se corrobora lo anterior, con lo que menciona la siguiente tesis del entonces Tribunal Federal de Justicia Fiscal y Administrativa.

> ***VII-P-1aS-1400***
>
> ***RESPONSABILIDAD SOLIDARIA. LOS ASOCIANTES RESPECTO DE LAS ACTIVIDADES DE UNA ASOCIACIÓN EN PARTICIPACIÓN. CONDICIONES PARA QUE SE ACTUALICE.-*** *La fracción XVII del artículo 26 del Código Fiscal de la Federación dispone que existe* ***responsabilidad solidaria*** *de los asociantes, respecto de las contribuciones que se hubieran causado en relación con las actividades realizadas mediante la asociación en participación, cuando tenían tal calidad,* ***en la parte del interés fiscal que no alcance a ser garantizada por los bienes de la misma****, siempre que la asociación en participación incurra en cualquiera de los supuestos a que se refieren los incisos a), b), c) y d) de la fracción III de ese artículo, sin que la* ***responsabilidad*** *exceda de la aportación hecha a la asociación en participación durante el periodo o la fecha de que se trate. Es decir, conforme a dicha norma, la autoridad fiscal no puede determinar la* ***responsabilidad***

***solidaria** de los asociantes, a menos que se reúnan ciertas condiciones. La primera de ellas se actualiza cuando la asociación en participación incurre en alguna de las irregularidades siguientes: a) No solicite su inscripción en el Registro Federal de Contribuyentes; b) Cambie su domicilio sin presentar el aviso correspondiente en los términos del Reglamento del Código, siempre que dicho cambio se efectúe después de que se le hubiera notificado el inicio del ejercicio de las facultades de comprobación previstas en el Código y antes de que se haya notificado la resolución que se dicte con motivo de dicho ejercicio, o cuando el cambio se realice después de que se le hubiera notificado un crédito fiscal y antes de que este se haya cubierto o hubiera quedado sin efectos; c) No lleve contabilidad, la oculte o la destruya y/o d) Desocupe el local donde tenga su domicilio fiscal, sin presentar el aviso de cambio de domicilio en los términos del Reglamento del Código. La segunda condición limita la **responsabilidad solidaria exclusivamente a la parte del interés fiscal que no alcance a ser garantizada por los bienes de dicha asociación**; lo que implica que previo a requerir el cumplimiento de una **responsabilidad solidaria**, la autoridad debe cuantificar el adeudo de la asociación en participación y verificar hasta qué monto se puede garantizar con los bienes de esta, **pues solo por el resto no garantizado podría exigirse a la asociante el cumplimiento de la responsabilidad solidaria**. La tercera condición consiste en limitar la **responsabilidad solidaria** a fin de que no exceda la aportación hecha a la asociación en participación durante el periodo o la fecha de que se trate; para ello, se requiere que la autoridad previamente verifique cuál es dicho monto. En este sentido, no basta tener la calidad de asociante de una asociación en participación para que de forma automática surja su obligación solidaria en relación con las contribuciones causadas por esta última, ya que la autoridad fiscal tendrá que verificar que se actualicen cada una de las condiciones aludidas, a fin de determinar en su caso la existencia de dicha **responsabilidad**, así como el monto al que asciende.*

Juicio Contencioso Administrativo Núm. 18372/15-17-13-7/643/16-S1-04-04.- Resuelto por la Primera Sección de la Sala Superior del Tribunal Federal de Justicia Fiscal y Administrativa, en sesión de 14 de junio de 2016, por unanimidad de 5 votos a favor.- Magistrado Ponente: Rafael Anzures Uribe.- Secretaria: Lic. Ana María Reyna Ángel.
(Tesis aprobada en sesión de 7 de julio de 2016)
R.T.F.J.A. Octava Época. Año I. No. 1. Agosto 2016. p. 189.

Tal y como ya lo hemos mencionado, podemos concluir de manera contundente que en nuestra legislación fiscal, lo que se prevé es una **responsabilidad subsidiaria**, no obstante la ley la denomine responsabilidad solidaria, de manera equivocada.

De ahí la importancia de cuidar la situación fiscal de la empresa y sobre todo, en caso de que exista un adeudo firme, estar al pendiente de no actualizar alguno de los supuestos de responsabilidad subsidiaria, so pena de que se rompa el velo corporativo, y la deuda pueda alcanzar el patrimonio personal de las personas físicas multicitadas.

Asimismo, resulta trascendente tener cuidado con la parte corporativa de las empresas, y nombrar un Consejo de Administración en lugar de un Administrador Único, por la responsabilidad que puede tener este último, en su caso.

REGULACIÓN ACTUAL

Ahora bien, hemos mencionado que la legislación fiscal en materia de responsabilidad solidaria, ha ido cambiando y ampliando los supuestos a lo largo de los últimos años.

El último año en el que hubo unas modificaciones relevantes respecto de este tema, fue en 2020, en el que se aumentaron los supuestos regulados del inciso e) al i), de la fracción X del Código Fiscal de la Federación, que han quedado debidamente transcritos, aumentando las posibilidades de actualizar la hipótesis normativa de la responsabilidad subsidiaria.

Ahora bien, en el proceso legislativo la diputada Martha Elisa González Estrada[4] comentó lo siguiente, a saber:

> En ese sentido, no obstante ya era excesiva e ilegal la responsabilidad solidaria para los socios, accionistas y asociantes; así como para las personas que tengan conferida la dirección general, la gerencia general, o la administración única de personas morales, ahora con la propuesta de

[4] Dictamen de discusión de la Comisión de Hacienda y Crédito Público, con proyecto de decreto por el que se reforman, adicionan y derogan diversas disposiciones de la Ley del Impuesto sobre la Renta, de la Ley del Impuesto al Valor Agregado, de la Ley del Impuesto Especial sobre Producción y Servicios, y del Código Fiscal de la Federación, de fecha 16 de octubre de 2019, p. 191.

> la Comisión Disciplinaria, con la intención de limitar los casos, aumentan de manera desproporcionada, excesiva y desmesurada los supuestos a través de los cuales las personas anteriormente mencionadas pueden actualizar la hipótesis normativa y por ende, responder de manera solidaria con todo su patrimonio, hasta que se amortice de manera definitiva el crédito fiscal determinado.
>
> Si ya de por sí el propio artículo 69-B del Código Fiscal de la Federación resulta subjetivo en cuanto a que es la propia autoridad la que, actuando como juez y parte determina bajo su criterio si en realidad se llevaron o no a cabo las operaciones manifestadas por los contribuyentes en sus declaraciones, dejándole al contribuyente la carga de demostrar el modo, tiempo y lugar en que las mismas se realizaron, siendo que de no hacerlo se concluye que las mismas no tuvieron efecto fiscal alguno.

Estamos totalmente de acuerdo con lo que señala la diputada González Estrada, ya que la regulación del actual 69-B del Código Fiscal de la Federación que establece el procedimiento de "operaciones inexistentes" resulta violatorio de derechos humanos para los supuestos EDO'S (Empresas que deducen operaciones simuladas) por diversas razones, que no son objeto del presente análisis. Y no obstante lo anterior, tenemos que además de los castigos establecidos en nuestra legislación para las operaciones inexistentes: rechazo de deducción para efectos de Impuesto Sobre la Renta; rechazo de acreditamiento del Impuesto al Valor Agregado; delito de defraudación fiscal; delincuencia organizada; también se puede detonar un supuesto de **responsabilidad subsidiaria**, *v.gr.* para un Gerente General, que probablemente no intervino en la decisión de operar con un proveedor determinado y considerado por la autoridad hacendaria como Empresa que Factura Operaciones Simuladas (EFO), respondiendo con todo su patrimonio, siempre que no alcance la empresa a cubrir el adeudo fiscal con sus propios bienes y/o recursos.

Al respecto, en todo caso, en el supuesto sin conceder de que la reforma sea acorde a las prerrogativas constreñidas en nuestra legislación, el titular del Poder Ejecutivo, debió de establecer que las personas que tengan conferidos los cargos de liquidadores, socios, accionistas y asociantes; así como los sujetos que tengan conferida la dirección general, la gerencia general, o la administración única de personas morales, que se compruebe que hayan participado o ejercido facultades de control a efecto de que la persona moral a través de la cual actúan haya expedido, enajenado, comprado o adquirido comprobantes fiscales digitales que amparan operaciones inexistentes, falsas o actos jurídicos simulados a fin de evadir impuestos, se les imputará una responsabilidad solidaria (o mejor dicho subsidiaria) con el objeto de cubrir el importe total del crédito fiscal determinado a la referida persona moral.

Esto es, las autoridades tienen el deber ineludible de fundar y motivar adecuada y suficientemente la causa de la responsabilidad subsidiaria, que en su caso determinen en contra de las personas físicas señaladas en el párrafo anterior.

Por otro lado, apuntó la diputada:

> Además, no existe un orden de prelación para la aplicación de la responsabilidad solidaria, generando con esto una total inseguridad jurídica respecto a la aplicación de dicho procedimiento.[5]

No obstante lo anterior, a través de una votación económica, los diputados en sesión resolvieron desechar las reservas de la diputada Martha Elisa González Estrada.

Resulta importante aclarar que el fisco no puede ir directamente contra los responsables denominados solidarios, ya que en primer término, son subsidiarios; y además debe mediar primero una facultad de comprobación a la empresa, posteriormente una determinación de un crédito fiscal, que dicho adeudo quede firme (ya sea porque no se impugnó, o bien, se combatió y se perdió en última instancia), que se actualice alguno de los nueve supuestos previstos en ley; que además la autoridad fiscal emita una nueva determinación de responsabilidad solidaria debidamente fundada y motivada, y esperar a que dicho responsable subsidiario se defienda mediante recurso de revocación y/o juicio contencioso administrativo federal y eventualmente, mediante juicio de amparo directo, en el que podrá combatir tanto la resolución determinante en contra de la empresa, como la que determina su responsabilidad "solidaria".

---

[5] *Ídem.*

Lo mencionado en el párrafo precedente, se corrobora con la siguiente tesis de jurisprudencia de nuestro más Alto Tribunal, que a la letra dispone:

Época: Novena Época
Registro: 171595
Instancia: Segunda Sala
Tipo de Tesis: Jurisprudencia
Fuente: Semanario Judicial de la Federación y su Gaceta
Tomo XXVI, Agosto de 2007
Materia(s): Administrativa
Tesis: 2a./J. 139/2007
Página: 620

SOCIO O ACCIONISTA RESPONSABLE SOLIDARIO DEL CRÉDITO FISCAL DERIVADO DE LA FALTA DE AVISO DE CAMBIO DE DOMICILIO DE LA SOCIEDAD CONTRIBUYENTE. DEBE OTORGÁRSELE GARANTÍA DE AUDIENCIA PARA QUE ALEGUE LO QUE A SU INTERÉS CONVENGA, TANTO DE LA DETERMINACIÓN DE SU RESPONSABILIDAD COMO DEL PROCEDIMIENTO QUE CULMINÓ CON LA FIJACIÓN DEL REFERIDO CRÉDITO.

El socio o accionista se constituye en responsable solidario del crédito fiscal determinado a la sociedad contribuyente que incumplió con su obligación de dar aviso del cambio de domicilio en términos del Reglamento del Código Fiscal de la Federación, en tanto que esa determinación lo vincula directamente con la fijación del crédito fiscal y lo obliga a contribuir al pago con su patrimonio en la proporción con la que participó en el capital social en la época en que se actualizó el hecho que motivó el crédito; por tanto, debe otorgársele la garantía de audiencia para que pruebe y alegue lo que a su interés convenga, no sólo respecto de los hechos u omisiones que se consideraron para determinar su responsabilidad solidaria, sino también respecto de aquellos que dieron lugar a la determinación del crédito fiscal.

Contradicción de tesis 6/2007-SS. Entre las sustentadas por los Tribunales Colegiados Primero del Octavo Circuito y Primero en Materias Administra-

tiva y Civil del Décimo Noveno Circuito. 8 de agosto de 2007. Cinco votos. Ponente: Mariano Azuela Güitrón. Secretaria: Oliva Escudero Contreras.

Tesis de jurisprudencia 139/2007. Aprobada por la Segunda Sala de este Alto Tribunal, en sesión privada del ocho de agosto de dos mil siete.

Asimismo, en el supuesto de que en un caso se actualice de manera simultánea la responsabilidad subsidiaria de dos personas físicas, v.gr. de un accionista y del Gerente General, deberá la autoridad fiscal fundar y motivar correctamente las razones por las cuales le finca el crédito fiscal como responsable "solidario" a los dos y los montos que deberá pagar cada uno, o bien, razonar porqué solamente le determinó la responsabilidad subsidiaria a alguno de los dos. De ahí la importancia, de regular en ley, la prelación en este tipo de supuestos, respetando en todo momento el principio *pro homine*.

Por último, cabe señalar que el plazo con el que cuenta la autoridad fiscal para determinar una responsabilidad solidaria, es de 5 años a partir de que la garantía del interés fiscal resulta insuficiente; tal y como lo menciono en el libro de mi autoría[6]:

> Igualmente el plazo de caducidad será de 5 años respecto de liquidadores o síndicos, de Directores, Gerentes o Administradores, de socios o accionistas y de los asociantes en Asociación en Participación, a partir de que la garantía del interés fiscal resulte insuficiente.
>
> Respecto a lo anterior, es importante mencionar que la responsabilidad solidaria de los socios o accionistas, únicamente comprende la cantidad que se hubiere causado en relación con las actividades realizadas por la sociedad cuando aquellos tuvieren esa calidad, en la parte del interés fiscal que no alcance a ser garantizada con los bienes de la misma y además, limitado a la participación que cada socio o accionista tenía en el capital social durante el periodo o fecha de que se trate.

---

6 AGUILAR CERVANTES, J. A. *Derecho Procesal Fiscal*, 2ª ed. México: Universidad Panamericana y Tirant Lo Blanch, 2021, p. 57.

CONCLUSIONES

1. La primera ocasión en que se reguló la figura jurídica del responsable solidario en nuestra legislación, data del 31 de diciembre de 1938.

2. Fue hasta el 2000, cuando aparecieron por primera ocasión como responsables solidarios los socios y accionistas, y a partir de 2020 se aumentaron nuevos supuestos.

3. Hay una clara diferencia entre la responsabilidad solidaria y subsidiaria. En nuestra legislación vigente, se encuentra regulada una responsabilidad subsidiaria, toda vez que el fisco puede tratar de cobrar a los "responsables solidarios " el crédito fiscal firme, siempre y cuando determine la causa de dicha responsabilidad, siempre y cuando los bienes de la empresa sean insuficientes para pagar el adeudo tributario.

4. Parece ser que se respetan más los derechos humanos del accionista, que del administrador único, gerente y director general. Lo anterior es así, ya que el accionista tiene un límite para responder como responsable subsidiario, y se calcula multiplicando el porcentaje de participación que tenía en el capital social suscrito al momento de la causación, por la contribución omitida, en la parte que no se logre cubrir con los bienes de la empresa; mientras que para el administrador único, gerente o director general, no hay un límite, ni prelación de cobro, vulnerando claramente sus derechos humanos.

5. Nos parece que algunos de los nuevos supuestos establecidos en el Código Fiscal de la Federación a partir de 2020, vulneran derechos humanos, al dejar en estado de indefensión e inseguridad jurídica a los responsables "solidarios". Sin embargo, esto atiende al afán recaudatorio de esta medida y al propósito del Estado de elevar la percepción de riesgo en los contribuyentes; en mayor medida, en los dueños de las empresas.

6. El plazo con el que cuenta la autoridad hacendaria para determinar un crédito fiscal a los responsables subsidiarios, so pena de actualizar la figura jurídica de caducidad, es de 5 años contados a partir de que la garantía del interés fiscal resulte insuficiente, y claro está, deberá fundar y motivar debidamente la causal de responsabilidad subsidiaria, que se actualice en el caso concreto.

7. La regulación actual y la falta de entendimiento en su aplicación, ha provocado muchos errores por parte de la autoridad hacendaria en las determinaciones de las responsabilidades solidarias, mismas que pueden ser aprovechadas por los contribuyentes mediante la interposición adecuada de los medios ordinarios de defensa (Recurso de Revocación y/o Juicio Contencioso Administrativo Federal) y eventualmente a través del juicio de amparo directo, haciendo valer incluso, la inconstitucionalidad del numeral estudiado en el presente artículo.

BIBLIOGRAFÍA

Legislación

Código Fiscal de la Federación 1938.

Código Fiscal de la Federación 1981.

Código Fiscal de la Federación 2021.

Jurisprudencia

Tesis aprobada en sesión de 7 de julio de 2016). R.T.F.J.A. Octava Época. Año I. No. 1. Agosto 2016. p. 189.

Tesis: 2a./J. 139/2007, Semanario Judicial de la Federación y su Gaceta, Novena Época, t. XXVI, agosto de 2007, p. 620, registro: 171595.

Dictamen de discusión de la Comisión de Hacienda y Crédito Público, con proyecto de decreto por el que se reforman, adicionan y derogan diversas disposiciones de la Ley del Impuesto sobre la Renta, de la Ley del Impuesto al Valor Agregado, de la Ley del Impuesto Especial sobre Producción y Servicios, y del Código Fiscal de la Federación, de fecha 16 de octubre de 2019.

Libros

Aguilar Cervantes, Juan Antonio. *Derecho Procesal Fiscal,* 2ª ed. México: Tirant Lo Blanch-Universidad Panamericana, 2021.

Rodríguez Lobato, Raúl. *Derecho Fiscal,* 3ª ed. México: Oxford, 2014.

Recursos electrónicos

https://www.sdelsol.com/blog/tendencias/diferencia-responsabilidad-solidaria-subsidiaria/

~

LA FECHA CIERTA EN MATERIA FISCAL

Mauricio Ambrosi Herrera
Universidad Panamericana

Pablo Fernández de Cevallos y Torres
Universidad Panamericana

INTRODUCCIÓN

El 6 de diciembre de 2019 se publicó en el Semanario Judicial de la Federación la jurisprudencia 161/2019, mediante la cual la Segunda Sala de la Suprema Corte de Justicia de la Nación determinó que la fecha cierta es un requisito exigible respecto de los documentos privados que se presenten ante las autoridades fiscales como motivo del ejercicio de sus facultades de comprobación.

Esta jurisprudencia ha sido duramente criticada por llegar al extremo de exigir que todo documento que se presente a las autoridades fiscales debe de cumplir con el requisito de fecha cierta en términos de la legislación civil, el cual en esencia se cumple, cuando dicho documento ha sido certificado por fedatario público.

Dicha jurisprudencia debe ser interpretada en el sentido de que en aquellos casos en los que un documento privado carezca de fecha cierta conforme a las reglas civiles o mercantiles aplicables al efecto, este mantendrá un carácter meramente de indicio, pero se podrá acreditar la veracidad de acto jurídico mediante la apreciación conjunta de las pruebas que resulten idóneas para tal fin, con lo cual se logra alinear el propósito de la jurisprudencia, con el principio de consensualismo y las reglas de valor probatorio de los documentos privados, así como con el principio ontológico de la carga de las pruebas.

LA PROBLEMÁTICA DEL CONSENSUALISMO Y EL CONCEPTO DE FECHA CIERTA COMO REQUISITO DE OPONIBILIDAD DE LOS DOCUMENTOS PRIVADOS

La forma, en tanto requisito de validez de un contrato, es el signo o conjunto de signos por los cuales se hace constar o se exterioriza la voluntad de los agentes de un acto jurídico y de un contrato.[1]

Por virtud del principio de consensualismo, previsto en el artículo 1796 del Código Civil Federal y sus correlativos para las Entidades Federativas, los contratos se perfeccionan a partir de su celebración por el mero consentimiento de las partes, excepto aquellos que deben revestir una forma establecida por la ley.

Este sistema consensual ha sido criticado por la falta de certeza jurídica que genera, pues contrario a la buena fe y obrando ilícitamente, una persona puede antedatar la fecha de celebración de un acto jurídico en perjuicio de terceros.

En un instrumento público, la fecha debe reputarse verdadera en tanto no haya objeción de falsedad, mientras que la escritura privada, al ser obra de las partes, estas pueden ponerse de acuerdo para antedatar o estampar una fecha posterior a la verdadera, y por lo mismo no puede hacer igualmente fe.[2]

Derivado de esta situación, tanto la doctrina como la legislación y la jurisprudencia, han establecido como requisito de oponibilidad, la fecha cierta. Cabe destacar que se trata de un requisito adjetivo –y no sustantivo–, creado por la necesidad de dar certeza en el tráfico jurídico, y que el mismo no desvirtúa el sistema de oponibilidad natural del supuesto

---

1 PÉREZ FERNÁNDEZ DEL CASTILLO, B. *La forma en los actos jurídicos y en los contratos*. México: Biblioteca Jurídica Virtual del Instituto de Investigaciones Jurídicas de la UNAM, disponible en http://historico.juridicas.unam.mx/publica/librev/rev/dernotmx/cont/73/cnt/cnt4.pdf, p. 72.

2 *Cfr.* LOBO, T. "La fecha cierta de los documentos en relación con su eficacia probatoria", *Revista de Derecho Privado*, nueva época, 2.5 (2003): 192.

jurídico, sino que, por el contrario, lo confirma, al tener por presupuesto el mismo.[3]

El artículo 2034 del Código Civil Federal, establece la fecha cierta como requisito de oponibilidad a propósito de la cesión de créditos, en los siguientes términos:

> Artículo 2034. La cesión de créditos que no sean a la orden o al portador, no produce efectos contra tercero, sino desde que su fecha deba tenerse por cierta, conforme a las reglas siguientes:
>
> I. Si tiene por objeto un crédito que deba inscribirse, desde la fecha de su inscripción, en el Registro Público de la Propiedad;
>
> II. Si se hace en escritura pública, desde la fecha de su otorgamiento;
>
> III. Si se trata de un documento privado, desde el día en que se incorpore o inscriba en un Registro Público; desde la muerte de cualquiera de los que lo firmaren, o desde la fecha en que se entregue a un funcionario público por razón de su oficio.

A propósito de los documentos privados, la fracción III del referido artículo establece las siguientes tres hipótesis de generación de fecha cierta:

> a) Desde el día en que se incorpore o inscriba en un Registro Público.
> b) Desde la muerte de cualquiera de los que firmaron el documento privado.
> c) Desde la fecha en que se entregue a un funcionario público por razón de su oficio.

---

[3] HERNÁNDEZ DE RUBÍN, C. "Sobre la oponibilidad natural y registral de derechos reales y personales, en el derecho civil de la Ciudad de México". En *Homenaje al Doctor Jorge Alfredo Domínguez Martínez por el Colegio de Profesores de Derecho Civil Facultad de Derecho-UNAM*, coordinado por Ángel Gilberto Adame López. México: Colegio de Profesores de Derecho Civil-UNAM, 2016, p. 201.

Si bien dicho artículo se refiere expresamente al concepto de fecha cierta a propósito de la oponibilidad de la cesión de créditos en materia civil, la jurisprudencia del Poder Judicial de la Federación ha tomado sus reglas para determinar la eficacia probatoria de los documentos privados con relación a la fecha de su otorgamiento incluso haciéndola extensiva a la materia mercantil y fiscal.

En derecho comparado, podemos observar que existen diversos sistemas y mecanismos similares al nuestro. Así, por ejemplo, el Código Procesal Civil de la República del Perú, establece una redacción parecida a la mexicana, pero más amplia, al prever otros supuestos de generación de la fecha cierta, tales como, la difusión a través de un medio público de fecha determinada o determinable[4]; concepto que resulta totalmente lógico y acorde a la realidad.

Caso contrario ocurre en el Código Civil de la República Argentina, donde la generación de la fecha cierta se circunscribe únicamente a dos hipótesis: la exhibición del documento privado en juicio y el reconocimiento del documento privado ante fedatario público.[5]

En Estados Unidos de América y varios países de la Unión Europea, se ha abierto camino la idea de conceder mayor peso a la buena fe y a la lealtad tratándose de contratos.[6]

Respecto a la eficacia probatoria de la fecha en un documento privado, cabe distinguir entre las partes y los terceros. Entre las partes, esto es, entre las personas que intervinieron en el acto jurídico consignado en la escritura privada, y por extensión a sus representantes y herederos, la fecha se reputa verdadera mientras no se demuestre su falsedad. Con relación a los terceros, la fecha contenida en el documento privado carece de toda fuerza probatoria, si no es cuando se haya hecho cierta por los modos indicados en la ley, o por otros equivalentes capaces de eliminar la sospecha de una fecha falsa, esto es, anterior o posterior a la verdadera.[7]

---

4 *Cfr.* TORRES VÁSQUEZ, A. *Diccionario de jurisprudencia civil*, 3a ed. Lima: Grijley, 2012, p. 275.

5 LAFFERRIERE, A. *Curso de derecho notarial*, 3a ed. Buenos Aires: Lulu, 2008, p. 53.

6 Tesis I.4o.C.17 C (10a.), *Semanario Judicial de la Federación y su Gaceta*, Décima Época, Libro XIV, noviembre de 2012, Tomo 3, p. 1850.

7 LOGO, op. cit., p. 192.

El artículo 203 del Código Federal de Procedimientos Civiles, establece que el documento privado forma prueba de los hechos mencionados en él, solo en cuanto sean contrarios a los intereses de su autor, cuando la ley no disponga otra cosa. Este artículo también establece que la verdad del contenido de un documento privado debe demostrarse por otras pruebas que se aporten para tal efecto:

> **Artículo 203.** El documento privado forma prueba de los hechos mencionados en él, sólo en cuanto sean contrarios a los intereses de su autor, cuando la ley no disponga otra cosa. El documento proveniente de un tercero sólo prueba en favor de la parte que quiere beneficiarse con él y contra su colitigante, cuando éste no lo objeta. En caso contrario, la verdad de su contenido debe demostrarse por otras pruebas.

El concepto de fecha cierta, por tanto, ha sido creado con el propósito de dirimir el conflicto entre varios adquirentes de un derecho, generando certeza respecto de la fecha de celebración de los actos jurídicos.

¿LA AUTORIDAD FISCAL ES UN TERCERO PARA EFECTOS DE OPONIBILIDAD?

El efecto directo de un documento privado que goce de fecha cierta es la oponibilidad del mismo frente a terceros; de modo que, el documento privado que carezca de fecha cierta será inoponible frente a terceros, en cuyo caso resultará necesario demostrar la veracidad de su contenido mediante las pruebas que resulten idóneas para tal efecto en términos del artículo 203 del Código Federal de Procedimientos Civiles.

La oponibilidad del contrato es la facultad para un contratante de prevalerse de la existencia de ese contrato y de los efectos jurídicos que de él dependen respecto de las personas que no han sido partes en él. Por ejemplo, un adquirente opone su contrato de adquisición a otro adquirente del mismo bien. La inoponibilidad es, a la inversa, la imposibilidad de prevalerse de un contrato válido respecto de aquellos que no han sido partes en él.[8]

---

8 BORJA SORIANO, M. *Teoría General de las Obligaciones*. México: Porrúa, 1995, p. 294.

La Suprema Corte de Justicia de la Nación, estableció desde hace muchos años que un tercero para efectos de oponibilidad de actos jurídicos es quien, a pesar de no haber intervenido en una operación, tiene un derecho que oponer en contra de esta o respecto del objeto del contrato[9]; razón por la cual, las autoridades fiscales no pueden ser consideradas como terceros para efectos de oponibilidad, al no ostentar un derecho incompatible.

La Procuraduría de la Defensa del Contribuyente sostiene que cuando la autoridad fiscal ejerce sus facultades de comprobación, no está actuando como un tercero, sino como una entidad del Estado dotada de pleno imperio y, en consecuencia, si pretende desestimar para efectos fiscales las operaciones contenidas en tales documentos, deberá acudir más bien a lo que constituye lo propio de la labor de auditoría, es decir, verificar los asientos en la contabilidad del contribuyente y rastrear la materialidad de las operaciones o su flujo de efectivo, para lo cual puede valerse, incluso, de otros elementos.[10]

Contrario a lo anterior, mediante la jurisprudencia 161/2019, la cual más adelante se comenta a detalle, la Segunda Sala de la Suprema Corte de Justicia de la Nación determinó que los documentos privados que se presenten a las autoridades fiscales con motivos de sus facultades de comprobación deben contener fecha cierta en términos de la legislación civil, con lo cual se confirmó implícitamente que las autoridades fiscales tienen el carácter de tercero para efectos de oponibilidad.

Con independencia de la confirmación implícita efectuada en la jurisprudencia de referencia y de la innegable falta de certeza que genera el consensualismo, las autoridades fiscales no deben ser consideradas como terceros para efectos de oponibilidad, pues estas se encuentran en un plano de supra a subordinación respecto de los contribuyentes, por lo que no pueden ser titulares de derechos incompatibles con estos, como si se encontraran en un plano de coordinación.

---

9 Tesis sin número, Semanario Judicial de la Federación, Sexta Época, t. LXXVI, p. 57.

10 Criterio 19/2014/CTN/CS-SPDC, Aprobado 8va. Sesión Ordinaria 29 de agosto de 2014.

LA FECHA CIERTA DE LOS DOCUMENTOS ELECTRÓNICOS DE CARÁCTER MERCANTIL Y SU RELACIÓN CON LA CONTABILIDAD PARA EFECTOS FISCALES

El artículo 49 del Código de Comercio establece la obligación a cargo de los comerciantes de conservar por un plazo mínimo de 10 años los documentos en que se consignen contratos, convenios o compromisos que den nacimiento a derechos y obligaciones. El segundo párrafo de dicho artículo señala que la Secretaría de Economía emitirá la Norma Oficial Mexicana que establezca los requisitos que deben observarse para la conservación de mensajes de datos.

El artículo 28 del Código Fiscal de la Federación establece la obligación a cargo de los contribuyentes de llevar contabilidad para efectos fiscales, misma que debe ser conservada durante un plazo de cinco años, contados a partir de la fecha en la que se presentaron o debieron haberse presentado las declaraciones con ella relacionadas, en términos de lo dispuesto por el artículo 30 de dicho ordenamiento. Este plazo genérico de cinco años tiene varias excepciones dependiendo del tipo de documentación o de la naturaleza de determinados actos o hechos jurídicos cuyos efectos fiscales se difieren o prolongan en el tiempo.

A propósito de lo anterior, el artículo 34 del Reglamento del Código Fiscal de la Federación, dispone que los contribuyentes deberán de cumplir con las normas oficiales mexicanas vinculadas con la generación y conservación de documentos electrónicos.

Con lo anterior se confirma que los documentos electrónicos que integran la contabilidad para efectos fiscales del contribuyente, pueden generarse y conservarse de forma electrónica en términos de las disposiciones que resulten aplicables.

La Norma Oficial Mexicana a la que alude el Código de Comercio y el Reglamento del Código Fiscal de la Federación es la NOM-151-SCFI-2016, "Requisitos que Deben Observarse para la Conservación de Mensajes de Datos y Digitalización de Documentos", publicada en el Diario Oficial de la Federación el 30 de marzo de 2017, misma que canceló y sustituyó la NOM-151-SCFI-2002 publicada previamente en el Diario Oficial de la Federación el 4 de junio de 2002.

Para la elaboración de la NOM-151-SCFI-2016 participaron más de 30 instituciones tanto públicas como privadas, con el propósito de establecer los requisitos que deben observarse para la digitalización de documentos y conservación de mensajes de datos cuando estos sean utilizados por los comerciantes en actos de comercio que estén relacionados con sus negocios de conformidad con lo dispuesto por el artículo 49 del Código de Comercio, entre otras disposiciones aplicables.

La NOM-151-SCFI-2016 establece la metodología que deben seguir los comerciantes para realizar lo siguiente en relación con sus negocios[11]:

a) Conservar mensajes de datos.
b) Digitalizar toda o parte de la documentación en soporte físico.

Esta conservación o digitalización se realiza con la intervención de un Prestador de Servicios de Certificación autorizado para tal efecto por la Secretaría de Economía y de conformidad con lo siguiente:

En los casos de la emisión de la constancia de conservación de mensajes de datos se destacan las siguientes características relevantes[12]:

a) Para llevar la emisión de la constancia de conservación de mensajes de datos, la Secretaría de Economía mantendrá a disposición del público en general, un listado de algoritmos criptográficos con sus respectivas fechas de uso.
b) El interesado deberá enviar la solicitud de emisión de constancia de conservación al Prestador de Servicios de Certificación, quien, a su vez, le devolverá la constancia de conservación por el mismo medio.
c) La solicitud de emisión de constancia de conservación debe contener una huella digital electrónica, misma que se obtiene mediante el empleo de alguna de las funciones establecidas al efecto por la Secretaría de Economía.
d) El Prestador de Servicios de Certificación emite la constancia de conservación siguiendo el formato ASN.1 del RFC 3161, mismo que se conforma de uno o más sellos digitales de tiempo.

---

[11] Punto 5.1 de la NOM-151-SCFI-2016.

[12] Apéndice A (Normativo) Constancia conservación de mensajes de datos de la NOM-151-SCFI-2016.

e) Los sellos digitales de tiempo contienen diversos elementos, dentro de los cuales se destaca la fecha y hora de su generación.

En los casos de la digitalización de documentos en soporte físico se destacan las siguientes características relevantes[13]:

a) El proceso de migración de un documento físico a un mensaje de datos será realizado por el Prestador de Servicios de Certificación.
b) El proceso de migración se realizará a través de un procedimiento en que se garantice fielmente la integridad del documento original.
c) El Prestador de Servicios de Certificación será el responsable de cotejar la digitalización de los documentos físicos.
d) El usuario podrá solicitar al Prestador de Servicios de Certificación la emisión de la respectiva constancia de conservación de mensaje de datos obtenida del proceso de digitalización.

De estos procesos de conservación de datos y de digitalización de documentos en soporte físico, se destaca la existencia del sello digital, el cual contiene los elementos técnicos necesarios para garantizar, entre otras cosas, la certeza de la fecha de su emisión

El sello digital de tiempo, por tanto, es un mecanismo informático seguro que permite certificar y demostrar que existió cierta información, derivada de un acontecimiento en un instante muy preciso en el tiempo, logrando el no repudio.[14]

El artículo 89 del Código de Comercio define a los sellos digitales como el registro que prueba que un dato existía antes de la fecha y hora de emisión del citado sello. En concordancia con lo anterior, la NOM-151-SCFI-2016 dispone que el sello digital de tiempo es la evidencia de que el documento existe desde la fecha asentada en dicho sello.

---

[13] Apéndice B (Normativo) Digitalización de documentos en soporte físico, de la NOM-151-SCFI-2016.

[14] BECERRIL SIERRA, I. "El Sello Digital de Tiempo: Optimización de la tecnología aplicada al tiempo", *Revista Digital Universitaria UNAM* 14.7 (2013), disponible en http://www.revista.unam.mx/vol.14/num7/art20/

El sello digital, por tanto, constituye un mecanismo que dota de fecha cierta a los documentos privados de naturaleza mercantil, los cuales pueden tener repercusión en materia fiscal cuando formen parte de la documentación integrante de la contabilidad para efectos fiscales del contribuyente en términos de lo dispuesto por el Código Fiscal de la Federación y su Reglamento; de modo que las autoridades fiscales se encuentran obligadas a aceptar la fecha cierta del documento asentada en el sello digital.

JURISPRUDENCIA 2A./J. 161/2019

Con motivo de la contradicción de tesis 203/2019, la Segunda Sala de la Suprema Corte de Justicia de la Nación, emitió la jurisprudencia 161/2019:

> **DOCUMENTOS PRIVADOS. DEBEN CUMPLIR CON EL REQUISITO DE 'FECHA CIERTA' TRATÁNDOSE DEL EJERCICIO DE LAS FACULTADES DE COMPROBACIÓN, PARA VERIFICAR EL CUMPLIMIENTO DE OBLIGACIONES FISCALES DEL CONTRIBUYENTE.** La connotación jurídica de la "fecha cierta" deriva del derecho civil, con la finalidad de otorgar eficacia probatoria a los documentos privados y evitar actos fraudulentos o dolosos en perjuicio de terceras personas. Así, la "fecha cierta" es un requisito exigible respecto de los documentos privados que se presentan a la autoridad fiscal como consecuencia del ejercicio de sus facultades de comprobación, que los contribuyentes tienen el deber de conservar para demostrar la adquisición de un bien o la realización de un contrato u operación que incida en sus actividades fiscales. Lo anterior, en el entendido de que esos documentos adquieren fecha cierta cuando se inscriban en el Registro Público de la Propiedad, a partir de la fecha en que se presenten ante un fedatario público o a partir de la muerte de cualquiera de los firmantes; sin que obste que la legislación fiscal no lo exija expresamente, pues tal condición emana del valor probatorio que de dichos documentos se pretende lograr.[15]

[15] Tesis 2a./J. 161/2019 (10a.), *Semanario Judicial de la Federación y su Gaceta*, Décima Época, t. I, diciembre de 2019, p.466.

De la jurisprudencia transcrita se desprenden las siguientes consideraciones relevantes respecto de las notas características del alcance del concepto de fecha cierta aplicado a la materia fiscal:

a) La fecha cierta es un requisito exigible respecto de los documentos privados que se presentan a la autoridad fiscal como consecuencia del ejercicio de sus facultades de comprobación.
b) Los contribuyentes tienen el deber de conservar dichos documentos para demostrar la adquisición de un bien o la realización de un contrato u operación que incida en sus actividades fiscales.
c) No obsta a lo anterior el hecho de que la legislación fiscal no exija tal requisito expresamente, pues este emana del valor probatorio que de dichos documentos se pretende lograr.

Si bien esta jurisprudencia reconoce la problemática inherente al sistema consensual -la cual radica precisamente en la falta de certeza derivada de la posibilidad de antedatar la fecha de celebración de un acto jurídico-, ha sido duramente criticada por llegar al extremo de exigir que todo documento que se presente a las autoridades fiscales debe de cumplir con el requisito de fecha cierta en términos de la legislación civil, desatendiendo de esta forma el dinamismo de las relaciones jurídicas actuales, entorpeciendo y encareciendo los procesos comerciales; aunado al hecho de que desatiende la posibilidad de generación de fecha cierta a través de medios electrónicos.

PROPUESTA DE INTERPRETACIÓN DEL CONCEPTO DE FECHA CIERTA EN MATERIA FISCAL A LA LUZ LA JURISPRUDENCIA 2A./J. 161/2019

La figura de la contradicción de tesis se actualiza cuando existe la presencia de dos o más ejecutorias en las que se adopten criterios discrepantes sobre un mismo punto de derecho, independientemente de que las cuestiones fácticas que los rodean no sean exactamente iguales[16].

---

[16] Tesis P./J. 72/2010, *Semanario Judicial de la Federación y su Gaceta*, Novena Época, t. XXXII, agosto de 2003, p.7.

La jurisprudencia 2a./J. 161/2019 derivó de una contradicción entre los siguientes criterios: los Tribunales Tercero, Sexto y Séptimo en Materia Administrativa del Tercer Circuito, en su momento, determinaron que la exigencia de fecha cierta de los documentos privados no es aplicable en materia fiscal, pues ello es contrario a la naturaleza de las facultades de comprobación, máxime que los artículos 28 y 30 del Código Fiscal de la Federación no establecen tal requisito; aunado al hecho de que la certidumbre de las operaciones realizadas puede constatarse de la apreciación conjunta y armónica de las pruebas exhibidas en el procedimiento de fiscalización.

El Segundo Tribunal Colegiado en Materia Administrativa del Cuarto Circuito, por su parte, determinó que los contratos de préstamo son documentos privados y requieren de fecha cierta para evitar actos fraudulentos o dolosos como sería asentar una fecha falsa, sin que obste que las disposiciones fiscales no exijan tal requisito, pues este emana del valor probatorio de las documentales.

En el asunto resuelto por el Segundo Tribunal Colegiado en Materia Administrativa del Cuarto Circuito, el contribuyente argumentó que el contrato privado de préstamo hacía prueba plena y se limitó a exhibir pruebas tangenciales y de poco valor probatorio como papeles de trabajo y notas de crédito, tal como se desprende de la sentencia dictada en el referido juicio:

> 20. Se dice lo anterior, pues aun cuando la ahora quejosa plantea en esta instancia constitucional, que los contratos aludidos hacen prueba plena de que los depósitos provenían de reembolsos de préstamos de empleados y devolución de anticipos de clientes, aunado a que no fueron objetados; lo cierto es que por tratarse de documentos privados, en cuya elaboración sólo intervienen las partes, la fecha cierta de su nacimiento sólo se adquiere hasta que el mismo es presentado ante fedatario público o a partir de la muerte de cualquiera de los firmantes; por lo que si como lo sostuvo la responsable, sin que la ahora quejosa controvierta este aspecto, si los contratos de préstamo allegados carecen de fecha cierta, con éstos sólo se prueba que se hizo la manifestación pero no demuestra su veracidad, de conformidad con el artículo 203 del Código Federal de Procedimientos Civiles.[17]

[17] Amparo directo, 305/2017, sentencia de 19 de abril de 2018, Segundo Tribunal Colegiado en Materia Administrativa del Cuarto Circuito, disponible en http://sise.

En la ejecutoria respectiva, el Segundo Tribunal Colegiado en Materia Administrativa del Cuarto Circuito omitió pronunciarse respecto a que la veracidad de los documentos privados que se presenten ante las autoridades fiscales puede constatarse de la apreciación conjunta de las pruebas idóneas que se exhiban en el procedimiento de fiscalización, tal como habían sostenido originalmente los Tribunales Tercero, Sexto y Séptimo en Materia Administrativa del Tercer Circuito, sino que únicamente se limitó a verificar si el contrato privado de préstamo gozaba o no de fecha cierta en términos de la legislación civil.

Por lo tanto, el objeto de la contradicción de tesis consistió únicamente en determinar si los documentos privados que se exhiban ante las autoridades fiscales deben o no contar con una fecha cierta, partiendo de la base de que las disposiciones fiscales aplicables no exigen tal requisito, sin que haya sido materia de contradicción lo concerniente a que la veracidad de los documentos privados que se presenten ante las autoridades fiscales puede constatarse de la apreciación conjunta de las pruebas idóneas que se exhiban en el procedimiento de fiscalización, en términos de lo dispuesto por el artículo 203 del Código Federal de Procedimientos Civiles[18].

Es por ello que el punto de derecho objeto de discrepancia fue la exigencia de que los documentos privados cuenten con el requisito de fecha cierta, pero no así la posibilidad de que la veracidad de los mismos pueda acreditarse del análisis conjunto del material probatorio idóneo que aporte el contribuyente.

En la ejecutoria que dio origen a la jurisprudencia 2a./J. 161/2019, la Segunda Sala de la Suprema Corte de Justicia de la Nación tampoco se pronunció propiamente respecto a que la veracidad de los documentos privados pueda acreditarse del análisis conjunto del material probatorio idóneo que aporte el contribuyente en términos de lo dispuesto por el artículo 203 del Código Federal de Procedimientos Civiles.[19]

---

cjf.gob.mx/SVP/word1.aspx?arch=155/01550000210438540003.doc_1&sec=Zarahi_Escobar_Acosta&svp=1, p. 30.

18 El artículo 5 del Código Fiscal de la Federación establece que, a falta de disposición expresa, se aplicarán supletoriamente las disposiciones del derecho federal común cuando su aplicación no sea contraria a la naturaleza propia del derecho fiscal.

19 "La autoridad en ejercicio de sus facultades de comprobación debe constatar la certeza de las operaciones que lleven a cabo los contribuyentes y que generen efectos fiscales,

Al no haber sido, por tanto, materia de la contradicción de tesis el hecho concerniente a que la veracidad de los documentos privados que se presenten ante las autoridades fiscales puede constatarse de la apreciación conjunta de las pruebas idóneas que se exhiban en el procedimiento de fiscalización, se debe concluir que en aquellos casos en los que un documento privado carezca de fecha cierta conforme a las reglas civiles o mercantiles aplicables al efecto, este mantendrá un carácter meramente de indicio, pero se podrá acreditar la veracidad del acto jurídico mediante la apreciación conjunta de las pruebas que resulten idóneas para ese propósito.

Debido a ello, en la hipótesis en la que un contribuyente pretenda acreditar la veracidad de un acto jurídico a través de la exhibición del documento privado que le dio origen, sin aportar el material probatorio idóneo para acreditar tal situación, dicho documento mantendrá su carácter indiciario, por lo que será insuficiente para acreditar la veracidad del acto de que se trate al carecer de fecha cierta.

Mediante esta interpretación, se logra alinear el propósito seguido por la jurisprudencia 2a./J. 161/2019, con el principio de consensualismo y las reglas de valor probatorio de los documentos privados, previstos respectivamente en los artículos 1796 del Código Civil Federal y 203 del Código Federal de Procedimientos Civiles, así como el principio onto-

---

puede adminicular pruebas y valorar documentos comprobatorios. Sin embargo, esa facultad con que cuenta no exime al particular del deber de contar con documentos privados de respaldo de fecha cierta (contratos de compraventa, donaciones, entre otros), pues sólo a través de esta se da certeza que su fecha ya no puede ser anterior o posterior, es decir, que no pueda ser manipulada por las partes firmantes. Luego, los documentos con los cuales se sustentan o amparan determinadas operaciones que realizan los contribuyentes deben ser de fecha cierta, a fin de que la autoridad fiscalizadora pueda verificar la existencia de los actos jurídicos celebrados por los contribuyentes, y que correspondan justamente a los ejercicios que se están evaluando. Bajo ese contexto, en materia fiscal, aun cuando la ley no lo diga de manera expresa, cuando la autoridad ejerce sus facultades de verificación, es aplicable lo relativo a la fecha cierta de los documentos privados, esto es, lo concerniente a la documentación que los contribuyentes se encuentran obligados a conservar para comprobar la fecha de adquisición de un bien o la realización de un contrato u operación que incida en sus obligaciones fiscales".

lógico de la carga de las pruebas[20], el cual parte de la premisa de que lo ordinario se presume y lo extraordinario se prueba.

CRITERIO DEL DECIMONOVENO TRIBUNAL COLEGIADO EN MATERIA ADMINISTRATIVA DEL PRIMER CIRCUITO AL RESOLVER AL RECURSO DE REVISIÓN FISCAL 90/2020

El asunto resuelto en definitiva por el Decimonoveno Tribunal Colegiado en Materia Administrativa del Primer Circuito, versó sobre la revisión que hizo la autoridad fiscal respecto de una operación de aumento de capital variable que se efectuó para capitalizar a una empresa con el propósito de que esta adquiriera de otra las marcas y demás activos intangibles en materia de propiedad industrial. Las particularidades del caso fueron las siguientes:

a) El grupo empresarial decidió constituir una nueva empresa residente en México para efectos fiscales con el propósito de que esta adquiriera las marcas y demás activos intangibles en materia de propiedad industrial de otra empresa igualmente residente fiscal en nuestro país. Para realizar la empresa de nueva creación, se allegó de recursos a través de capital en lugar de recurrir a deuda.
b) Para implementar lo anterior, la empresa adquirente de nueva creación decretó un aumento de capital variable, mismo que fue suscrito y pagado por su principal accionista, con lo cual se allegó de recursos suficientes para adquirir los referidos activos intangibles.
c) Dado que el aumento de capital referido se efectuó en la parte variable, la empresa adquirente no protocolizó el acta respectiva ante notario ni la inscribió en el Registro Público.
d) La autoridad fiscal cuestionó la veracidad de la aportación de capital referida, bajo el argumento de que esta no podía surtir efectos frente a terceros (incluyendo el fisco) al ser un docu-

---

20 Tesis 1a. CCCXCVI/2014 (10a.), *Gaceta del Semanario Judicial de la Federación*, Décima Época, t. I, noviembre de 2014, p.706.

mento privado que carecía de fecha cierta de conformidad con la jurisprudencia 161/2019 de la Segunda Sala de la Suprema Corte de Justicia de la Nación.

e) Al tratarse de un documento privado que carecía de fecha cierta, la autoridad fiscal estimó que la aportación de capital no podía surtir efecto alguno, por lo que la consideró como un acto gravado para efectos fiscales.

El Decimonoveno Tribunal Colegiado en Materia Administrativa del Primer Circuito consideró que si bien el acta de asamblea a través de la cual se decretó el aumento de capital en su parte variable, constituye un documento privado el cual únicamente tiene valor probatorio indiciario al carecer de fecha cierta, resulta necesario valorar de manera integral y adminiculada la totalidad del material probatorio aportado.

Una vez efectuada la valoración integral y adminiculada del material probatorio, el Decimonoveno Tribunal Colegiado en Materia Administrativa del Primer Circuito concluyó que efectivamente la operación se trató de un aumento de capital, a pesar de que el acta respectiva efectivamente carecía de fecha cierta en términos de la jurisprudencia 2a./J. 161/2019:

> Expuesto lo anterior, se estima que la que la insistencia de la autoridad recurrente en el sentido de que el acta de asamblea de mérito es un documento privado que no puede surtir efectos contra terceros por carecer de fecha cierta, resulta inoperante por no controvertir las consideraciones de la sentencia descritas previamente, que permitieron a la Sala del conocimiento otorgar pleno alcance demostrativo al acta mencionada pese a no encontrarse protocolizada al solicitar la devolución de impuesto al valor agregado que dio origen a la resolución impugnada.
>
> No es obstáculo a lo anterior que para apoyar lo alegado en cuanto a que el acta de asamblea mencionada en un documento privado que no puede surtir efectos contra terceros, la recurrente invoque la jurisprudencia 2a./J. 161/2019 (10a.) de rubro *"DOCUMENTOS PRIVADOS. DEBEN CUMPLIR CON EL REQUISITO DE 'FECHA CIERTA' TRATÁNDOSE DEL EJERCICIO DE LAS FACULTADES DE COMPROBACIÓN, PARA VERIFICAR EL CUMPLIMIENTO DE OBLIGACIONES FISCALES DEL CONTRIBUYENTE".*

> Sin embargo, como se expuso, la conclusión de la Sala no se sustentó en el acta de asamblea de tres de abril de dos mil diecisiete, la cual calificó únicamente el carácter de indicio; sino que valoró de manera integral y adminiculada todas las documentales allegadas a juicio, con el acta de mérito, para adquirir convicción de que efectivamente la quejosa realizó un aumento en su capital variable y esto último no fue combatido eficazmente ni desvirtuado por la recurrente.[21]

El Decimonoveno Tribunal Colegiado en Materia Administrativa del Primer Circuito compartió la interpretación propuesta de jurisprudencia 2a./J. 161/2019, en el sentido de que en aquellos casos en los que un documento privado carezca de fecha cierta conforme a las reglas civiles o mercantiles aplicables al efecto, este mantendrá un carácter meramente de indicio, pero se podrá acreditar la veracidad de acto jurídico mediante la apreciación conjunta de las pruebas que resulten idóneas para ese propósito.

CONCLUSIONES

1. El sistema consensual ha sido criticado por la falta de certeza jurídica que genera, pues contrario a la buena fe y obrando ilícitamente, una persona puede antedatar la fecha de celebración de un acto jurídico en perjuicio de terceros. Derivado de esta situación, tanto la doctrina como la legislación y la jurisprudencia, han establecido como requisito de oponibilidad la fecha cierta, el cual tiene por propósito dirimir el conflicto entre varios adquirentes de un derecho, generando certeza respecto de la fecha de celebración de los actos jurídicos.

2. El artículo 2034 del Código Civil Federal establece, a propósito de la cesión de créditos, que un documento privado adquiere fecha cierta, desde el día en que se incorpore o inscriba en un Registro

[21] Recurso de revisión fiscal 90/2020, sentencia de 25 de febrero de 2021, Decimonoveno Tribunal Colegiado en Materia Administrativa del Primer Circuito, disponible en http://sise.cjf.gob.mx/SVP/word1.aspx?arch=1442/14420000264942070 04.pdf_1&sec=Irais_Berenice_Galicia_Cruz&svp=1, p. 46-48.

Público; desde la muerte de cualquiera de los que lo firmaren, o desde la fecha en que se entregue a un funcionario público por razón de su oficio. Si bien dicho artículo se refiere expresamente al concepto de fecha cierta a propósito de la oponibilidad de la cesión de créditos en materia civil, la jurisprudencia del Poder Judicial de la Federación ha tomado sus reglas para determinar la eficacia probatoria de los documentos privados con relación a la fecha de su otorgamiento incluso haciéndola extensiva a la materia mercantil y a la materia fiscal.

3. El artículo 203 del Código Federal de Procedimientos Civiles, establece que la veracidad del contenido de un documento privado debe demostrarse por otras pruebas que se aporten con tal propósito.

4. El efecto directo de un documento privado que goce de fecha cierta es la oponibilidad del mismo frente a terceros; de modo que, el documento privado que carezca de fecha cierta será inoponible frente a terceros. Resulta cuestionable considerar que las autoridades fiscales actúan como terceros cuando ejercen sus facultades de revisión.

5. La Norma Oficial Mexicana NOM-151-SCFI-2016, "Requisitos que Deben Observarse para la Conservación de Mensajes de Datos y Digitalización de Documentos", publicada en el Diario Oficial de la Federación el 30 de marzo de 2017, establece que el sello digital constituye un mecanismo que dota de fecha cierta los documentos privados de naturaleza mercantil que son conservados o digitalizados electrónicamente.

6. Mediante la jurisprudencia 161/2019, la Segunda Sala de la Suprema Corte de Justicia de la Nación, concluyó que la fecha cierta es un requisito exigible respecto de los documentos privados que se presentan a la autoridad fiscal como consecuencia del ejercicio de sus facultades de comprobación.

7. Dicha jurisprudencia debe ser interpretada en el sentido de que, en aquellos casos en los que un documento privado carezca de fecha cierta conforme a las reglas civiles o mercantiles aplicables al efecto, este mantendrá un carácter meramente de indicio, pero se podrá acreditar la veracidad de acto jurídico mediante la apreciación conjunta de las pruebas que resulten idóneas para ese fin, con lo cual se logra alinear el propósito de la jurisprudencia con el principio de consensualismo y las reglas de valor probatorio de los documentos privados, así como con el principio ontológico de la carga de las pruebas.

8. El Decimonoveno Tribunal Colegiado en Materia Administrativa del Primer Circuito, compartió esta interpretación de la jurisprudencia 2a./J. 161/2019, al resolver el recurso de revisión fiscal 90/2020.

BIBLIOGRAFÍA

Normativa

NOM-151-SCFI-2016, "Requisitos que Deben Observarse para la Conservación de Mensajes de Datos y Digitalización de Documentos", publicada en el Diario Oficial de la Federación el 30 de marzo de 2017.

Libros, capítulos y artículos

Becerril Sierra, Israel. "El Sello Digital de Tiempo: Optimización de la tecnología aplicada al tiempo", *Revista Digital Universitaria UNAM* 14.7 (2013), disponible en http://www.revista.unam.mx/vol.14/num7/art20/

Borja Soriano, Manuel. *Teoría General de las Obligaciones*. México: Porrúa, 1995.

Hernández de Rubín, Claudio. "Sobre la oponibilidad natural y registral de derechos reales y personales, en el derecho civil de la Ciudad de México". En *Homenaje al Doctor Jorge Alfredo Domínguez Martínez por el Colegio de Profesores de Derecho Civil Facultad de Derecho-UNAM,* coordinado por Ángel Gilberto Adame López. México: Colegio de Profesores de Derecho Civil–UNAM, 2016.

Lafferriere, Augusto. *Curso de derecho notarial*, 3ª. ed. Buenos Aires: Lulu, 2008.

Pérez Fernández del Castillo, Bernardo. *La forma en los actos jurídicos y en los contratos,* México, Biblioteca Jurídica Virtual del Instituto de Investigaciones Jurídicas de la UNAM, disponible en http://historico.juridicas.unam.mx/publica/librev/rev/dernotmx/cont/73/cnt/cnt4.pdf.

Lobo, Teresa. "La fecha cierta de los documentos en relación con su eficacia probatoria", *Revista de Derecho Privado,* nueva época, 2.5 (2003).

Torres Vásquez, Aníbal. *Diccionario de jurisprudencia civil,* 3ª. ed. Lima: Grijley, 2012.

~

EFECTOS FISCALES DE LA INSOLVENCIA

Gerardo Nieto Martínez
Universidad Panamericana

Las deficientes decisiones de política económica adoptadas por el Gobierno Federal, adicionadas con la pandemia de la COVID-19 ha generado que muchas empresas se encuentren en una situación de insolvencia, o en una etapa previa a ella.

Para que el abogado comprenda en su completa dimensión la etapa previa a la insolvencia e incluso, esta última, es importante que conozca razonablemente las finanzas corporativas. Hoy en día el abogado de empresa debe cumplir su visión profesional abordando el tema financiero, lo cual incluso le puede permitir tomar medidas necesarias para evitar que la empresa en la que presta sus servicios o sus clientes, caigan en el estado de insolvencia.

Comprender entonces los estados financieros es esencial para el abogado del siglo XXI. Los estados financieros son el reflejo de la contabilidad de una empresa. La contabilidad, a su vez, es el registro de operaciones oportuna, veraz y consistente.

Los estados financieros están formados por el *estado de resultados, el balance general, el estado de flujo de efectivo, el estado de cambios al capital contable y el estado de cambios en las utilidades retenidas*.

De los anteriores estados financieros, todos importantes, tal vez el estado de resultados y el balance general son los más representativos y comunes. El primero muestra las operaciones de una empresa en un periodo determinado, e indica si se obtuvo utilidad o pérdida. El balance general, por su parte, es el estado financiero que muestra la situación económica de una empresa a una fecha determinada.

Una vez identificando la ubicación y el impacto de la insolvencia en la vida financiera de una entidad, entonces hará todo el sentido adoptar las medidas necesarias, incluso fiscales, para procurar salir lo antes posible de ese estado. Existen diversas medidas financieras que contribuyen a este noble objetivo, pero también existen reglas en el ámbito fiscal que se deben conocer y aplicar, lo que ayudará para lograr ese objetivo.

Estas reglas están contempladas fundamentalmente en la Ley del Impuesto sobre la Renta (LISR) y se refieren tanto al acreedor como al deudor, y aun cuando han sido objeto de diversas interpretaciones, a veces contradictorias, tanto por la autoridad fiscal como por los contribuyentes, los tribunales han dejado razonablemente claro en qué casos pueden deducirse los créditos considerados incobrables, y en cuáles deben acumularse las quitas o descuentos de la deuda para el deudor.

Conocer y entender estas reglas aumentará la probabilidad de salvar a una empresa, lograr la permanencia de fuentes de trabajo y, en consecuencia, contribuirá para un México mejor.

INTRODUCCIÓN

El quincuagésimo aniversario de la Facultad de Derecho de la Universidad Panamericana (UP) se surte en la segunda etapa de la epidemia mundial generada por el virus denominado por la Organización Mundial de la Salud, COVID-19.

Como muchos otros obstáculos, nuestra querida Facultad de Derecho de la UP ha sabido sortear esta compleja época, y se perfila hacia una etapa vigorosa y deslumbrante, siempre manteniendo la excelencia, lo cual nos congratula.

No obstante, con motivo de la contingencia global ocasionada por la COVID-19 y por previas deplorables decisiones de política económica, lamentablemente en México y a nivel global muchas empresas están sufriendo una crisis económica que probablemente motive una reestructura en el pago de adeudos a sus acreedores, o aún peor, a clausurar sus negocios de manera definitiva sin poder cumplir con sus obligaciones de pago. No obstante, existe la posibilidad de disminuir el impacto económico ocasionado a los acreedores por medio de la deducción de ese crédito, ya sea que el deudor sea un residente fiscal en México o en el extranjero. Asimismo, existen medidas fiscales que pueden ayudar a que las entidades insolventes retomen sus operaciones con miras a una recuperación económica.

Este trabajo pues, tiene el objetivo de aportar un grano de arena para procurar la recuperación de las empresas, la generación y/o permanencia de fuentes de empleos y una actividad económica pujante que contribuya al permanente esfuerzo por un México mejor.

INSOLVENCIA Y ESTADOS FINANCIEROS

A efecto de estar en posibilidad de abordar el tema de la "insolvencia", y sus efectos fiscales, es necesario determinar el alcance de aquel término.

Como punto inicial, es dable considerar que la insolvencia parte de alguna obligación, entendida esta como el vínculo jurídico entre un "acreedor" y un "deudor", en el cual el primero tiene el derecho de recibir del segundo una contraprestación de dar, hacer o no hacer.

Bajo este contexto la insolvencia, en términos del artículo 2166 del Código Civil Federal, se entiende como aquel estado en que "la suma de los bienes y créditos del deudor, estimados en su justo precio, no iguala al importe de sus deudas".

Para la legislación civil se entiende que hay insolvencia cuando los bienes y derechos de cobro (créditos) de una persona (deudor) no es igual al importe de sus deudas, es decir, cuando sus dudas son superiores a sus bienes.

Asimismo, la doctrina sostiene que la insolvencia es el "Estado general de impotencia patrimonial, tanto de los comerciantes colectivos e individuales, como de las personas físicas o colectivas no comerciantes, que las colocan en la imposibilidad de hacer frente a sus obligaciones líquidas y vencidas, con recursos ordinarios de su ingreso"[1].

Sobre el particular la Suprema Corte de Justicia de la Nación, al resolver la Contradicción de Tesis 347/2012, publicada en el Semanario

---

1 CARPIZO, J. *et al. Diccionario Jurídico Mexicano V*, 1ª ed. México: UNAM, 1982, p. 128.

Judicial de la Federación y su Gaceta, Libro XVII, Tomo 1, febrero de 2013, página 357, sostuvo lo siguiente:

> [...] por lo que hace al elemento de "insolvencia", éste guarda estrecha relación con el tema del patrimonio, del que es menester mencionar que consta de dos elementos, uno activo y otro pasivo. El activo se constituye por el conjunto de bienes y derechos, y el pasivo por las cargas y obligaciones susceptibles de una apreciación pecuniaria. El haber patrimonial resulta de la diferencia entre el activo y el pasivo, cuando aquél es superior a éste, mientras que el déficit patrimonial surge cuando el pasivo es superior al activo; en el primer caso, se habla de solvencia y, en el segundo, de insolvencia.

Atento a ello, podemos concluir que hay insolvencia de una persona física o moral, cuando tiene imposibilidad de hacer frente a sus deudas con los bienes o patrimonio con el que cuenta.

Para determinar el momento en que una persona puede ser considerada como insolvente, la legislación doméstica no establece un momento o temporalidad en la que pueda considerarse como tal. De las pocas leyes mexicanas que podrían dar un parámetro sobre el nacimiento de la insolvencia, se encuentra la Ley de Concursos Mercantiles que, en su artículo 10, define que se surte cuando hay un "incumplimiento generalizado en los pagos". Señala también que este incumplimiento generalizado se genera cuando, de aquellas obligaciones vencidas, las que tengan por lo menos treinta días de haber vencido representen el 35 % o más de todas las obligaciones a cargo de la persona a la fecha en que se haya presentado la demanda o solicitud de concurso, o cuando la persona no tenga activos para hacer frente a, por lo menos, el 80 % de sus obligaciones vencidas, a la fecha de presentación de la demanda o solicitud.

En el ámbito internacional, la Comisión de las Naciones Unidas para el Derecho Mercantil Internacional (UNCITRAL, por sus siglas en inglés) en su "Guía Legislativa sobre el Régimen de Insolvencia", particularmente en su recomendación número 15, sostiene que:

> **15.** El régimen de la insolvencia debería especificar que un procedimiento de insolvencia puede abrirse a instancia del deudor, si éste puede demostrar que:

a) No está o no estará, en general, en condiciones de pagar sus deudas a su vencimiento; o,

b) Sus deudas exceden del valor de sus bienes[2].

Como se observa, la UNCITRAL señala que se podrá considerar que hay insolvencia cuando una persona no esté en condiciones de pagar sus deudas a su vencimiento, o sus deudas [en general] excedan el valor de sus bienes.

Por lo anterior, si bien no hay una definición sobre el momento preciso y exacto en que se puede considerar que se está en estado de insolvencia, sí deben de tomarse en cuenta los elementos ya citados, es decir, las condiciones de pago de deudas a su vencimiento y cuando las deudas [vencidas y no vencidas] excedan de los bienes de la persona.

Las anteriores reflexiones son útiles, pero insuficientes para que un profesional del derecho comprenda la figura de la insolvencia en un contexto integral.

En efecto, en pleno siglo XXI el abogado fiscalista debe, además de comprender razonablemente bien su área de especialidad, tener conocimientos de finanzas corporativas, pues sin estas no se tendrá una visión completa de la insolvencia.

La contabilidad de una empresa es el registro de operaciones bajo una técnica, en forma oportuna, veraz y consistente.

Por su parte, los estados financieros constituyen el reflejo de la contabilidad de la entidad.

Los estados financieros se componen del *estado de resultados, el balance general, el estado de flujo de efectivo, el estado de cambios en el capital contable y el estado de cambios en utilidades retenidas.*

Todos los estados financieros son importantes, y probablemente los más utilizados y comunes son el estado de resultados y el balance general.

---

[2] Comisión de las Naciones Unidas para el Derecho Mercantil. *Guía Legislativa de la CNUDMI sobre el Régimen de la Insolvencia, Partes Primera y Segunda* (2004), Nueva York, 2006, p. 92, disponible en https://uncitral.un.org/sites/uncitral.un.org/files/media-documents/uncitral/es/05-80725_ebook.pdf

El primero muestra las operaciones de una entidad en un periodo determinado, e indicará si se tuvo ganancia o pérdida.

El estado de resultados ofrece tres áreas de análisis de la empresa, el de operación, el financiero y el fiscal.

Para ubicar la situación de la entidad frente al riesgo de la insolvencia, fundamentalmente se advierte de los análisis operativos, financiero y fiscal.

A continuación se muestra un estado de resultados:

Figura 1

Estado de Resultados

	Importe	%
Ventas (o ingresos)	$100,000	100%
- Costo de ventas	$65,000	65%
- Depreciación	$5,000	5%
= Utilidad bruta	$ 30,000	30%
- Gastos de operación (Admón/Distribución/Marketing)	$18,000	18%
= Utilidad de operación	$12,000	12%
= Gastos financieros	$3,000	3%
= Util. antes de impuestos	$9,000	9%
- ISR	$2,700	2.7%
= Utilidad neta	$6,300	6.3%

Fuente: elaboración propia.

Los porcentajes que aparecen en el margen derecho son útiles para conocer si ese indicador está en un rango razonable, dependiendo de la actividad preponderante de la sociedad.

Para conocer si el citado porcentaje está en un rango razonable o no, se utilizan las *razones financieras*, que son la interacción de una cuenta o concepto frente a otra, y el resultado, que puede medirse en veces, dinero o porcentaje, se compara con referencias equivalentes de la misma industria.

Cuando el riesgo de caer en insolvencia es alto, o bien ya se está en ese estado, los análisis financiero y fiscal del estado de resultados es vital, pues nos dará a conocer el origen de la problemática para evaluar posibles medidas de solución.

Como el lector podrá advertir, las razones financieras analizadas oportunamente permitirán conocer si la empresa puede o no asumir ciertas obligaciones, precisamente para no caer en insolvencia.

El balance general, por su parte, es el estado financiero que refleja la situación económica de una empresa a una fecha determinada. Abajo se muestra el ejemplo de un balance general:

Figura 2

Balance General al 31 de diciembre de 2020:

ACTIVO	PASIVO
- A. Circulante	- Pasivo circulante
Caja y bancos	Proveedores
Cuentas por cobrar	Cuentas por pagar
Deudores diversos	Acreedores diversos
Inventario	Préstamos bancarios
- A. Fijo	- Pasivo largo plazo
Mobiliario	Préstamos
Terrenos	
Edificios	Total Pasivo $ ________
Maquinaria	
Equipo oficina	CAPITAL CONTABLE
Equipo transporte	
	Capital Social
- A. Diferido	Util. Ejercicios anteriores
Ej: Primas seguros pagadas	Util. del ejercicio
	Total capital $ __________
Total Activo $ ________________	Total pasivo y Capital $__________

Fuente: elaboración propia.

Del lado izquierdo se coloca el activo y en orden de disponibilidad, mientras que del lado derecho se coloca todo lo que se adeuda, esto es el pasivo y el capital. El primero se le debe a diversos acreedores ajenos a la sociedad, y el segundo denominado capital, se adeuda a los socios o accionistas, por lo que visto así, el capital también puede considerarse un "tipo" de pasivo.

Una sociedad puede obtener ingresos de dos formas, vía financiamiento (préstamos) o vía aportaciones de capital.

Un financiamiento balanceado es lo óptimo y, asimismo, debe conocerse su costo, para lo cual se obtiene el concepto denominado *tasa ponderada*. Esta debe obtenerse y conocerse para entonces saber si se puede pagar la deuda, y así no caer en insolvencia. Ambos financiamientos tienen un costo, el préstamo de terceros obviamente genera intereses. Por su parte, las aportaciones de capital tienen el costo equivalente al rendimiento que los socios esperan de su negocio, lo que reciben a través de dividendos.

Pudiera pensarse que el préstamo es más caro, sin embargo los intereses que éste genera son generalmente deducibles del impuesto sobre la renta, lo que equivale a disminuir un 30 % su costo, por lo que no necesariamente un financiamiento vía préstamo es más caro que aquel vía aportación de capital.

Las anteriores reflexiones financieras serán de mucha utilidad para disminuir el riesgo de caer en insolvencia. No obstante, en ocasiones debido a factores externos ajenos a la entidad, como erróneas decisiones de política económica, como es el actual caso en nuestro país, o bien por fenómenos como la actual pandemia de la COVID-19, puede caerse en insolvencia, en cuyo caso, además de reestructurar la deuda, se deben conocer las consecuencias fiscales. Estas consecuencias fiscales de suyo han sido objeto de diversas interpretaciones que, a su vez, ha generado incertidumbre. Estos aspectos controvertidos serán abordados en el siguiente capítulo.

EFECTOS FISCALES PARA EL ACREEDOR

El artículo 25, fracción V de la LISR señala que los contribuyentes pueden deducir los créditos incobrables y las pérdidas por caso fortuito, fuerza mayor o por enajenación de ciertos bienes.

Por su parte, el artículo 27, fracción XV de la LISR señala que en el caso de pérdidas por créditos incobrables, estas se consideren realizadas en el mes en que se consuma el plazo de prescripción que corresponda, o antes si fuera notoria la imposibilidad práctica de cobro.

Debe entonces ubicarse el momento en que se consuma la prescripción, cuya figura se surte en diferentes plazos dependiendo del negocio jurídico.

El artículo 1161 del Código Civil señala que se consuma la prescripción en 2 años. Sin embargo, los artículos 1043 y 1047 del Código de Comercio establecen los plazos de 1 o de 10 años, este último para el caso de que no se haya convenido un plazo más corto.

Sobre estas bases, es importante identificar en el caso concreto que se analice, el plazo en que se consuma la prescripción y, en caso de que fuere notoria la imposibilidad práctica de cobro, habrá que identificar si el monto supera o no las 30,000 unidades de inversión para estar en posibilidad de conocer cuándo se puede aplicar la deducción en términos de los incisos a) y b) de la fracción XV del artículo 27 de la LISR, respectivamente.

Por su parte, el artículo 27, fracción XV de la LISR dispone que los créditos incobrables son una deducción autorizada, entre otros casos, cuando se acredite la imposibilidad práctica de cobro. En el caso específico del concurso mercantil, el inciso c) de la fracción XV de la citada disposición jurídica dispone textualmente que "se compruebe que el deudor ha sido declarado en quiebra o concurso. En el primer supuesto, debe existir sentencia que declare concluida la quiebra por pago concursal o por falta de activos".

La redacción de la mencionada porción normativa es incorrecta y puede llegar a generar confusiones, pues técnicamente el concurso mercantil se encuentra compuesto por 2 etapas, la de conciliación y la de quiebra, que no en todos los casos son vinculantes o consecutivas; por ello, la redacción del citado inciso debería señalar "conciliación" en lugar de "concurso".

Ahora bien, es importante conocer en qué situación jurídica se encuentra el deudor dentro del concurso mercantil, con el objeto de identificar el requisito que se debe cumplir para la procedencia de la deducción por un crédito incobrable. Sobre esas bases, resulta necesario analizar con detalle la Ley de Concursos Mercantiles.

El artículo 2 de la Ley de Concursos Mercantiles señala que el concurso mercantil consta de 2 etapas denominadas conciliación y quiebra. Al respecto, el artículo 3 del citado ordenamiento jurídico dispone que la conciliación tiene como finalidad lograr la conservación de la empresa del deudor mediante el convenio que suscriba con sus acreedores. Por su parte, una vez agotada sin éxito la conciliación, la finalidad de la quiebra es la venta de la empresa del deudor, de sus unidades productivas o de los bienes que la integran para el pago a los acreedores.

Como se puede apreciar, el concurso mercantil tiene inmersos 2 supuestos diferentes, la conciliación y la quiebra, mismos que tienen consecuencias distintas, pues en el primero se busca la conservación de la empresa mediante un convenio de pago del deudor con sus acreedores, mientras que en el segundo se deben liquidar los activos para pagar y extinguir la deuda.

En efecto, el artículo 20 de la Ley de Concursos Mercantiles establece que el deudor que considere que ha incurrido en el incumplimiento generalizado de sus obligaciones, podrá solicitar que se le declare en concurso mercantil, el cual, en caso de ser fundado, se abrirá en etapa de conciliación, salvo que el deudor expresamente pida que el concurso mercantil se abra en etapa de quiebra.

Para que tenga efectos jurídicos el concurso mercantil, ya sea por conciliación o por quiebra, se debe llevar a cabo un procedimiento en el que las partes ofrecen pruebas y realicen los alegatos que a su derecho convengan, con la finalidad de salvaguardar los intereses de cada parte.

Una vez analizadas las pruebas y los alegatos de las partes, el Juez determina que efectivamente se cumplieron con los requisitos legales para que el deudor sea declarado en concurso mercantil y, por ende, determinar la manera en que hará frente a sus obligaciones con sus acreedores, ya sea a través de un convenio de pagos derivado de la conciliación, o bien, a través de la venta de la empresa, sus unidades productivas o sus bienes por la quiebra del deudor.

Sobre esas bases, la Ley de Concursos Mercantiles establece que el concurso mercantil se materializa a través de una resolución, ya que también existe la posibilidad de que el Juez determine en la sentencia que no procede el concurso mercantil, ordenando que las cosas vuelvan al estado que tenían con anterioridad a la solicitud o inicio del procedimiento, salvo los que sean indispensables para la operación ordinaria de la empresa, incluido cualquier crédito indispensable para mantener la operación ordinaria de la empresa y la liquidez necesaria durante la tramitación del concurso mercantil[3].

Finalmente, para el caso en estudio es importante señalar que el artículo 43 de la Ley de Concursos Mercantiles establece lo siguiente:

> **Artículo 43.**- La sentencia de declaración de concurso mercantil, contendrá:
>
> V. **La declaración de apertura de la etapa de conciliación, salvo que se haya solicitado la quiebra del Comerciante;**

---

[3] Ley de Concursos Mercantiles [LCM]. Art. 48, 2000, México.

> VIII. **La orden al Comerciante de suspender el pago de los adeudos contraídos con anterioridad a la fecha en que comience a surtir sus efectos la sentencia de concurso mercantil; salvo los que sean indispensables para la operación ordinaria de la empresa,** incluido cualquier crédito indispensable para mantener la operación ordinaria de la empresa y la liquidez necesaria durante la tramitación del concurso mercantil, respecto de los cuales deberá informar al juez dentro de las setenta y dos horas siguientes de efectuados.[4]

Como se desprende, la sentencia del concurso mercantil contendrá, entre otras cosas, la declaración de apertura de la etapa de conciliación, salvo que se haya solicitado la quiebra del deudor y, en su caso, la orden al deudor de suspender el pago de los adeudos contraídos con anterioridad a la fecha en que comience a surtir efectos la sentencia de concurso mercantil; salvo los que sean indispensables para la operación ordinaria de la empresa.

Por lo que hace a la apertura de la etapa de conciliación, el artículo 145 de la Ley de Concursos Mercantiles señala que esta tendrá una duración de 185 días naturales, contados a partir del día en que se haga la última publicación en el Diario Oficial de la Federación (DOF) de la sentencia de concurso mercantil que declaró abierta la citada etapa.

El conciliador o los acreedores que representen más del 50 % del monto total de los créditos reconocidos, podrán solicitar al juez una prórroga de hasta 90 días naturales contados a partir de la fecha en que concluya el plazo señalado en el párrafo anterior, cuando consideren que la celebración de un convenio esté próxima a ocurrir.

El deudor y los acreedores que representen al menos el 75 % del monto total de los créditos reconocidos, podrán solicitar al juez una ampliación de hasta por 90 días naturales más de la prórroga antes citada.

En ningún caso el plazo de la etapa de conciliación y su prórroga podrá exceder de 1 año contado a partir de la fecha en que se hubiese realizado la última publicación de la sentencia de concurso mercantil en el DOF.

Concluido el plazo inicial y, en su caso, el de la prórroga, el Juez procederá únicamente a levantar la certificación correspondiente, haciéndose

---

4 Énfasis añadido.

constar en la misma la terminación de la etapa de conciliación y, en su caso, de su prórroga, y el deudor en concurso mercantil será considerado en estado de quiebra.

La declaración en el sentido que el deudor en concurso mercantil será considerado en estado de quiebra se encuentra condicionada, entre otros supuestos, a que transcurran en exceso los plazos previstos para la etapa de conciliación, o bien, que no se logre un convenio entre el deudor y los acreedores.

Lo anterior guarda sustento en el artículo 146 de la Ley de Concursos Mercantiles, pues este dispone que dentro de los 5 días siguientes a que el Instituto Federal de Especialistas de Concursos Mercantiles reciba la notificación de la sentencia de concurso mercantil en la que se declare aperturada la etapa de conciliación, se deberá designar un conciliador que procurará que el deudor y sus acreedores lleguen a un convenio.

Previos los trámites correspondientes para la celebración del convenio, el Juez dictará una sentencia de aprobación del convenio dando por terminado el concurso mercantil y, en consecuencia, dicho convenio y la sentencia que lo aprueba, constituirán el único documento que rija las obligaciones a cargo del deudor con respecto a los créditos reconocidos[5].

Por otro lado, el estado de quiebra regulado por el Título Sexto, Capítulo I de la Ley de Concursos Mercantiles, establece en su artículo 169 que la sentencia de declaración de quiebra deberá contener lo siguiente:

- La declaración de que se suspende la capacidad de ejercicio del deudor sobre los bienes y derechos que integran la Masa,[6] salvo que esta suspensión se haya decretado con anterioridad;
- La orden al deudor, sus administradores, gerentes y dependientes de entregar al síndico la posesión y administración de

---

[5] Ley de Concursos Mercantiles [LCM]. Art. 166, 2014, México.

[6] *Ibidem,* Art. 4, f. V. "Porción del patrimonio del Comerciante declarado en concurso mercantil integrada por sus bienes y derechos, con excepción de los expresamente excluidos en términos de esta Ley, sobre la cual los Acreedores Reconocidos y los demás que tengan derecho, pueden hacer efectivos sus créditos".

los bienes y derechos que integran la Masa, con excepción de los inalienables, inembargables e imprescriptibles;

- La orden a las personas que tengan en su posesión bienes del deudor, salvo los que estén afectos a ejecución de una sentencia ejecutoria para el cumplimiento de obligaciones anteriores al concurso mercantil, de entregarlos al síndico;
- La prohibición a los deudores del deudor en concurso mercantil, de pagarle o entregarle bienes sin autorización del síndico, con apercibimiento de doble pago en caso de desobediencia, y
- La orden al Instituto Federal de Especialistas de Concursos Mercantiles para que designe al conciliador como síndico, en un plazo de cinco días, o en caso contrario designe síndico; entre tanto, quien se encuentre a cargo de la administración de la empresa del deudor tendrá las obligaciones de los depositarios respecto de los bienes y derechos que integran la Masa.

Señalado lo anterior, para efectos de la deducción en el caso en estudio, se considera que existe notoria imposibilidad práctica de cobro, entre otros supuestos, cuando se compruebe que el deudor ha sido declarado en quiebra o concurso, debiendo solo en el primer supuesto (quiebra), existir sentencia que la declare concluida por pago concursal o por falta de activos.

En el caso particular del "*concurso*" (que en realidad se trata de la etapa de conciliación), el Poder Judicial de la Federación se ha pronunciado en el sentido que la pura solicitud del deudor para iniciar el procedimiento no resulta suficiente para que se actualice el supuesto jurídico que permita la deducción. En efecto, los precedentes de referencia son los siguientes:

> **RENTA. EL ARTÍCULO 31, FRACCIÓN XVI, INCISO C), DE LA LEY DEL IMPUESTO RELATIVO VIGENTE EN 2006, NO ES INCONSTITUCIONAL POR EL HECHO DE QUE SE APLIQUE EN MOMENTOS DISTINTOS EN ATENCIÓN A CADA PROCEDIMIENTO CONCURSAL PARA EFECTOS DE LA DEDUCCIÓN DE PÉRDIDAS POR CRÉDITOS INCOBRABLES.** La ley tiene por característica ser general, abstracta e impersonal, es decir, prevé hipótesis en abstracto que tratan

de manera igual a quienes tengan o se encuentren en igualdad de circunstancias. Ahora, de la porción normativa citada se tiene que para deducir pérdidas por créditos incobrables debe comprobarse la notoria imposibilidad práctica de cobro, la cual surgirá si el deudor ha sido declarado en concurso mercantil, lo que se traduce en que para que dicha deducción proceda debe acreditarse la existencia de la sentencia declaratoria de concurso. En ese sentido, el hecho de que el artículo 31, fracción XVI, inciso c), de la Ley del Impuesto sobre la Renta vigente en 2006 se aplique en momentos distintos según el caso, no significa que sea inconstitucional, pues el que unos obtengan sentencia de concurso mercantil en el mismo año en que se presentó la demanda y otros no, deriva del momento en que se iniciaron los procedimientos concursales y de su desarrollo, **máxime que la fecha en que se emita la sentencia de concurso es la que activa el derecho a deducir las pérdidas de que se trata,** por lo que no restringe ese derecho[7].

RENTA. EL ARTÍCULO 31, FRACCIÓN XVI, INCISO C), DE LA LEY DEL IMPUESTO RELATIVO VIGENTE EN 2006 EN RELACIÓN CON LOS PRECEPTOS 43 Y 112 DE LA LEY DE CONCURSOS MERCANTILES NO RESTRINGE EL DERECHO DE LOS CONTRIBUYENTES A DEDUCIR PÉRDIDAS POR CRÉDITOS INCOBRABLES. De la interpretación sistemática de los dispositivos citados se desprende que para que exista notoria imposibilidad práctica de cobro a efecto de deducir las pérdidas generadas por créditos incobrables, **debe constar sentencia que declare al deudor en concurso mercantil y que tal deducción podrá realizarse a partir de la fecha de la emisión de dicha sentencia, ya que ésta por sí misma es la que acredita la figura en cuestión, al ser la prueba idónea**. Lo anterior no resulta restrictivo ni extingue el derecho de los causantes a deducir pérdidas derivadas de créditos incobrables, puesto que debe considerarse que existe notoria imposibilidad práctica de cobro a partir de ese momento, y no desde la solicitud de declaración de concurso mercantil. El permitirse la deducción desde la mencionada

---

[7] Tesis 2a. CIV/2016 (10a.), *Gaceta del Semanario Judicial de la Federación*, Décima Época, lib. 35, t. I, octubre de 2016, p. 930. Énfasis añadido.

> solicitud, dejaría de lado la posibilidad de declarar improcedente el concurso mercantil o propiciar simulaciones que dieran origen a prácticas de elusión o evasión fiscal. Por tanto, tratándose de créditos incobrables derivados de **concurso mercantil o quiebra**, los preceptos aludidos son claros en indicar cuál es el supuesto -declaración de concurso- que activa el derecho a la deducibilidad[8].

Como se desprende, la Segunda Sala de la Suprema Corte de Justicia de la Nación (SCJN) resolvió que hasta que exista sentencia que tenga por declarado el concurso mercantil (conciliación), ello activa el derecho a la deducibilidad.

Para una mayor comprensión de lo establecido en los citados criterios judiciales, sirve señalar que la *litis* en ese juicio consistió en la procedencia de la deducción por un crédito incobrable que se realizó en un ejercicio previo a la declaratoria del concurso (conciliación), es decir, que la deducción se realizó en un ejercicio distinto.

En efecto, la Segunda Sala de la SCJN llegó a la conclusión que en el supuesto que la deducción se realizara en un ejercicio fiscal previo a la sentencia de concurso (conciliación), esta no es procedente en virtud de que es hasta el momento en que el deudor es declarado en esa situación jurídica (conciliación) que se actualiza el derecho para realizar la deducción, pues así lo establece el artículo 31, fracción XVI, inciso c) de la Ley del Impuesto sobre la Renta vigente en 2006 (artículo 27, fracción XV, inciso c) actual).

Con base en los precedentes expuestos, en el caso de la etapa de conciliación será de suma importancia revisar el momento en que se lleve a cabo la deducción, pues como se mencionó al inicio del presente trabajo, es probable que las empresas afronten crisis económicas que motiven el inicio del procedimiento de concurso mercantil, ya sea en la etapa de conciliación o quiebra.

Para el caso particular de la conciliación, en caso de que un deudor presente la solicitud en este ejercicio fiscal 2021, y con ello justifique a

---

[8] Tesis 2a. XCI/2016 (10a.), *Gaceta del Semanario Judicial de la Federación*, Décima Época, lib. 34, t. I, septiembre de 2016, p. 846. Énfasis añadido.

sus acreedores la suspensión de pagos, ello no detona la posibilidad de realizar la deducción del crédito incobrable, sino hasta el momento en que se dicte la sentencia de declaratoria de concurso (conciliación), que probablemente podría ser en 2022.

Ahora bien, es importante considerar que debido a la contingencia motivada por la pandemia de la COVID-19, también las empresas extranjeras tendrán una afectación económica, lo que puede derivar en la suspensión de pagos a acreedores mexicanos.

De ser ese el caso, será necesario analizar la legislación aplicable en la jurisdicción de residencia del deudor para conocer si existe un procedimiento análogo al concurso mercantil en México, como por ejemplo, el "*Chapter 11. Reorganization of a debtor's business affairs* (análogo a la conciliación)" y "*Chapter 7. Bankruptcy* (análogo a la quiebra)", en el Código de Quiebras de los Estados Unidos de América.

Así, para cumplir con los requisitos establecidos en el artículo 27, fracción XV de la LISR, se deben analizar las características particulares del procedimiento llevado a cabo en el extranjero para identificar su similitud con el concurso mercantil en México, y con ello, cumplir cabalmente con los requisitos para la deducción de un crédito incobrable. La deducibilidad es legalmente procedente aun cuando el deudor sea residente en el extranjero, contrario a criterios, ya superados, que ha sostenido la autoridad fiscal.

EFECTOS FISCALES PARA EL DEUDOR

El deudor también puede aplicar ciertas reglas fiscales que pueden ayudarle en su difícil situación.

En el supuesto de que el deudor se encuentre en concurso mercantil, este deberá disminuir el monto de las deudas perdonadas, conforme al convenio logrado con sus acreedores, de las pérdidas fiscales pendientes de utilizar. Esto se entiende lógico, pues la deuda que fue perdonada debe generar una disminución en la pérdida fiscal pendiente de aprovechar.

No obstante, en caso de que el monto de las deudas perdonadas sea mayor que las pérdidas fiscales pendientes de disminuir, esa diferencia ya no tendrá que ser acumulada como un incremento en el patrimonio del deudor, lo cual podrá ayudarlo a superar la difícil situación económica por la que atraviesa.

Llama la atención que el artículo 15 de la LISR señale que si la deuda perdonada proviene de operaciones entre partes relacionadas, entonces este tratamiento benéfico no es aplicable, y tendrá que acumularse como un ingreso.

En opinión del autor, esta excepción es violatoria del derecho fundamental de equidad tributaria, pues el mero hecho de que la deuda remitida provenga de transacciones entre partes relacionadas, no justifica el trato distinto, si se considera que las operaciones entre partes relacionadas deben pactarse a precios de mercado, en términos del Capítulo II del Título VI de la LISR.

Si el deudor cumple los requisitos establecidos en el artículo 196 de la LISR y la deuda se tiene con una entidad del sistema financiero, la acumulación de la quita o remisión se puede diferir hasta el momento en que, la parte no perdonada, sea pagada, por lo que es conveniente verificar el cumplimiento o no de los requisitos del citado artículo 196 para evaluar la aplicación de este atractivo diferimiento.

CONCLUSIONES

Para entender en su integridad la insolvencia e, incluso, para procurar evitarla, es esencial que el abogado de hoy tenga conocimientos razonables de finanzas corporativas, área en la que normalmente el abogado no tiene participación, y ese *statu quo* debe cambiar a la brevedad.

Así mismo resulta esencial conocer los efectos fiscales tanto para el deudor como para el acreedor, de tal forma que se aprovechen las ventajas que la propia ley establece.

Como se abordó en el presente trabajo, la LISR permite la deducción de créditos incobrables cuando se demuestre la imposibilidad práctica de cobro. En el caso específico del concurso mercantil, se debe atender al estado jurídico del deudor, es decir, si se encuentra en conciliación o en quiebra.

En el caso de la conciliación, la deducción será procedente si esta se realiza en el mismo ejercicio en el que se declaró en ese estado al deudor, lo cual no precisamente sucede desde el momento que suspendió los pagos al acreedor.

Por lo que hace a la quiebra, la LISR es clara y precisa en señalar que solo procederá la deducción cuando exista la sentencia que declare concluida la quiebra por pago concursal o por falta de activos, no antes.

En el caso de deudores extranjeros, es recomendable analizar la legislación doméstica de la jurisdicción para realizar una analogía de los procedimientos y, en caso de existir, ubicarlos en los requisitos establecidos en la LISR y los precedentes de la Segunda Sala de la SCJN para aplicar la deducción, lo cual es factible aun cuando el deudor sea residente en el extranjero, contrario a lo que sostenido inútilmente la autoridad fiscal.

Para el deudor, por su parte, puede no acumularse la quita de la deuda si esta es superior a la pérdida fiscal que pueda existir; de lo contrario debe acumularse como ingreso o bien, disminuir en ese monto su pérdida fiscal.

REFERENCIAS

Legislación

Código Civil Federal.

Código Fiscal de la Federación.

Constitución Política de los Estados Unidos Mexicanos.

Ley de Concursos Mercantiles.

Ley del Impuesto sobre la Renta

Normas de Información Financiera (diversas).

Jurisprudencia

Gaceta del Semanario Judicial de la Federación, Décima Época, lib. 34, t. I, septiembre de 2016, p.846.

Gaceta del Semanario Judicial de la Federación, Décima Época, lib. 35, t. I, octubre de 2016, p. 930.

Libros

Carpizo, J. et al. *Diccionario Jurídico Mexicano V*, 1ª ed. México: UNAM, 1982.

Gertz Manero, Federico. *Derecho Contable Mexicano*, 2ª ed. México: Porrúa, 1993.

De Pina Vara, Rafael. *Derecho Mercantil Mexicano*. México: Porrúa, 1998.

Ramírez Martínez, E. E. *Contabilidad.* México: Universidad Autónoma de Nuevo León–Editorial Latinoamericana.

Recursos electrónicos

Comisión de las Naciones Unidas para el Derecho Mercantil Internacional. *CNUDMI. Guía Legislativa de la sobre el Régimen de la Insolvencia.* Nueva York: Naciones Unidas, 2006, disponible en https://uncitral.un.org/sites/uncitral.un.org/files/media-documents/uncitral/es/05-80725_ebook.pdf

~

DIVERSA NATURALEZA DE LAS FUENTES DE IMPOSICIÓN. ¿CONFLICTO ENTRE LEY Y TRATADO? ANÁLISIS DE LA EJECUTORIA 36/2015 DE LA SUPREMA CORTE DE JUSTICIA DE LA NACIÓN

Arturo Pérez Robles[1]
Universidad Panamericana

INTRODUCCIÓN

Los tratados para evitar la doble imposición (CDI's) juegan un papel fundamental en las operaciones transfronterizas, a grado tal que la decisión de un inversionista para elegir un país de destino depende en gran medida de que existan estos acuerdos internacionales para respetar el estado de derecho.

Por ello, ha sido una práctica común que multiplicidad de jurisdicciones hayan optado por brindar seguridad jurídica a los capitales que pretenden captar mediante la celebración de CDI's, sin que con ello se

---

[1] Profesor de la Facultad de Derecho de la Universidad Panamericana. El artículo fue elaborado en julio de 2021.

prescinda de conflictos en la interpretación y aplicación de dichos instrumentos en su interacción con el derecho interno.

Es común en el ámbito tributario internacional que algunas jurisdicciones pretendan dar preferencia a los criterios que privilegian la recaudación en razón de la fuente de imposición, esto es, a aquellos ingresos que provienen del territorio cuyas leyes los pretenden someter a imposición.

México no ha sido la excepción y diversas reformas legislativas que han sido analizadas desde la perspectiva jurisdiccional, lo confirman.

Cada vez son más los casos que se discuten en México a través de los medios de control interno de la legalidad cuando se presentan conflictos en la interpretación y aplicación de los CDI's y las normas formal y materialmente legislativas.

Un ejemplo de ello se presentó en el Amparo Directo 36/2015,[2] en el que la Primera Sala de la Suprema Corte de Justicia de la Nación (SCJN) resolvió dos cuestiones fundamentales: (i) si un ingreso regulado en un CDI como susceptible de gravamen en la fuente puede ser sometido a imposición, no obstante que tenga una naturaleza jurídica diversa en la Ley del Impuesto sobre la Renta (LISR) y (ii) de manera colateral y menos clara, pero al menos susceptible de inferencia, la posibilidad de que una norma de derecho interno pueda desatender el sentido del tratado y con ello violentar la cláusula de beneficios empresariales contenida en el CDI, mediante la práctica conocida en el derecho anglosajón como "*Treaty Override*".

En esta última cuestión ha sido sostenida por la Segunda Sala de la SCJN, en la tesis siguiente:

> **RENTA. EL ARTÍCULO 210, FRACCIÓN VI, DE LA LEY DEL IMPUESTO RELATIVO, EN CUANTO EXCLUYE A LOS INGRESOS DERIVADOS DE CONTRATOS DE FLETAMENTO, NO TRANSGREDE LOS ARTÍCULOS 16 Y 133 DE LA CONSTITUCIÓN POLÍTICA DE LOS ESTADOS UNIDOS MEXICANOS, PUES ES ACORDE CON EL ARTÍCULO 7, PÁRRAFO 1, DEL CONVENIO**

[2] https://www2.scjn.gob.mx/ConsultaTematica/PaginasPub/DetallePub.aspx?AsuntoID=185954

ENTRE EL GOBIERNO DE LOS ESTADOS UNIDOS MEXICANOS Y EL GOBIERNO DE LOS ESTADOS UNIDOS DE AMÉRICA PARA EVITAR LA DOBLE IMPOSICIÓN E IMPEDIR LA EVASIÓN FISCAL EN MATERIA DE IMPUESTOS SOBRE LA RENTA. El artículo 210, fracción VI, de la Ley del Impuesto sobre la Renta, vigente a partir del 1o. de enero de 2005, establece que se consideran ingresos por actividades empresariales los señalados en el artículo 16 del Código Fiscal de la Federación, con excepción de los previstos en los artículos 179 a 207 de dicha Ley, entre los que se encuentran los derivados de contratos de fletamento que regula el artículo 188-Bis de la citada Ley. Por otra parte, el artículo 7, párrafo 1, del Convenio entre el Gobierno de los Estados Unidos Mexicanos y el Gobierno de los Estados Unidos de América para Evitar la Doble Imposición e Impedir la Evasión Fiscal en Materia de Impuestos sobre la Renta, dispone que: 'Los beneficios de una empresa de un Estado Contratante solamente pueden someterse a imposición en este Estado', de cuyo enunciado 'beneficios de una empresa' se advierte que comprende a los ingresos o utilidades susceptibles de gravamen en el Estado contratante. Además, el artículo 3, párrafo 2, del Convenio señala que: 'Para la aplicación del Convenio por un Estado Contratante, cualquier expresión no definida en el mismo tendrá, a menos que de su contexto se infiera una interpretación diferente, el significado que se le atribuya por la legislación de este Estado relativa a los impuestos que son objeto del Convenio'. Por tanto, si las partes pactaron que respecto de los conceptos no definidos en el Convenio se estará a la definición prevista en la legislación interna de cada país, resulta evidente que el artículo 210, fracción VI, de la Ley del Impuesto sobre la Renta, que excluye de las actividades empresariales, entre otros, a los ingresos por contrato de fletamento que establece el numeral 188-Bis de la Ley, no transgrede los numerales 16 y 133 de la Constitución Política de los Estados Unidos Mexicanos, pues es acorde con el artículo 7, párrafo 1, del Convenio indicado.[3]

---

[3] **Época: Novena Época, Registro: 171641, Instancia: Segunda Sala, Tipo de Tesis: Aislada,** *Semanario Judicial de la Federación y su Gaceta*, Tomo XXVI, Agosto de 2007, Materia(s): Constitucional, Administrativa, Tesis: 2a. CXX/2007, **página 641**.

Como se comentará más adelante, en lo atinente a si el artículo 210, fracción VI de la LISR (ahora artículo 175, fracción VI de la LISR vigente) constituye una norma que tiene el propósito de eludir la aplicación de los CDI's suscritos por México, considero que no existe una franca disidencia en lo resuelto por ambas salas en las sentencias de mérito.

Sin embargo, resulta novedoso el enfoque con el que la SCJN analiza la posibilidad de que un ingreso específico de fuente previsto en la LISR pueda ser gravado al regularse en un CDI con una naturaleza diversa.

También resulta de interés el análisis constitucional que se lleva a cabo del artículo 188 de la LISR al amparo del artículo 31, fracción IV de la Constitución Política de los Estados Unidos Mexicanos (CPEUM), previo el análisis de la legalidad en cuanto a la interpretación y aplicación del artículo de regalías regulado en el tratado aplicable.

RESULTANDOS DE LA SENTENCIA 36/2015

En este apartado trataré de exponer los principales hechos y argumentos del quejoso que se encuentran en conflicto con lo sostenido por la autoridad liquidadora, a efecto de analizar con posterioridad los criterios a comentar por parte de nuestro Máximo Tribunal.

1. Durante el ejercicio fiscal de 2004 la quejosa realizó pagos a entidades residentes en los Estados Unidos de América (EUA) sin establecimiento permanente en México, derivados de diversos contratos de arrendamiento de helicópteros, respecto de los cuales no efectuó retención alguna.

2. La autoridad revisora determinó un crédito fiscal derivado del rechazo de la deducción de la partida y de la determinación de la responsabilidad solidaria por la omisión en la retención, argumentando que el ingreso derivado del arrendamiento de helicópteros se encontraba gravado en la fuente por la LISR como arrendamiento de bienes muebles en términos del artículo 188[4]

[4] El artículo 188 de la LISR establecía: "En los ingresos por otorgar el uso o goce temporal de bienes muebles, se considerará que la fuente de riqueza se encuentra en

y permitido por el CDI-USA[5] como regalía con una tasa limitada al 10 % conforme a este instrumento internacional.[6]

3. Adujo la quejosa que la LISR distingue entre los arrendamientos de bienes muebles ("arrendamiento puro") regulados en el artículo 188 y aquellos que pueden gravarse como regalías por referirse a equipo comercial, industrial y científico, en términos del artículo 200 de la misma ley.[7]

---

territorio nacional, cuando los bienes muebles destinados a actividades comerciales, industriales, agrícolas, ganaderas y de pesca, se utilicen en el país. Se presume salvo prueba en contrario, que los bienes muebles se destinan a estas actividades y se utilizan en el país, cuando el que usa o goza el bien es residente en México o residente en el extranjero con establecimiento permanente en territorio nacional. En el caso de que los bienes muebles se destinen a actividades distintas de las anteriores, cuando en el país se haga la entrega material de los bienes muebles. -El impuesto se determinará aplicando la tasa del 25 % sobre el ingreso obtenido, sin deducción alguna, debiendo efectuar la retención las personas que hagan los pagos. Tratándose de contenedores, así como de aviones y embarcaciones que tengan concesión o permiso del Gobierno Federal para ser explotados comercialmente, el impuesto se determinará aplicando la tasa del 5 % siempre que dichos bienes sean utilizados directamente por el arrendatario en la transportación de pasajeros o bienes. -Lo dispuesto en este precepto no es aplicable a los bienes muebles a que se refieren los artículos 198 y 200 de esta Ley".

5 CONVENIO ENTRE EL GOBIERNO DE LOS ESTADOS UNIDOS MEXICANOS Y EL GOBIERNO DE LOS ESTADOS UNIDOS DE AMÉRICA PARA EVITAR LA DOBLE IMPOSICION E IMPEDIR LA EVASIÓN FISCAL EN MATERIA DE IMPUESTOS SOBRE LA RENTA.

6 El artículo 12 del CDI-USA señala en su parte conducente: "[...] 1. Las regalías procedentes de un Estado Contratante y pagadas a un residente del otro Estado Contratante pueden someterse a imposición en este otro Estado; 2. Sin embargo, dichas regalías pueden también someterse a imposición en el Estado Contratante del que procedan y de acuerdo con la legislación de este Estado, pero si el beneficiario efectivo es residente del otro Estado Contratante, el impuesto así exigido no excederá del 10 por ciento del importe bruto de las regalías".

7 El artículo 200 de la LISR dispone: "Tratándose de ingresos por regalías, por asistencia técnica o por publicidad, se considerará que la fuente de riqueza se encuentra en territorio nacional cuando los bienes o derechos por los cuales se pagan las regalías o la asistencia técnica, se aprovechen en México, o cuando se paguen las regalías, la asistencia técnica o la publicidad, por un residente en territorio nacional o por un residente en el extranjero con establecimiento permanente en el país [...]". Por su parte, el artículo 15-B del Código Fiscal de la Federación (CFF) establece: "**Artículo 15-B**.- Se consideran regalías, entre otros, los pagos de cualquier clase por el uso o goce temporal de patentes, certificados de invención o mejora, marcas de fábrica, nombres comerciales, derechos de autor sobre obras literarias, artísticas o científicas,

4. Por lo anterior, sostiene que es incorrecto que para determinar un crédito fiscal la autoridad se funde en el artículo 188 cuando pretende aplicar el artículo 12 del CDI-USA relativo a las regalías.

5. Argumenta la parte quejosa que la tasa del artículo 25 % prevista para el arrendamiento de bienes muebles prevista en el artículo 188 y aplicable para el caso de arrendamiento de helicópteros, establece un trato inicuo y por ende violatorio del artículo 31, fracción IV de la Constitución, respecto de la hipótesis de arrendamiento de aviones, en virtud de que la referida norma establece una tasa de retención del 5 % para el caso de ingresos derivados del arrendamiento de estos últimos, siendo que ambos bienes (aviones y helicópteros) son aeronaves conforme al artículo 2 de la Ley de Aviación Civil y se destinan a actividades comerciales.[8]

6. Asimismo, la quejosa argumenta que, al no haber cubierto regalías a los arrendadores residentes en EUA, las rentas atinentes estaban protegidas por el artículo 7 del CDI-USA, en el sentido

---

incluidas las películas cinematográficas y grabaciones para radio o televisión, así como de dibujos o modelos, planos, fórmulas, o procedimientos y <u>equipos industriales, comerciales o científicos</u>, así como las cantidades pagadas por transferencia de tecnología o informaciones relativas a experiencias industriales, comerciales o científicas, u otro derecho o propiedad similar. Énfasis añadido".

[8] "[...] Los helicópteros y los aviones comparten la naturaleza de ser aeronaves, para efectos de la Ley de Aviación Civil y la única diferencia radica en la tecnología que les permite mantenerse en el aire, así como la accesibilidad en determinadas ubicaciones imposibles de aterrizar para los aviones, lo que hace necesario que existan servicios proporcionados con ambos tipos de aeronaves, por lo que no debe existir un trato diferenciado entre la quejosa y las que prestan transportación aérea con aviones.
Máxime, cuando ni del propio precepto ni de su exposición de motivos se advierte una justificación clara y sustentada en fines constitucionales del porqué no se incluyó dentro de la aplicación de la tasa de retención que se otorgó al arrendamiento de aviones a las operaciones relativas al otorgamiento del uso o goce temporal de helicópteros, no obstante que se llevan a cabo las mismas actividades, lo que evidencia la violación a la garantía de equidad tributaria que exige que se debe tratar por igual a los que se encuentran en situaciones iguales y/análogas" (Ejecutoria AD. 36/2015, p.18 y 19).

de que solamente podrían gravarse en México si resultaban atribuibles a un establecimiento permanente en el país.[9]

CONSIDERACIONES JURÍDICAS DE LA PRIMERA SALA

1. La SCJN analiza en primera instancia la incidencia del artículo 188 de la LISR y su aplicación al caso concreto, precisando que, al haberse hecho referencia a este numeral en el acto determinante del crédito fiscal, la autoridad debió sujetarse al mismo y no acudir al CDI-USA para contextualizar su alcance.

2. De esta manera, los helicópteros al ser bienes muebles y destinarse a actividades comerciales, procede la aplicación de la tasa del 25 % sin deducción alguna.

3. Ahora bien, en la ejecutoria de mérito se dispone que la autoridad revisora no aplicó el artículo 200 de la LISR relativo al régimen fiscal de los ingresos por regalías que obtienen los residentes en el extranjero cuya fuente se ubica en México, sino que se determinó que resultaba aplicable el artículo 188 de la misma ley, pero para efectos de fijar el beneficio del CDI-USA, la autoridad acudió al artículo 12 del referido instrumento, por considerar que se estaba en presencia de una regalía.

4. La consideración consistente en que el arrendamiento de helicópteros debe considerarse como regalías al amparo del CDI-USA deriva de que se trata del otorgamiento del uso o goce

---

[9] "[...] Se pasó inadvertido en el fallo combatido que lo argumentado en el sentido de que tanto la legislación nacional como el Convenio hacen una distinción entre bienes muebles y bienes inmuebles y el tipo de contraprestación; además, que el concepto de regalías se encuentra estrechamente vinculado a la propiedad intelectual o de un derecho de propiedad intelectual u otro tipo de bien intangible, lo que no ocurre tratándose de la renta de helicópteros que son bienes tangibles, cuya prestación deriva de un contrato de arrendamiento, regulado por el derecho civil y cuyo pago deriva de una base fija y no con motivo de su explotación, lo que implica que la contraprestación que la quejosa paga debe sujetarse a lo que establece el artículo 7 del Convenio para impedir la doble tributación con los EE. UU" (*Ibidem*, p. 21).

temporal de un equipo comercial, circunstancia que se confirma con la reserva mexicana relativa al artículo 12 del Convenio Modelo de la OCDE.[10] Sobre esta particular resulta aplicable el siguiente criterio:

> **REGALÍAS PREVISTAS EN EL ARTÍCULO 12, NUMERAL 3, DEL CONVENIO ENTRE EL GOBIERNO DE LOS ESTADOS UNIDOS MEXICANOS Y EL GOBIERNO DE LOS ESTADOS UNIDOS DE AMÉRICA PARA EVITAR LA DOBLE IMPOSICIÓN E IMPEDIR LA EVASIÓN FISCAL EN MATERIA DE IMPUESTOS SOBRE LA RENTA. INCLUYE LAS CANTIDADES PAGADAS POR EL USO O LA CONCESIÓN DE USO DE UN EQUIPO INDUSTRIAL, COMERCIAL O CIENTÍFICO QUE NO CONSTITUYE PROPIEDAD INMUEBLE.** Si bien es cierto que el artículo 12, numeral 3, del citado Convenio otorga al concepto 'regalías' una connotación inherente con la propiedad intelectual y su explotación, también lo es que en su parte final incluye las cantidades de cualquier clase pagadas por el uso o la concesión de uso de un equipo industrial, comercial o científico que no constituye propiedad inmueble, por lo que dichas cantidades pueden considerarse incluidas en aquel concepto, lo cual se corrobora con el Modelo de Convenio Fiscal sobre la Renta y sobre el Patrimonio de la Organización para la Cooperación y Desarrollo Económico, que en su texto original incluía en su artículo 12, numeral 2, los pagos de cualquier clase obtenidos por el uso o la concesión de uso de equipos industriales, comerciales o científicos en la definición de regalías, pues aun cuando con posterioridad tal referencia fue eliminada, el Estado Mexicano formuló reserva en el sentido de mantenerla, la cual, con apoyo en el artículo 21 de la Convención de Viena sobre el derecho

[10] "41. Grecia, Italia, México y Polonia se reservan el derecho a continuar incluyendo las rentas obtenidas por el arrendamiento de equipos industriales, comerciales o científicos y de contenedores en la definición de "regalías" ofrecida en el apartado 2 del Artículo 12 del Modelo de Convenio de 1977" (Organización para la Cooperación y el Desarrollo Económico, Comité de Asuntos Fiscales, Modelo de Convenio Tributario sobre la Renta y sobre el Patrimonio, versión abreviada, 15 de julio de 2005, p. 205).

de los Tratados, es efectiva respecto a la otra parte que celebró el tratado mientras ésta no formule objeción.
Suprema Corte de Justicia de la Nación Registro digital: 2004773 Instancia: Primera Sala Décima Época Materias(s): Administrativa Tesis: 1a. CCXCI/2013 (10a.) Fuente: Semanario Judicial de la Federación y su Gaceta. Libro XXV, Octubre de 2013, Tomo 2, página 1062 Tipo: Aislada

5. A fojas 36 y 37 de la sentencia, se precisa:

> [...] Ello se debe a que en dichas determinaciones se resolvió que, los pagos efectuados por la quejosa a las empresas residentes en los Estados Unidos de América, con motivo de los contratos celebrados entre éstas por el arrendamiento de helicópteros, eran bienes muebles a los que se refiere el citado numeral, por lo que los ingresos por el otorgamiento del uso o goce temporal de helicópteros cuya fuente de riqueza se encuentra en México, estaba gravado por el citado numeral a la tasa del 25 %.
>
> Sin embargo, para considerar aplicables los beneficios del Convenio para impedir la doble tributación con los EE. UU., se contextualizó la citada operación y la ubicaron en el artículo 12 del citado convenio a partir de las definiciones que establece, que regula los pagos que se hacen por concepto de regalías.

6. Con apoyo en lo anterior la SCJN indica que la autoridad fiscal consideró al ordenamiento internacional como la norma que establece el hecho imponible, cuando ello solamente puede estar soportado en una ley en sentido formal y material.[11]

---

[11] Basa esta conclusión y la imprecisión en el actuar de la autoridad en el artículo 31, fracción IV de la Constitución, mismo que establece el principio de reserva de ley en materia tributaria. Se transcribe una tesis aplicable al respecto: "**EQUIDAD TRIBUTARIA. SU ÁMBITO DE APLICACIÓN COMPRENDE DISPOSICIONES LEGALES QUE TRASCIENDEN AL MONTO DE LA OBLIGACIÓN FISCAL DE PAGO, AUNQUE NO AFECTEN DIRECTAMENTE LA CONFIGURACIÓN DE LOS ELEMENTOS ESENCIALES DE LA CONTRIBUCIÓN**. El Tribunal en Pleno y

7. Vale la pena resaltar lo que la Primera Sala de la SCJN estableció a foja 40 de la Ejecutoria en comento:

> [...] Bajo ese esquema, si las autoridades demandadas en el juicio de nulidad determinaron que los ingresos percibidos por los residentes en el extranjero por el otorgamiento del uso o goce temporal de helicópteros actualiza el hecho imponible contenido en el artículo 188 de la Ley del Impuesto sobre la Renta, es incorrecto que tanto en la sentencia reclamada como en las resoluciones

---

las Salas de la Suprema Corte de Justicia de la Nación han sostenido que la garantía de equidad tributaria tutelada en la fracción IV del artículo 31 de la Constitución Política de los Estados Unidos Mexicanos implica que los sujetos de una misma contribución guarden una situación de igualdad frente a la norma jurídica que establece y regula el gravamen, esto es, la proyección de la citada garantía constitucional se ha circunscrito a un ámbito específico de aplicación, correspondiente a las actuaciones formal y materialmente legislativas, buscando que estas generen consecuencias jurídicas particulares que incidan directa o indirectamente en el aspecto sustancial de la obligación tributaria –es decir, respectivamente, cuando ello se haga por una modificación en los elementos esenciales de la contribución, o bien, mediante el establecimiento de cualquier otra medida que altere la cantidad que legalmente hubiere correspondido cubrir– lo cual debe estar sujeto a control constitucional, bajo la óptica de la garantía de equidad tributaria. Así, la Suprema Corte de Justicia de la Nación, como Tribunal Constitucional, ha pretendido que se otorgue plena vigencia a los principios tributarios establecidos por la Ley Fundamental, para lo cual no ha circunscrito su eficacia a las disposiciones legales que establecen gravámenes o que definen o modifican alguno de los elementos esenciales de la contribución, sino que progresivamente ha delimitado el contenido y alcance de las garantías tributarias, a fin de que también sean el parámetro al que se ajuste el legislador cuando sus actuaciones incidan en la obligación sustantiva relativa al pago de la contribución, sea que ello ocurra con la delimitación –conceptual o cuantitativa– de dichos elementos esenciales de la contribución, mediante obligaciones formales que estén estrechamente vinculadas con la determinación de la deuda tributaria, o bien, a través del otorgamiento de algún beneficio que afecte la cantidad que será cubierta por concepto del tributo. Lo anterior es así, en virtud de que la obligación constitucional de concurrir al levantamiento de las cargas públicas tiene un contenido esencialmente económico, lo cual implica la disposición de recursos monetarios a favor del Estado por concepto de contribuciones; de ahí que en cualquier actuación legislativa que repercuta en la obligación tributaria sustantiva –el pago– los principios constitucionales en materia tributaria deben tener plena eficacia" (Suprema Corte de Justicia de la Nación Registro digital: 173305 Instancia: Primera Sala Novena Época Materias(s): Constitucional, Administrativa Tesis: 1a. XXXIV/2007, *Semanario Judicial de la Federación y su Gaceta*, Tomo XXV, Febrero de 2007, página 639 Tipo: Aislada).

administrativas impugnadas se acuda al Convenio para impedir la doble tributación con los EE. UU., para contextualizar la operación que se encuentra gravada por un numeral que no regula específicamente el tema de regalías.

Por tanto, si en el caso las autoridades fiscalizadoras como la Sala responsable definieron que la operación de la quejosa encontraba su hipótesis de causación en el artículo 188 de la Ley del Impuesto Sobre la Renta, la referencia al citado instrumento internacional sólo debe hacerse para definir si la mencionada operación debe encontrarse o no sujeta por el Estado Mexicano, atendiendo a la naturaleza de la operación definida por la legislación interna.

De ahí que, como se dijo, los argumentos planteados por la quejosa en cuanto a la aplicación del artículo 188 de la Ley del Impuesto sobre la Renta, en relación con el Convenio para impedir la doble tributación con los EE. UU., sean sustancialmente fundados.

8. Es importante destacar que hasta esta etapa puede decirse que la SCJN señala que no es dable al intérprete acudir a un artículo de un CDI para determinar el beneficio que el mismo confiere a una renta, si esa naturaleza no se desprende de la LISR aplicable.

   En otras palabras, resulta fundamental determinar la naturaleza fiscal que una renta tenga al amparo de la ley doméstica, a efecto de dilucidar si le resulta aplicable un CDI, ya que debe existir concordancia entre la norma internacional y la doméstica a efecto de dar aplicación al beneficio que confiere el instrumento internacional.

9. El siguiente análisis se plantea en cuanto a la inconstitucionalidad del artículo 188 de la LISR, pues al tratarse de aeronaves, la diferencia en cuanto a la tasa de retención aplicable a los ingresos por arrendamiento de helicópteros (25 %) respecto del arrendamiento de aviones (5 %) se entiende caprichosa y sin justificación, lo que torna inconstitucional el artículo de mérito.

   Por ello, al ser violatorio del artículo 31, fracción IV Constitucional, el artículo 188 sería aplicable para la quejosa, tomando en consideración la tasa del 5%, la cual es menor a la que pretendió aplicar la autoridad al amparo del CDI-USA (10 %).[12]

10. Consecuencia de lo anterior, la SCJN simplemente señala:

> [...] A mayor abundamiento, no debe desatenderse que sólo puede acudirse al Convenio para impedir la doble tributación con los EE. UU., para determinar si la tasa del 5 % aplicable a los pagos realizados por la quejosa a las empresas residentes en el extranjero gozan de un beneficio mayor, como sería que al tratarse de un 'arrendamiento puro' –conforme al artículo 188 de la Ley del Impuesto sobre la Renta– la quejosa no estaba obligada de efectuar retención alguna.

Esta última aseveración se infiere del argumento expuesto por la quejosa, según se observa a foja 9 de la sentencia,[13] en el sen-

---

[12] La sentencia a fojas 47 y 48, señala: "[...] Bajo ese esquema, se tiene que el artículo 188 de la Ley del Impuesto sobre la Renta sí establece un trato diferenciado entre los aviones y los helicópteros, pese a que en ambos casos se tratan de aeronaves y cuyas modalidades en el servicio de transportación aérea no cambian, pues dicho dispositivo legal establece que a los ingresos derivados por el uso o goce temporal de aviones con concesión o permiso del Gobierno Federal para ser explotados comercialmente se les aplicará la tasa del 5 %, mientras que a las restantes aeronaves, como los helicópteros, se les aplicará la tasa del 25 % [...] Sin embargo, pese a que la intención del creador de la norma para reducir la tasa de retención al 5 %, lo cierto es que no existe justificación alguna en cuanto a la distinción de los ingresos provenientes del otorgamiento del uso o goce temporal de aviones, en relación con los que se origen por esas mismas operaciones pero se trate de helicópteros.
Conforme a lo anterior, la motivación dada por el legislador no está encaminada a justificar la distinción que hizo entre los ingresos derivados del otorgamiento de uso o goce temporal de aviones como por esa misma operación pero tratándose de helicópteros.
Bajo ese esquema, dado que no existen razones objetivas que permiten llevar a cabo una distinción entre los ingresos que perciben los residentes en el extranjero por el otorgamiento de uso o goce temporal de aviones, la distinción que se hace en el artículo 188 de la Ley del Impuesto Sobre la Renta entre ese tipo de aeronaves y los helicópteros, la torna caprichosa y artificial al no poder sustentarse en motivos razonables y objetivos; de ahí que el citado numeral transgreda el principio de equidad tributaria, previsto en el artículo 31, fracción IV, constitucional".

[13] "[...] Por otro lado, respecto al argumento referente a que le era aplicable a la actora la hipótesis del artículo 7 del Convenio para impedir la doble tributación con los EE.

tido de que los ingresos derivados del arrendamiento de bienes (helicópteros) regulado en el artículo 188 de la LISR, al no ser regalías para fines de la LISR (Art. 200) y tratarse de ingresos propios de la actividad del residente en el extranjero, deben ser protegidos por el artículo 7 del CDI-USA y solamente podrán gravarse por México si se atribuyen a un establecimiento permanente del residente en el extranjero. Ello con independencia de la cláusula de otros ingresos prevista en el tratado.

ANÁLISIS DE LAS CUESTIONES JURÍDICAS PLANTEADAS

1. Resulta claro que el hecho generador del tributo debe estar contenido en una ley en sentido formal y material, por disposición expresa de los artículos 31, fracción IV, 73, fracción VII y 72 h) de la CPEUM.[14]

UU., que regula lo relativo a los "beneficios empresariales" y, por ende, no tenía obligación de retener cantidad alguna, se decidió que era inoperante al sustentarse en la premisa de que se le daría la razón en cuanto a que no es aplicable el artículo 12 del citado convenio, lo que no ocurrió en la especie".

[14] No hay que olvidar que existe una justificación por la que un CDI no puede establecer un gravamen: "(i) la primera se apoya en que no es el objeto ni el fin del CDI hacerlo, pues su propósito se vincula con la distribución de potestades tributarias entre los Estados firmantes y así evitar la doble imposición y prevenir la evasión fiscal, y (ii) el artículo 72 h) de la CPEUM exige que en toda creación de tributos participe la Cámara de Diputados en origen, misma que no tiene incidencia en el procedimiento de creación de los tratados como fuente normativa". A continuación se transcribe una tesis que apoya lo anterior: "**CONTRIBUCIONES. EL ARTÍCULO 8o. TRANSITORIO DE LA LEY DE INGRESOS DE LA FEDERACIÓN PARA EL EJERCICIO FISCAL DE 2002, QUE ESTABLECE EL IMPUESTO A LA VENTA DE BIENES Y SERVICIOS SUNTUARIOS, ES INCONSTITUCIONAL POR NO HABERSE DISCUTIDO PRIMERO EN LA CÁMARA DE DIPUTADOS.** De acuerdo con el artículo 72, inciso H), de la Constitución Política de los Estados Unidos Mexicanos, la formación de leyes que establezcan contribuciones deberá discutirse primero en la Cámara de Diputados, disposición que se encuentra reiterada en el artículo 62 del Reglamento para el Gobierno Interior del Congreso General de los Estados Unidos Mexicanos; por tanto, el artículo 8o. transitorio de la Ley de Ingresos de la Federación para el ejercicio fiscal de 2002, incorporado por la Cámara de Senadores, que estableció un impuesto a la venta de bienes y servicios suntuarios, resulta inconstitucional por no haberse observado el procedimiento antes indicado. Dicha violación trasciende a la validez de la norma, porque se llevó a cabo en contra del texto expreso de la disposición primeramente citada" (Suprema Corte de Justicia de la Nación Registro digital: 185420

Una vez definido el alcance del gravamen atendiendo a la ley aplicable, podrá acudirse al CDI a efecto de determinar si otorga o no un beneficio respecto del gravamen.[15]

2. Partiendo de esta premisa, la SCJN cuestiona la "contextualización" en la interpretación normativa del artículo 188 de la LISR y del artículo 12 del CDI-USA que realiza la autoridad, lo que nos obliga a analizar si fue correcta la precisión en cuanto a la aplicación del artículo 188 al caso en análisis.

3. Tanto el artículo 188 como el artículo 200 de la LISR entonces vigente, establecían como hecho imponible el otorgamiento del uso o goce temporal de bienes, pero existía una diferencia clara, que en tanto el artículo 188 de la LISR se refería a cualquier bien mueble destinado *a actividades comerciales, industriales, agrícolas, ganaderas y de pesca*, el artículo 200 resultaba aplicable a equipos comerciales, industriales y científicos, de tal suerte que esta norma tenía prevalencia en la aplicación, de tratarse de esta especie de bienes (equipos), de ahí que el propio artículo 188 indicara textualmente: "Lo dispuesto en este precepto no es aplicable a los bienes muebles a que se refieren los artículos 198 y 200 de esta Ley".

4. No obstante lo anterior, la SCJN asumió que el artículo 188 era el aplicable para determinar el ingreso de fuente en la hipótesis que se comenta sin definir si se trataba de un equipo comercial

Instancia: Pleno Novena Época Materias(s): Constitucional, Administrativa Tesis: P./J. 51/2002, *Semanario Judicial de la Federación y su Gaceta*, Tomo XVI, Diciembre de 2002, página 5 Tipo: Jurisprudencia).

15 En este mismo sentido el artículo 4 de la LISR señala en su primer párrafo: "[...] Los beneficios de los tratados para evitar la doble tributación sólo serán aplicables a los contribuyentes que acrediten ser residentes en el país de que se trate y cumplan con las disposiciones del propio tratado y de las demás disposiciones de procedimiento contenidas en esta Ley, incluyendo la de presentar la declaración informativa sobre su situación fiscal en los términos del artículo 32-H del Código Fiscal de la Federación o bien, la de presentar el dictamen de estados financieros cuando se haya ejercido la opción a que se refiere el artículo 32-A del citado Código, y de designar representante legal".

al que le resultara aplicable el artículo 200. De esta manera no resuelve sobre la indebida fundamentación y motivación del acto determinante del crédito fiscal y de la sentencia combatida por el quejoso y de manera directa procedió a la declaratoria de inconstitucionalidad del referido numeral (188).

5. Resulta interesante que, tratándose de ingresos por arrendamiento de aviones, embarcaciones y contenedores, mismos que tradicionalmente han sido considerados por las autoridades fiscales como regalías,[16] se encontraban expresamente incluidos en el artículo 188, pero faltó precisar si se trataba de una norma de excepción al artículo 200 o bien, la autoridad había fundado y motivado indebidamente el acto de autoridad al incluir a los helicópteros en el artículo 188, pues de ser este el caso, el artículo referido no hubiera sido objeto de escrutinio constitucional.

6. La consideración de si el artículo 188 grava un ingreso que al amparo de la LISR no es una regalía y, de esta manera, no era dable contextualizar y aplicar por ende el artículo 12 del CDI-USA, constituye un criterio relevante en materia de tributación internacional.

7. En efecto, un aspecto trascendente a dilucidar consiste en precisar si los conceptos previstos en los CDI's deben estar específicamente gravados y con la misma naturaleza fiscal en la LISR a efecto de aplicar la norma convencional. Esto es que, si los pagos por el arrendamiento de aviones, embarcaciones y contenedores se encontraban regulados en el artículo 188 como un ingreso por arrendamiento de bienes muebles, es obligación del intérprete analizar si los ingresos por "arrendamiento simple o puro" solamente pueden conceptualizarse en el CDI como tales,

---

16 En materia de arrendamiento de contenedores, *Cfr*. OECD, Committe On Fiscal Affairs, Vol. II, Reports Related to the Model Convention, *The Taxation of Income derived from the leasing of containers*, R(3)-1.

o bien, si por el tipo de bien y por la naturaleza de la operación, podrían considerarse regalías conforme al tratado relativo.

8. La Primera Sala de la SCJN se inclinó por considerar que los ingresos por arrendamiento de bienes muebles regulados en el entonces artículo 188 de la LISR solamente pueden ser analizados en la óptica de los CDI's como ingresos por "arrendamiento simple" y no como regalía, aun cuando exista una norma especial en el artículo específico de los CDI's que le otorguen esa naturaleza (regalía), lo que resulta trascendente, si derivado de este criterio se concluye que por la cláusula de otros ingresos, México podría gravar tales conceptos, o bien, si estos quedan protegidos por la cláusula de beneficios empresariales del tratado relativo, como se verá más adelante.[17]

9. Sobre este particular, considero que la LISR debe siempre ser el origen de la contribución y efectivamente, no es dable ampliar el hecho generador por el CDI,[18] pero ello no impide que el tra-

---

[17] Si bien el considerar los pagos por el arrendamiento de equipo industrial, comercial o científico como regalías o cánones se introdujo en el Modelo de Convenio Fiscal sobre la Renta y sobre el Patrimonio de la Organización para la Cooperación y Desarrollo Económico de 1963, el Comité de Asuntos Fiscales lo abandonó en 1992 (*Cfr.* CORASANITI, G. "Dividendos, Intereses, Cánones y Plusvalías en el Modelo OCDE". En *Curso de Derecho Tributario Internacional*, tomo I, coordinado por Uckman, Victor. Bogotá: Themis, 2003, p. 459).

[18] Ver la siguiente tesis: "**INTERPRETACIÓN Y APLICACIÓN DE LOS CONVENIOS INTERNACIONALES EN MATERIA DE DOBLE TRIBUTACIÓN. AL REALIZARLA DEBEN TOMARSE EN CUENTA TANTO SUS PREVISIONES Y TERMINOLOGÍA, COMO LO DISPUESTO EN LA LEGISLACIÓN NACIONAL.** Hechos: Una empresa residente en los Estados Unidos de América, sin establecimiento permanente en territorio nacional, adquirió inmuebles a fin de construir un centro comercial ubicado en México; para ello, solicitó un crédito a entidades también residentes en el extranjero. Posteriormente, obtuvo ingresos por el uso o goce temporal de bienes inmuebles en territorio nacional –centro comercial construido– por lo que, conforme al artículo 186 de la Ley del Impuesto sobre la Renta abrogada, debía determinar esa contribución aplicando la tasa del 25 % sobre el ingreso obtenido, sin deducción alguna; sin embargo, optó por acogerse al beneficio contenido en el artículo 6, numeral 5, del Convenio entre el Gobierno de los Estados Unidos Mexicanos y el Gobierno de los

tado establezca un régimen de tributación diverso respecto de una fuente específica que regula y que la ley doméstica le otorga una naturaleza distinta para fines del gravamen.

Estados Unidos de América para evitar la doble imposición e impedir la evasión fiscal en materia de impuestos sobre la renta, y dedujo como gastos los intereses pagados a las entidades acreedoras residentes en el extranjero, lo cual rechazó la autoridad hacendaria, al considerar que la empresa debió retener el impuesto sobre la renta por los ingresos obtenidos de esos intereses, conforme al artículo 195 del mismo ordenamiento, al existir fuente de riqueza en México, ya que en el país se colocó o invirtió el capital. La contribuyente justificó su omisión aduciendo en el recurso de revocación y en el juicio de nulidad promovidos contra la negativa de la deducción, que conforme al artículo 11 del convenio mencionado, dichos intereses no pueden ser considerados procedentes de México, porque al interpretar las disposiciones del convenio, no debe tenerse en cuenta lo que dispone la legislación local, lo cual se declaró infundado y derivó en la interposición de la demanda de amparo [...] Criterio Jurídico: Este Tribunal Colegiado de Circuito determina que al interpretar y aplicar los convenios para evitar la doble tributación, como el señalado, deben tomarse en cuenta tanto las previsiones consignadas en estos y su terminología, como lo dispuesto en la legislación nacional [...] Justificación: Para la interpretación y aplicación de los tratados internacionales debe acudirse a la Convención de Viena sobre el Derecho de los Tratados, en específico a sus artículos 31 y 32, que establecen las reglas de interpretación, cuya aplicación ha sido reconocida por la Segunda Sala de la Suprema Corte de Justicia de la Nación en la tesis aislada 2a. CLXXI/2002. En estas condiciones, como la carga impositiva impuesta en México está consignada en el artículo 31, fracción IV, de la Constitución General, del que se aprecia –entre otros aspectos– que la obligación de contribuir para los gastos públicos o hecho imponible, deberá establecerse en un texto material y formalmente legislativo, una vez definido aquél, no puede variarse al aplicar un tratado internacional para evitar la doble tributación, porque al hacerlo se ubicarían el hecho imponible y la tasa correspondiente en el tratado y no en la ley. Ahora, los hechos imponibles y las tasas de tributación reguladas en el sistema jurídico mexicano se encuentran en la Ley del Impuesto sobre la Renta, lo que implica que los tratados o convenios para impedir la doble tributación o la doble imposición aprobados por el Estado Mexicano, no deben prever la hipótesis de causación, sino sólo deben regular a quién le corresponderá gravar los ingresos de fuente de riqueza que provengan de los territorios de los Estados contratantes o de residencia, así como los beneficios que por la aplicación del tratado pudiera generarles. CUARTO TRIBUNAL COLEGIADO EN MATERIA ADMINISTRATIVA DEL PRIMER CIRCUITO" (Suprema Corte de Justicia de la Nación Registro digital: 2022517 Instancia: Tribunales Colegiados de Circuito Décima Época Materias(s): Administrativa Tesis: I.4o.A.206 A (10a.) Fuente: Gaceta del Semanario Judicial de la Federación. Libro 81, Diciembre de 2020, Tomo II, página 1682 Tipo: Aislada).

10. En otras palabras, el CDI-USA no cambió el hecho generador previsto en el artículo 188 de la LISR, este permanece incólume; sin embargo, para efectos de determinar si ese ingreso puede ser gravado por el país de la fuente de acuerdo con el tratado, hay que analizar si los Estados contratantes tuvieron la voluntad de reservar a imposición el ingreso para el país de residencia o se permite que el país de la fuente también lo haga con una imposición limitada.

11. En la especie puede soportarse que, si se concluye que los helicópteros son equipo comercial, el ingreso por su otorgamiento en uso o goce temporal sí puede gravarse en la fuente porque los Estados contratantes así lo dispusieron en el artículo 12 del CDI-USA, independientemente de la naturaleza que le otorgue la LISR, pues queda claro que la intención de los estados contratantes era esa.

12. La interpretación de nuestro México Tribunal es cuestionable, en el entendido que limita el alcance del CDI-USA desatiende el texto del mismo instrumento[19] y la intención de las partes, lo cual se confirma con la explicación que sobre el referido CDI formuló el Congreso de los Estados Unidos de América.[20]

---

[19] De acuerdo con el artículo 31 de la Convención de Viena sobre el Derecho de los Tratados: "Un tratado deberá interpretarse de buena fe conforme al sentido corriente que haya de atribuirse a los términos del tratado en el contexto de estos y teniendo en cuenta su objeto y fin".

[20] El Comité Conjunto en materia impositiva de los EUA, reconocen que el considerar como regalías el otorgamiento del uso o goce temporal de equipo industrial comercial o científico, constituye una norma especial que se aparte del Modelo de Convenio para evitar la doble imposición que ha elaborado EUA (US Model). Evidentemente, por tratarse de un acuerdo expreso entre los Estados Contratantes. Ver Committee on Foreign Relations, United States Senate, *Explanation of proposed Income Tax Treaty (and Proposed Protocol) between the United States and Mexico,* October 27, 1993, p. 71. JCS-16-93 | Joint Committee on Taxation (jct.gov).

13. En este sentido, la interpretación sistemática del CDI-USA y de la LISR, en aplicación al principio *Pacta Sunt Servanda* debe ser tal, que no se permita frustrar el alcance del instrumento internacional, ya sea porque exista un conflicto en la interpretación de la norma convencional misma, o bien, porque su interpretación en alcance con la norma interna desatienda su propósito.[21]

14. Por otra parte, el mantener la interpretación de que resultó aplicable en la especie el artículo 188 de la LISR fue lo que permitió concluir a la SCJN, de manera poco clara y analítica, que el ingreso por arrendamiento de bienes muebles no puede gravarse por México si no comparte la naturaleza de regalía.

15. De esta manera se infiere que la Primera Sala llegó a la conclusión de que los pagos por "arrendamientos simples" al no ser regalías ni estar incluidos en otros ingresos de fuente específica, solamente pueden gravarse si se atribuyen a un establecimiento permanente del residente en el extranjero, con apoyo en la cláusula de beneficios empresariales contenida en el artículo 7 del CDI-USA.[22]

---

[21] En lo concerniente a la interpretación de los CDI's y el concepto de la *Pacta Sunt Servanda, Cfr.* HALLIVIS PELAYO, M. *Interpretación de Tratados Internacionales Tributarios*, 1ª. ed. México: Porrúa, 2011, p. 434.

[22] "**ARTÍCULO 7. BENEFICIOS EMPRESARIALES** 1. Los beneficios de una empresa de un Estado Contratante solamente pueden someterse a imposición en este Estado, a no ser que la empresa realice o ha realizado su actividad en el otro Estado Contratante por medio de un establecimiento permanente situado en él. Si la empresa realiza o ha realizado su actividad de dicha manera, los beneficios de la empresa pueden someterse a imposición en el otro Estado, pero sólo en la medida en que sean atribuibles a: a) este establecimiento permanente; b) ventas en este otro Estado de bienes o mercancías de tipo idéntico o similar al de los vendidos a través de este establecimiento permanente. Sin embargo, los beneficios derivados de las ventas descritas en el inciso b) no serán sometidos a imposición en el otro Estado si la empresa demuestra que dichas ventas han sido realizadas por razones distintas a las de obtener un beneficio del presente Convenio [...]":

16. Así, los ingresos por arrendamiento de bienes muebles que no sean regalías, no pueden gravarse en la fuente, no obstante la cláusula de otros ingresos del CDI-USA,[23] pues tienen la reserva del artículo 7 del tratado, máxime que, a diferencia del criterio de la Segunda Sala de la SCJN en tratándose de ingresos por fletamento, el artículo 210, fracción VI no se había reformado para excluir, del concepto de beneficio empresarial, los ingresos de fuente específica regulados en el Título V de la LISR.

17. En efecto, el artículo 210 de la LISR en 2004 señalaba:

> Para los efectos de este Título, se considerarán ingresos por: [...] **VI.** Actividades empresariales, los ingresos derivados de las actividades a que se refiere el artículo 16 del Código Fiscal de la Federación. No se consideran incluidos los ingresos a que se refiere el artículo 206 de esta Ley.

Fue en 2005 cuando el numeral se reformó para establecer en su fracción VI lo siguiente:

> [...] **VI.** Actividades empresariales, los ingresos derivados de las actividades a que se refiere el artículo 16 del Código Fiscal de la Federación. No se consideran incluidos los ingresos a que se refieren los artículos 179 al 207 de esta Ley.

18. De esta manera, el objetivo de la reforma de 2005 fue tratar de excluir los ingresos de Título V de ser considerados como ingresos derivados de actividades empresariales y con ello, tratar de excluir su protección de los tratados, pues estos no tienen una definición específica de dicho concepto (beneficio empresarial) y la cláusula 3.2 de dichos instrumentos permite acudir al derecho interno para su definición. De esta manera,

[23] "**ARTÍCULO 23. OTRAS RENTAS.** Las rentas de un residente de un Estado Contratante, no mencionadas en los Artículos anteriores del presente Convenio y procedentes del otro Estado Contratante, pueden someterse a imposición en este otro Estado".

al no tener protección de la cláusula de beneficios empresariales, se pretendió aplicar la cláusula de otros ingresos para aplicar el gravamen conforme a la LISR sin tener en cuenta el instrumento internacional. En resumen, esto sucedió en el criterio de la Segunda Sala, misma que adoptó el criterio en comento, en franca violación a los principios de buena fe y de *Pacta Sunt Servanda.*[24]

CONCLUSIONES

1. Sin duda la ejecutoria presenta cuestionamientos de importancia que todavía serán objeto de escrutinio por parte de los tribunales, pero reflejan un mayor conocimiento y debate de las cuestiones internacionales en materia tributaria.

2. Si bien no comparto el criterio de la SCJN en el sentido de que una cláusula convencional solamente podrá tener aplicación si el concepto específicamente regulado tiene la misma naturaleza en la LISR, la trascendencia de este criterio fue tal, que la LISR vigente se modificó a partir del 1 de enero de 2020 para incluir en el artículo de regalías el ingreso por arrendamiento de aviones, embarcaciones y contenedores, y de esta manera permitir a México gravar en fuente esos ingresos, siguiendo el sentido de la sentencia.[25]

---

[24] Aparentemente, la Primera Sala en la sentencia de mérito asume que, los ingresos previstos en el artículo 188 se deben tutelar por el artículo 7 (beneficios empresariales) y no gravarse en el país de la fuente, a menos que se atribuyan a un establecimiento permanente. Esto podría ser un soporte para concluir que la reforma al artículo 210, fracción VI de la LISR en 2005 tuvo como propósito frustrar el alcance de los tratados, en franca práctica del "*Treaty Override*"

[25] A fojas XV y XVI de la Exposición de motivos Iniciativa de Decreto por el que se reforman, adicionan y derogan diversas disposiciones de la Ley del Impuesto sobre la Renta, de la Ley del Impuesto al Valor Agregado, de la Ley del Impuesto Especial sobre Producción y Servicios y del Código Fiscal de la Federación para 2020, se señala lo siguiente: "[...] Actualmente, el artículo 158 de la Ley del ISR establece que los ingresos de un residente en el extranjero por otorgar el uso o goce temporal de bienes muebles destinados a actividades comerciales y científicas se encuentran gravados en México cuando se utilicen en el país. Por su parte, el artículo 15-B del CFF señala que

3. En cuanto al criterio por el que México no puede gravar ingresos que constituyen beneficios empresariales, independientemente de la cláusula de otros ingresos, me parece acertada la conclusión que se infiere de la sentencia, pero a diferencia del criterio de Segunda Sala, el caso en análisis no presentó el conflicto en la aplicación del entonces artículo 210, fracción VI de la LISR en vigor a partir de 2005, lo que pudiera incidir en el cambio de criterio de los ministros que votaron a favor en este resolución, en casos en los que la porción normativa referida (210-VI de 2005 o 175, fracción VI de la LISR vigente) tenga aplicación en un caso a resolverse en el futuro.

---

se consideran regalías, entre otros, los ingresos por otorgar el uso o goce temporal de equipos industriales, comerciales o científicos. En esta tesitura, el artículo 167 de la Ley del ISR establece que tratándose de ingresos por regalías obtenidos por un residente en el extranjero, se encuentran gravados en el país cuando se aprovechen en México o cuando se paguen por un residente en territorio nacional o un residente en el extranjero con establecimiento permanente en el país.

Si bien el artículo 158 de la Ley del ISR establece que el mismo no será aplicable cuando se actualice lo dispuesto en el artículo 167 del mismo ordenamiento, se considera que existe confusión respecto a los supuestos en los que debe aplicar cada disposición.

Adicionalmente, la política fiscal internacional de México respecto a dichos ingresos, es que los mismos se encuentren regulados por los Artículos de Regalías que se encuentren comprendidos en los convenios para evitar la doble imposición suscritos por México. Sin embargo, esta posición no fue compartida por la Primera Sala de la Suprema Corte de Justicia de la Nación (SCJN) cuando el hecho imponible se actualice por motivo del artículo 158 de la Ley del ISR.

Independientemente de las consideraciones por las cuales dicha Primera Sala llegó a esta conclusión, se considera necesario eliminar dicho supuesto del artículo 158 de la Ley del ISR por existir dos disposiciones que prevén un mismo hecho imponible.

Por tal motivo, se propone a esa Soberanía eliminar lo dispuesto en el artículo 158 de la Ley del ISR relacionado con los ingresos generados por la concesión del uso o goce temporal de equipo industrial, comercial o científico, para efectos que no quede duda que dichos ingresos se encuentren gravados de conformidad con el artículo 167 del mismo ordenamiento. Lo anterior para evitar cualquier posible inconsistencia con la política fiscal internacional adoptada por México en los convenios para evitar la doble imposición vigentes" (https://www.ppef.hacienda.gob.mx/es/PPEF2020).

4
DERECHO TRIBUTARIO PROCESAL

~

EL TRIBUNAL FEDERAL DE JUSTICIA ADMINISTRATIVA, COMO UN TRIBUNAL DE CUENTAS

Sergio Martínez Rosaslanda[1]
Universidad Panamericana

INTRODUCCIÓN

A través del presente ensayo me propongo difundir la nueva competencia del Tribunal Federal de Justicia Administrativa, derivada de la reforma constitucional del 19 de febrero de 2008, la cual lo ha convertido en un Tribunal de Cuentas, a inspiración de uno de los grandes cuerpos de la administración pública francesa, debida a la creación napoleónica.

En efecto, pues el art. 73, fracción, XXI-H, en su tercer párrafo, de la Constitución Política de los Estados Unidos Mexicanos, establece lo siguiente:

> Asimismo, será el órgano competente para imponer las sanciones a los servidores públicos por las responsabilidades administrativas que la ley determine como graves y a los particulares que participen en actos vinculados con dichas responsabilidades, así como fincar a los responsables el pago de las indemnizaciones y sanciones pecuniarias que deriven de

---

[1] Magistrado en retiro del Tribunal Federal de Justicia Administrativa y Doctor en Derecho.

los daños y perjuicios que afecten a la Hacienda Pública Federal o al patrimonio de los entes públicos federales.

La competencia actual del Tribunal supracitado comprende a toda la materia fiscal, del mismo modo, casi en su totalidad a la materia administrativa, particularmente de la que deriva de la aplicación de la Ley Federal de Procedimiento Administrativo.

El referido Tribunal también actúa como órgano competente para conocer de los actos administrativos derivados de la aplicación de la Ley Federal de Responsabilidad Patrimonial del Estado, de la Ley del Servicio de Administración Tributaria y de la Ley Federal de Responsabilidades Administrativas de los Servidores Públicos.

La competencia en mención se ve adicionada con la recientemente adquirida, es decir, la que transforma al Tribunal Federal de Justicia Administrativa, en un Tribunal de Cuentas.

Es así, que las grandes obras napoleónicas de 1799, a saber el Consejo de Estado y el Tribunal de Cuentas, han sido trasplantadas a nuestro país gracias al Tribunal Fiscal de la Federación, creado por la Ley de Justicia Fiscal de 1936, actualmente denominado Tribunal Federal de Justicia Administrativa, y la Corte de Cuentas, misma que si bien no se ve reflejada en la creación de un tribunal administrativo encargado de revisar a posteriori el manejo del presupuesto público, como sucede en Francia, al menos se ve reflejada en una nueva competencia del Tribunal de lo Contencioso Administrativo más antiguo en nuestro país, es decir el antes mencionado.[2]

Sería deseable que la nueva competencia de que se dota al Tribunal Federal de Justicia Administrativa sea el punto de inicio para la creación, en un futuro no muy lejano, de un Tribunal de Cuentas, a semejanza del órgano jurisdiccional del mismo nombre que tiene más de 200 años de existencia en Francia.

---

2 *Cfr.* BERNARD, M. "La Reforma del Contencioso Administrativo de 1987 en Francia", traducción de Sergio Martínez Rosaslanda y Leopoldo Rolando Arreola Ortíz. En *Tribunal Fiscal de la Federación. Cincuenta y Cinco Años*, tomo I. México: 1988, pp. 139-148.

ANTECEDENTES

En opinión de Jean Raynaud, misma que comparto, entre los diversos organismo que integran el Estado, aquellos que se prestan siempre a mayores suspicacias son los encargados del manejo financiero. Esa desconfianza tiene su justificación en un número mayor del conveniente al buen funcionamiento de las administraciones públicas.[3]

Como consecuencia de lo anterior los gobiernos se ven obligados a establecer los mecanismos jurídicos mediante los cuales dirigen sus finanzas, de modo que cuando un Estado hace su presupuesto anual, por un lado se persigue conformar el instrumento que delimita el gasto público y por el otro la autorización para ejercer.

En Francia existe desde hace más de 200 años un organismo independiente que dirige la aplicación correcta del presupuesto a posteriori, que se denomina Tribunal de Cuentas. Su funcionamiento se manifiesta en el cuidado con que las diversas partidas del presupuesto son estudiadas y aplicadas con el fin de evitar las sanciones de dicho tribunal.

LAS CÁMARAS DE CUENTAS DE PARIS DURANTE EL ANTIGUO RÉGIMEN

Durante la época de la monarquía en Francia el monarca se percató de la necesidad de controlar los ingresos y los gastos del reino, y estaba dotado de una *curia regis,* es decir de un grupo de hombres que lo rodeaba para ayudarlo en sus diversas tareas. Tal es el antecedente del órgano especializado denominado Cámara de Cuentas, que posteriormente se transformó en el actual Tribunal de Cuentas.

Desde el año de 1256 una ordenanza de San Luis estableció a los hombres experimentados y de buen consejo la comparecencia ante los funcionarios de cuentas de Paris. Luego se fue desarrollando una especialización hasta transformarse en expertos en el manejo de las cuentas al rey.

La Cámara de Cuentas de Paris se instaló en el Palacio de Gobierno (Hôtel de Ville) hacia 1303 y ahí permaneció hasta la Revolución Francesa. En esa época los funcionarios de cuentas estaban sobre todo encargados de vigilar

---

[3] RAYNAUD, J. *El Tribunal de Cuentas*. México: Fondo de Cultura Económica, 1986.

la correcta entrada de los ingresos del patrimonio real y solo en segundo lugar de controlar los gastos efectuados por los responsables de las finanzas.

La ordenanza de 1320 llamada ordenanza de Vivier-en-Brie, plantea los principios fundamentales que constituyen la carta de la Cámara de Cuentas y precisa la composición de este organismo: además del soberano, tres y cuatro oficiales primeros, de los cuales son adjuntos tres consejeros íntimos del rey, encargados de oír las cuentas junto a los oficiales primeros. Once auxiliares los ayudaban. La ordenanza de 1381 creó el puesto de Presidente.

Desde entonces las estructuras de la jurisdicción quedan casi definitivamente establecidas. La ordenanza del 26 de febrero de 1464 la califica de corte soberana, principal, primera y singular de última instancia en todo lo que atañe a las cuentas de las finanzas.

Esta Cámara de Cuentas, del mismo modo que el parlamento igualmente surgido de la *curia regis,* conserva celosamente el privilegio de amonestar al rey, en particular con motivo del registro de las actas reales de alcance financiero. Dicha amonestación es el antecedente de lo que es actualmente el informe público.

La Cámara de Cuentas juzgaba igualmente los litigios civiles que surgían con motivo del juicio de las cuentas, teniendo la facultad de imponer multas, facultad que se conserva actualmente. En el siglo XVII la Cámara de Cuentas de París perdió paulatinamente su prestigio y durante la Revolución Francesa permaneció indecisa entre el deseo de desempeñar un papel político y la necesidad de verificar las cuentas.

CREACIÓN Y EVOLUCIÓN DEL TRIBUNAL DE CUENTAS

El decreto de 17-29 de septiembre de 1791 creó la Oficina de Contabilidad para reemplazar a la Cámara de Cuentas, como auxiliar de la Asamblea Nacional encargada de vigilar el empleo de los fondos públicos y de exigir su justificación. Su organización se funda en el Decreto de 8-12 de febrero de 1792 y constaba de 15 comisarios, en primer lugar nombrados por el rey y luego elegidos por la Asamblea Nacional a propuesta del Ministro de Finanzas. Esta oficina era competente para examinar las cuentas del cajero general, pagadores principales del tesoro, recaudadores generales de los dominios y de las aduanas, y las cuentas secundarias eran comprobadas por la Tesorería. Esta última disposición permanece.

A su vez la competencia de la Oficina de Contabilidad era vigilada por la Asamblea, se limitaba a la preparación y al examen de las cuentas. Solo la Asamblea electa podía conceder el descargo al contador y proceder así a la intervención definitiva de las cuentas. En caso de litigio acerca de los comprobantes o de lo bien fundado de una observación de la oficina, lo contencioso contable incumbía al tribunal civil territorialmente competente.

Se desembocaba de ese modo en un sistema en el que el control de las cuentas se repartía en tres poderes: el poder de la oficina de la contabilidad para la preparación y el examen de las cuentas; el de la Asamblea para la Intervención, y el de los Tribunales Judiciales para lo contencioso y el recobro de los débitos.

CREACIÓN DEL TRIBUNAL DE CUENTAS

Presentado ante el cuerpo legislativo del Consejero de Estado Defermon y luego defendido por Gillet-la Jacqueminière, en nombre del tribunal el proyecto de ley acerca de la organización del Tribunal de Cuentas fue adoptado sin debate el 16 de septiembre de 1807. El 28 de septiembre fue pronunciado el Decreto de Aplicación. Lebrun, Architesorero del Imperio, estableció el Tribunal el 5 de noviembre de 1807.

El artículo 2° de la Ley del 16 de septiembre de 1807 establece que el Tribunal de Cuentas estará compuesto por un primer presidente, tres presidentes, 18 maestros de cuentas, refrendarios cuyo número será determinado por el gobierno, un procurador general y un escribano forense en jefe.

El Decreto orgánico del 28 de septiembre de 1807 completa este texto al decidir por su artículo 14 "que se fijaría provisionalmente el número de los refrendarios en 80 y que se dividiría en dos clases" el texto precisaba igualmente que los miembros del Tribunal de Cuentas serían inamovibles, pero no se podía aplicar esta disposición antes de un plazo de cinco años. El Decreto del 29 de marzo de 1813 puso en vigor la inamovilidad al mismo tiempo que otorgaba a los maestros[4] y a los refrendatarios el título de Consejeros.

---

4 Nota del autor. En Francia se utiliza la expresión Maître, literalmente maestro, para referirse a los Magistrados de los tribunales administrativos; por ejemplo: Maître de requêttes, equivale a magistrado en el Consejo de Estado.

Los poderes del nuevo tribunal de cuentas reflejan, como las instituciones precedentes, la filosofía dominante del régimen. El tribunal es competente para juzgar las cuentas de los contadores principales del Estado, de los Departamentos y de las ciudades importantes. El tribunal comprueba su cuenta y puede declararlos libres, en anticipo y en débito. En este último caso, el fallo forma título ejecutorio contra el contador.

El tribunal tiene prohibido pronunciarse acerca de la gestión de los ordenadores de pagos. Estos obedecen al emperador y el tribunal no puede criticarlos, aun conforme al derecho de amonestación utilizado antaño por las Cámaras de Cuentas de París, respecto al Rey.

LA EVOLUCIÓN DEL TRIBUNAL HASTA 1946

Las etapas que marcan la evolución del tribunal hasta la época contemporánea son las siguientes:

1. La ordenanza de 14-17 de septiembre de 1822 y la ley del 24 de abril de 1833 precisan por vez primera las atribuciones respectivas de los ordenadores y de los contadores. Estos últimos están encargados de garantizar el control de la regularidad de los gastos antes de proceder al pago. Los ordenadores deben, en apoyo a su decisión, proporcionar cierto número de documentos justificativos que figuran en una nomenclatura establecida por el Ministerio de Finanzas. El contador está encargado de verificar la presencia y la exactitud de las justificaciones así proporcionadas. El tribunal que juzga las cuentas del contador puede asegurarse de la legalidad interna de las actas de libranza en la medida en que están efectivamente apoyadas por los documentos exigidos por la nomenclatura del ministerio.

2. La ordenanza del 23 de abril de 1823 otorga competencia al Consejo de Prefectura para juzgar las cuentas de las colectividades locales hasta entonces comprobadas por las autoridades de tutela (prefecto y subprefecto). Por esto, el Tribunal se vuelve

competente para juzgar por apelación las decisiones de los consejos de prefectura.[5]

3. La Ley de Finanzas del 21 de abril de 1832 dispone que en adelante el informe anual sea distribuido a los miembros del Parlamento. Esta medida constituye, a juicio de Raynaud, la mayor conquista del Tribunal de Cuentas hasta 1807.[6] Le restituye prerrogativa de las antiguas Cámaras de Cuentas; y con un alcance mucho más importante; hasta entonces las amonestaciones hechas al rey o el informe dirigido al emperador y de nuevo al rey seguían siendo confidenciales y en adelante el informe del Tribunal de Cuentas deberá ser presentado cada año a los miembros del Parlamento, o sea, hecho público.

   Esta medida otorga al tribunal un peso suplementario en el equilibrio de los poderes. En la medida en que el parlamento trata de controlar al Ejecutivo, el Tribunal se convierte en medio para reunir los elementos que le permiten justificar una actitud crítica.

4. El Decreto del 23 de octubre de 1856 crea a los auditores del Tribunal de Cuentas, contratados por concurso y en sustitución de los antiguos aspirantes. En 1920, los auditores ascienden al estatuto completo de Magistrados del TRIBUNAL.

5. El Decreto del 31 de mayo de 1862 contiene el Reglamento General de la Contabilidad Pública. Por primera vez, se define el presupuesto del Estado y de las colectividades locales.

   La figura del presupuesto es definida como el acto por el que se prevén y autorizan los ingresos y los gastos anuales

---

[5] *Cfr*. MARTÍNEZ ROSASLANDA, S. "El Contencioso Administrativo". En *Tribunal Fiscal de la Federación. Cuarenta y Cinco Años*, tomo II. México: Tribunal Fiscal de la Federación, 1982, pp. 24-25. Los Consejos de Prefectura son el antecedente de los Tribunales Administrativos Regionales actuales. La reforma de 1953 operó dicha transformación.

[6] RAYNAUD, op. cit., pp. 21 y 55.

del Estado y de los demás servicios que las leyes sujetan a las mismas reglas.

6. El Decreto Ley del 8 de agosto de 1935 convierte al tribunal en juez de derecho común, declarándolo competente para comprobar las cuentas de las colectividades locales. En adelante los Consejos de Prefectura ya no tienen que ejercer esa función. La Ley del 4 de abril de 1941 confirma que todos los contadores de los fondos públicos están sometidos a la jurisdicción del Tribunal de Cuentas. Las demás autoridades que pueden haber conservado atribuciones referentes a las cuentas solo actúan bajo el control del tribunal.

   La separación de los ordenadores y de los contadores ya había hecho posible que el tribunal ampliara su control extrajurisdiccional sobre los ordenadores. Y a partir de los Decretos del 1° de septiembre de 1936, que reforman la contabilidad administrativa, la posibilidad de acción del tribunal se precisa. En adelante los documentos justificativos de las diferentes operaciones de la contabilidad del Estado se presentan al tribunal cada tres meses y ya no anualmente. De este modo, el tribunal vigila de cerca la atribución del presupuesto. Puede dar a conocer mejor al gobierno su apreciación acerca de la vida administrativa y financiera; además, su informe anual se publica desde 1938 en el Diario Oficial, y ya está destinado no solo a las Asambleas Legislativas sino también al Jefe del Estado y a la opinión pública en general.

ORGANIZACIÓN DEL TRIBUNAL DE CUENTAS

El artículo 2° de la Ley del 22 de junio de 1967 establece que el Tribunal de Cuentas se compone del Primer Presidente, Presidente de Salas, Consejeros Maestros, Consejeros Refrendarios y Auditores.

Ni la ley ni su decreto de aplicación precisan una condición particular para el nombramiento del Primer Presidente. El Gobierno, en consejo de ministros puede escoger tanto a uno de los Presidentes de Sala como al Procurador General del Tribunal de Cuentas o a un personaje ajeno a esta institución.

INCOMPATIBILIDADES

Los miembros del Tribunal de Cuentas no pueden ser diputados o senadores. Tampoco pueden ser jurados en un jurado de audiencia de lo criminal. Por último, las funciones de miembros del Tribunal de Cuentas son incompatibles con las de administradores de sociedades industriales o comerciales.

COMPETENCIA DEL TRIBUNAL DE CUENTAS

El tribunal es competente para examinar la utilización de los fondos de los contribuyentes y notifica sus conclusiones al gobierno, al Parlamento e incluso a los ciudadanos mediante el informe público.

Heredero de la Cámara de Cuentas el Tribunal de Cuentas, es un organismo de control a posteriori de los comprobantes. El legajo de comprobantes proporcionado en apoyo de las cuentas, las propias cuentas constituyen la materia esencial, sobre la que los relatores trabajan sin que se consulte al contador, de otro modo que por cuestionario y, evidentemente sin que el administrador sea objeto de intervención alguna.

LA CUENTA PÚBLICA Y SU FISCALIZACIÓN, EN MÉXICO

La Ley Orgánica de la Contaduría Mayor de Hacienda, publicada en el Diario Oficial de la Federación el 29 de diciembre de 1978, constituye el antecedente reciente de la revisión de la cuenta pública. El ordenamiento anterior fue abrogado, en los términos del artículo segundo de la Ley de Fiscalización Superior de la Federación, publicada en el Diario Oficial de la Federación el 29 de diciembre de 2000. El ordenamiento legal anteriormente mencionado tiene por objeto regular la revisión de la cuenta pública y su fiscalización superior.

En los términos de dicho ordenamiento la revisión de la cuenta pública está a cargo de la Cámara de Diputados del Congreso de la Unión, la cual se apoya al efecto en la Auditoría Superior de la Federación, misma que tiene a su cargo la fiscalización superior de la cuenta pública, y goza de autonomía técnica y de gestión para decidir sobre su organización interna, funcionamiento y resoluciones, de conformidad con lo establecido en dicha ley.

Son sujetos de fiscalización superior, los Poderes de la Unión, los entes públicos federales y las demás entidades fiscalizadas. La fiscalización superior que realice la Auditoría Superior de la Federación se ejerce de manera posterior a la gestión financiera, tiene carácter externo y por lo tanto se lleva a cabo de manera independiente y autónoma de cualquier otra forma de control o fiscalización interna de los Poderes de la Unión y de los entes públicos.

La Cuenta Pública está constituida por:

a) Los Estados Contables, Financieros, Presupuestarios, Económicos y Programáticos;
b) La información que muestre el registro de las operaciones derivadas de la aplicación de la Ley de Ingresos y del Ejercicio del Presupuesto de Egresos de la Federación;
c) Los efectos o consecuencias de las mismas operaciones y de otras cuentas en el activo y pasivo totales de la Hacienda Pública Federal y en su patrimonio neto, incluyendo el origen y aplicación de los recursos y,
d) El resultado de las operaciones de los Poderes de la Unión y entes públicos federales, además de los estados detallados de la Deuda Pública Federal.

La Auditoría Superior de la Federación tendrá un plazo improrrogable que vence el 31 de marzo del año siguiente a aquel en que la Cámara o, en su caso, la Comisión Permanente, reciba la cuenta pública, para revisar su examen y rendir en dicha fecha a la Cámara, por conducto de la Comisión, el informe del resultado correspondiente, mismo que tendrá carácter público y mientras ello no suceda la Auditoría Superior de la Federación deberá guardar reserva de sus operaciones e informaciones.

Los sujetos de fiscalización estarán obligados a realizar la revisión que la Auditoría Superior de la Federación les requiera, sin que dicha revisión interfiera u obstaculice el ejercicio de las funciones o atribuciones que conforme a la ley competa a las autoridades y a los servidores públicos de los Poderes de la Unión y de los entes públicos federales.

La Auditoría Superior de la Federación podrá fincar responsabilidades e imponer sanciones, sin relevar al infractor de cumplir con las obligaciones o regularizar las situaciones que motivaron las multas, sin exclusión de las sanciones que conforme a la ley u otras leyes fueren aplicables por dicha Auditoría ni del fincamiento de otras responsabilidades.

En caso de que se produzcan daños o perjuicios al Estado en su hacienda pública federal o al patrimonio de los entes públicos federales, la Auditoría Superior de la Federación podrá determinar los daños y perjuicios correspondientes y fincar a los responsables las indemnizaciones y sanciones pecuniarias respectivas; y promover el fincamiento de otras responsabilidades; y presentar denuncias y querellas penales y coadyuvar con el Ministerio Público en los procesos penales investigatorios y judiciales correspondientes.

Los servidores públicos, los particulares, las personas físicas y morales sancionadas por la Auditoría Superior de la Federación, podrán impugnar dichas sanciones mediante el recurso de reconsideración o el juicio de nulidad ante el Tribunal Federal de Justicia Administrativa. El recurso de reconsideración otorga el término de quince días para su interposición.

La referida ley antes comentada, a su vez fue abrogada en el artículo transitorio Décimo Sexto de la Ley de Fiscalización y Rendición de Cuentas de la Federación, publicada en el Diario Oficial de la Federación el 18 de julio de 2016.

En este último ordenamiento, la fiscalización y la rendición de cuentas, se regula en los artículos 1°, 2° y 3° por la Auditoría de la Federación, los cuales establecen lo siguiente:

> **Artículo 1.**- La presente Ley es de orden público y tiene por objeto reglamentar los artículos 73 fracción XXIV, 74, fracciones II y VI, y 79 de la Constitución Política de los Estados Unidos Mexicanos en materia de revisión y fiscalización de:
>
> **I.** La Cuenta Pública;
>
> **II.** Las situaciones irregulares que se denuncien en términos de esta Ley, respecto al ejercicio fiscal en curso o a ejercicios anteriores distintos al de la Cuenta Pública en revisión;
>
> **III.** La aplicación de las fórmulas de distribución, ministración y ejercicio de las participaciones federales, y

IV. El destino y ejercicio de los recursos provenientes de financiamientos contratados por los estados y municipios, que cuenten con la garantía de la Federación.

Para efectos de este artículo, la Auditoría Superior de la Federación podrá fiscalizar las operaciones que involucren recursos públicos federales o participaciones federales a través de contrataciones, subsidios, transferencias, donativos, fideicomisos, fondos, mandatos, asociaciones público privadas o cualquier otra figura jurídica y el otorgamiento de garantías sobre empréstitos de Estados y Municipios, entre otras operaciones.

Adicionalmente, la presente Ley establece la organización de la Auditoría Superior de la Federación, sus atribuciones, incluyendo aquéllas para conocer, investigar y substanciar la comisión de faltas administrativas que detecte en sus funciones de fiscalización, en términos de esta Ley y la Ley General de Responsabilidades Administrativas; así como su evaluación, control y vigilancia por parte de la Cámara de Diputados.

Artículo 2.- La fiscalización de la Cuenta Pública comprende:

I. La fiscalización de la gestión financiera de las entidades fiscalizadas para comprobar el cumplimiento de lo dispuesto en la Ley de Ingresos y el Presupuesto de Egresos, y demás disposiciones legales aplicables, en cuanto a los ingresos y gastos públicos, así como la deuda pública, incluyendo la revisión del manejo, la custodia y la aplicación de recursos públicos federales, así como de la demás información financiera, contable, patrimonial, presupuestaria y programática que las entidades fiscalizadas deban incluir en dicho documento, conforme a las disposiciones aplicables, y

II. La práctica de auditorías sobre el desempeño para verificar el grado de cumplimiento de los objetivos de los programas federales.

Artículo 3.- La fiscalización de la Cuenta Pública tiene el objeto establecido en esta Ley y se llevará a cabo conforme a los principios de legalidad, definitividad, imparcialidad y confiabilidad.

Del contenido de los ordenamientos legales supracitados, se desprende que la fiscalización y la rendición de cuentas de los Poderes de la Unión y los entes públicos recogen, en su esencia, los principios que dieron lugar al establecimiento en Francia, del mecanismo consistente en el correcto ejercicio del presupuesto y que dieron lugar en ese país a la creación del Tribunal de Cuentas.

Cabe agregar que además de la Corte de Cuentas, existe en Francia una jurisdicción denominada Corte de Disciplina Presupuestaria y Financiera (*Cour de Discipline Budgétaire et Financière*), cuya competencia es eminentemente sancionadora respecto de las infracciones cometidas a las reglas que protegen las finanzas públicas.[7]

LA REFORMA CONSTITUCIONAL DE 19 DE FEBRERO DE 2008, PUBLICADA EN EL DIARIO OFICIAL DE LA FEDERACIÓN EL 7 DE MAYO SIGUIENTE

El Congreso de la Unión, en uso de la facultad que le confiere el artículo 135 de la Constitución Política de los Estados Unidos Mexicanos y previa aprobación de la mayoría de las legislaturas de los Estados declaró reformadas, adicionadas y derogadas diversas disposiciones de dicha Constitución el 19 de febrero de 2008, habiéndose publicado el correspondiente Decreto, por el titular del Poder Ejecutivo Federal el 7 de mayo de 2008.

El artículo 79 de la Constitución Política de los Estados Unidos Mexicanos, ubicado en la Sección V, intitulada De la Fiscalización Superior de la Federación, fue adicionado en su fracción IV con un último párrafo el cual previene lo siguiente:

> El Poder Ejecutivo Federal aplicará el procedimiento administrativo de ejecución para el cobro de las indemnizaciones y sanciones pecuniarias a que se refiere la fracción IV del presente artículo.

Las sanciones y demás resoluciones de la Entidad de Fiscalización Superior de la Federación podrán ser impugnadas por las entidades fis-

[7] *Cfr.* FABRE, F. J. *Les grands arrêts de la jurisprudence financière*. París: Dalloz, 2014, pp. 491.

calizadas y, en su caso, por los servidores públicos afectados adscritos a las mismas, ante la propia entidad de fiscalización o ante los tribunales a que se refiere el artículo 73, fracción XXIX-H de esta Constitución conforme a lo previsto en la Ley.

Como se advierte de la parte conducente del texto constitucional supratranscrito se ha elevado al más alto rango la posibilidad de que el actual Tribunal Federal de Justicia Administrativa dirima controversias entre la Entidad de Fiscalización Superior de la Federación, las entidades fiscalizadas y los servidores públicos afectados. En otras palabras, el tribunal de lo contencioso administrativo federal por excelencia en nuestro país, en el caso, el actual Tribunal Federal de Justicia Administrativa ha sido convertido en un Tribunal de Cuentas, según el modelo europeo, es decir, el Tribunal de Cuentas de Francia.

Lo anterior significa que el Contencioso Administrativo Mexicano, a partir de dicha reforma no solo dirime controversias entre el Poder Ejecutivo y los particulares, sino que en lo sucesivo resolverá controversias entre un órgano perteneciente al Poder Legislativo, particularmente la Cámara de Diputados, a la cual pertenece la Auditoría Superior de la Federación, ahora Entidad de Fiscalización Superior de la Federación.

En efecto, pues en los términos de los artículos 1°, 2° y 3° de la Ley de Fiscalización y Rendición de Cuentas de la Federación, la revisión de la cuenta pública, está a cargo de la Cámara de Diputados, la cual se apoya para tales efectos en la Auditoría Superior de la Federación, misma que tiene a su cargo la fiscalización superior de la cuenta pública y goza de autonomía técnica y de gestión para decidir sobre su organización interna, funcionamiento y resoluciones, de conformidad con lo establecido en dicha ley.

Por su parte, el artículo 79 de la Constitución Política de los Estados Unidos Mexicanos, ubicado en la Sección V de Fiscalización Superior de la Federación, establece que la Entidad de Fiscalización Superior de la Federación, de la Cámara de Diputados, tendrá autonomía técnica y de gestión en el ejercicio de sus atribuciones y para decidir sobre su organización interna, funcionamiento y resoluciones, en los términos que disponga la ley.

Del contenido del párrafo relativo al artículo 79 Constitucional, anteriormente resumido, a mi juicio se acredita que el constituyente permanente estimó implícitamente que la entidad de fiscalización es un órgano de la Cámara de Diputados, el cual solo cuenta con autonomía técnica y de gestión en el ejercicio de sus atribuciones y para decidir sobre su organización interna, funcionamiento y resoluciones, en los términos que disponga la ley. Empero, dicho texto constitucional no convierte a la Entidad de Fiscalización Superior de la Federación en un órgano o ente autónomo, como es el caso, *v.gr.*, de la Comisión Nacional de los Derechos Humanos y del Instituto Nacional Electoral.

PERSPECTIVAS DEL TRIBUNAL FEDERAL DE JUSTICIA ADMINISTRATIVA, COMO UN TRIBUNAL DE CUENTAS

En primer término, debe destacarse la nueva competencia que el constituyente permanente ha otorgado al Tribunal Federal de Justicia Administrativa, al convertirlo en un incipiente Tribunal de Cuentas, al conferirle la conclusión de los procedimientos administrativos respecto de faltas administrativas graves. Sin embargo, estimo que por su naturaleza no corresponde a los tribunales contenciosos administrativos la tramitación de los procedimientos administrativos[8], sino solo la resolución de las controversias entre los entes públicos y los particulares.

Al respecto, la Ley Orgánica del Tribunal Federal de Justicia Administrativa, publicada en el Diario Oficial de la Federación el 18 de julio de 2016, en su capítulo XI, denominado De las Salas Especializadas en Materia de Responsabilidades Administrativas, creó la competencia respectiva en sus artículos 37 y 38.

Del contenido de dichos artículos se desprende la creación de las Salas Regionales Especializadas en materia de Responsabilidades Administrativas, encargadas de concluir los procedimientos administrativos, a que alude el artículo 4° de la referida Ley Orgánica, el cual establece lo siguiente:

> El Tribunal conocerá de las Responsabilidades Administrativas de los Servidores Públicos y Particulares Vinculados con Faltas Graves promovidas por la Secretaría de la Función Pública y los Órganos Internos de control de los entes públicos federales, o por la Auditoría Superior de la Federa-

[8] *Cfr.* NAVA NEGRETE, A. *Derecho Procesal Administrativo*. México: Porrúa, 1959, pp. 55 y 76.

> ción, para la imposición de sanciones en términos de lo dispuesto por la Ley General de Responsabilidades Administrativas. Así como fincar a los responsables el pago de las indemnizaciones y sanciones pecuniarias que deriven de los daños y perjuicios que afecten a la Hacienda Pública Federal o al Patrimonio de los entes públicos federales.
>
> Bajo ninguna circunstancia se entenderá que la atribución del Tribunal para imponer sanciones a particulares por actos u omisiones vinculadas con faltas administrativas graves se contrapone o menoscaba la facultad que cualquier ente público posea para imponer sanciones a particulares en los términos de la legislación aplicable.

Por otra parte, el artículo 7º de la ley en mención crea una tercera sección de la Sala Superior, con competencia exclusiva en responsabilidades administrativas, como lo señala el artículo 13 de la referida ley.

Sin embargo, a mi juicio, la nueva competencia que se otorga al Tribunal Federal de Justicia Administrativa, debería asignarse a diversas jurisdicciones, tales como la Corte de Cuentas y la Corte de Disciplina Presupuestaria y Financiera, inexistentes en nuestro país, en atención a que la competencia de dichas jurisdicciones, por su naturaleza corresponde a la tramitación de procedimientos administrativos sancionadores.

CONCLUSIONES

1. La experiencia histórica demuestra que el éxito del buen funcionamiento de la administración pública requiere de una fiscalización que salvaguarde el buen uso de los recursos públicos.

2. La Corte de Cuentas del Rey y el Tribunal de Cuentas de Francia constituyen los antecedentes remotos de los órganos encargados de la fiscalización de la administración pública y de su aplicación, en su caso, de las responsabilidades correspondientes a los servidores públicos encargados del manejo de los fondos públicos.

   Por su parte, la Corte de Disciplina Presupuestaria y Financiera, órgano de reciente creación en Francia, complementa la competencia de la Corte de Cuentas.

3. Es trascendente la reforma constitucional del 8 de febrero de 2008, la cual ha elevado al más alto rango la creación de un Tribunal de Cuentas, inmerso dentro del Tribunal Federal de Justicia Administrativa.

4. Por tanto, estimamos que dicha competencia no es acorde con la naturaleza de un tribunal de lo contencioso administrativo, sino de las Contralorías Internas ubicadas en los Poderes de la Unión y en los Establecimientos Públicos.

   Además las Salas que se crean enfrentarían una tarea que supera con mucho su capacidad de resolución, para culminar los procedimientos administrativos que se les confiere.

5. La importancia de la fiscalización y el establecimiento de un órgano jurisdiccional encargado de dirimir las controversias entre el ente fiscalizador, los entes fiscalizados y los servidores públicos responsables requiere la creación de un Tribunal Administrativo autónomo, con las características de los tribunales franceses antes citados y no solo como parte de un Tribunal de lo Contencioso Administrativo.

REFERENCIAS

Legislación

Constitución Política de los Estados Unidos Mexicanos.

Ley de Fiscalización Superior de la Federación.

Ley de Fiscalización y Rendición de Cuentas de la Federación.

Ley Federal de Responsabilidad Patrimonial del Estado.

Ley del Servicio de Administración Tributaria.

Ley Federal de Responsabilidades Administrativas de los Servidores Públicos.

Ley Federal de Procedimiento Contencioso Administrativo.

Ley Orgánica del Tribunal Federal de Justicia Administrativa.

Libros y capítulos

Bernard, Michel. "La Reforma del Contencioso Administrativo de 1987 en Francia", traducción de Sergio Martínez Rosaslanda y Leopoldo Rolando Arreola Ortíz. En *Tribunal Fiscal de la Federación. Cincuenta y Cinco Años,* tomo I. México: Tribunal Fiscal de la Federación, 1988.

Fabre, Francis J. *Les grands arrêts de la jurisprudence financière.* París: Dalloz, 2014.

Martínez Rosaslanda, Sergio. "El contencioso administrativo". En T*ribunal Fiscal de la Federación. Cuarenta y Cinco Años,* tomo II. México: Tribunal Fiscal de la Federación, 1982.

Nava Negrete, Alfonso. *Derecho Procesal Administrativo.* México: Porrúa, 1959.

Raynaud, Jean. *El Tribunal de Cuentas*. México: Fondo de Cultura Económica, 1986.

~

NUEVO ACERCAMIENTO A LA CARGA DE LA PRUEBA EN LA MATERIA FISCAL

Pablo Ramírez Morales
Universidad Panamericana

INTRODUCCIÓN

Aquel que pretenda obtener la razón en un proceso contencioso debe de acreditar, con las evidencias que considere convenientes, los hechos a partir de los cuales sustenta su pretensión y busca convencer al juez. En este sentido, la carga de la prueba es una figura procesal que tiene como finalidad atribuir a las partes en un litigio la obligación de acreditar determinados elementos, según las circunstancias, a efecto de que prospere su acción.

La regla general es que aquel que afirma un hecho está obligado a probarlo. Así lo establecen los artículos 81 y 82 del Código Federal de Procedimientos Civiles, en los siguientes términos:

> **Artículo 81.** El actor debe probar los hechos constitutivos de su acción y el reo los de sus excepciones.
>
> **Artículo 82.** El que niega sólo está obligado a probar:
> **I.** Cuando la negación envuelva la afirmación expresa de un hecho;
> **II.** Cuando se desconozca la presunción legal que tenga a su favor el colitigante, y
> **III.** Cuando se desconozca la capacidad.

Pues bien, en la materia contenciosa fiscal encontramos una regla de atribución de la carga de la prueba que, como demostraremos, pone al contribuyente en una situación de desventaja frente a la autoridad fiscal; esta desventaja tiene una incidencia en el fondo de las controversias tributarias, lo cual repercute y se refleja en la determinación de situaciones jurídicas sustanciales, sea que se modifiquen o prevalezcan las existentes antes de la controversia.

Esta regla de atribución de la carga de la prueba, como veremos, parece un dogma inamovible en la práctica forense, tanto para juzgadores como para autoridades. Por ello, en el presente texto intentaremos un acercamiento distinto a la atribución de la carga de la prueba en materia fiscal, no necesariamente para romper un paradigma pero sí, al menos, para proponer una distribución más justa y equitativa entre las partes en una controversia fiscal.

Dicho acercamiento se intentará a partir de una serie de conceptos generales, pero también desde un caso específico que, no obstante, es una situación generalizada y que afecta a muchos contribuyentes: cuando la autoridad fiscal rechaza deducciones o acreditamientos de impuestos, por considerar que una o varias transacciones realizadas por el contribuyente, carece de materialidad o de sustancia económica.

PLANTEAMIENTO DEL PROBLEMA

La regla de atribución de la carga de la prueba en materia fiscal está contenida en el artículo 68 del Código Fiscal de la Federación ("CFF"), cuyo texto literal es el siguiente:

> **Artículo 68.** Los actos y resoluciones de las autoridades fiscales se presumirán legales. Sin embargo, dichas autoridades deberán probar los hechos que motiven los actos o resoluciones cuando el afectado los niegue lisa y llanamente, a menos, que la negativa implique la afirmación de otro hecho.

Una resolución de la autoridad fiscal, como un crédito fiscal o una negativa de devolución de un saldo a favor, se presumirán válidos; será el contribuyente el obligado a demostrar la ilegalidad del acto de que se trate, por lo que hace a la indebida aplicación e interpretación de las disposiciones legales aplicables, pero también respecto de los hechos en que se sustenta el acto, por lo que en este recae la carga de la prueba.

En principio, esta regla pareciera ser razonable, pues si un contribuyente considera que un acto de autoridad es ilegal debiera proporcionar la evidencia necesaria para acreditarlo; además de la necesidad de que los actos del Estado permanezcan y cuenten con una mínima garantía de estabilidad y continuidad.

Sin embargo, en la práctica forense esta regla es utilizada por la autoridad fiscal, con el consentimiento de los tribunales, para tomar una ventaja excesiva e ilegítima frente al particular en una controversia, al momento de convencer a los jueces sobre la realidad de los hechos.

Por un lado, los tribunales prácticamente no le exigen un estándar siquiera mínimo de prueba a las autoridades, respecto de los hechos en los que motiven sus resoluciones; por el otro, y tomando como pretexto esa nula exigencia de parte de los tribunales, las autoridades, en sus resoluciones y en los expedientes de los que derivan, se ocupan muy poco de acreditar los hechos y demostrar la conexión jurídica entre sus premisas y sus conclusiones.

Lo anterior se hace más agudo en los casos en que la autoridad funda y motiva su resolución en, por llamarlos así, hechos negativos; esto es, cuando la autoridad atribuye determinadas consecuencias legales al particular, bajo el argumento de que este no demostró o no acreditó algún elemento dentro del proceso de revisión.

La situación más frecuente en este tipo de casos es aquella en la que la autoridad fiscal determina que una o varias operaciones del contribuyente no tienen materialidad o sustancia económica; esto es, cuando considera que las transacciones amparadas en comprobantes fiscales, contratos, comprobantes de pago, entre otros documentos, sea la adquisición de un bien o la recepción de un servicio, no se llevaron a cabo en la realidad.

En muchas ocasiones, durante el ejercicio de sus facultades de comprobación, sin ningún elemento que lo justifique, la autoridad requiere al contribuyente que proporcione documentación suficiente e idónea para demostrar la materialidad de algunas o, incluso, de todas las operaciones que fueron tomadas como deducción; si la evidencia exhibida por el particular no satisface a la autoridad, entonces ante la supuesta falta de materialidad, esta puede rechazar, incluso, todas las deducciones declaradas en un ejercicio.

El sustento de las resoluciones de la autoridad es, simplemente, que el contribuyente no aportó documentación idónea y suficiente que demostrara la materialidad de los actos jurídicos a los que les dio efectos fiscales; como se ve, es un hecho negativo (el contribuyente no acreditó la materialidad de la operación) y que, en realidad, deriva del mero arbitrio y, si así quiere verse, capricho de la autoridad.

Dada la regla de atribución de la carga de la prueba, el contribuyente tiene frente a sí un umbral probatorio casi imposible de superar; se ve obligado a proporcionar ante un tribunal documentación que demuestre que sí adquirió un bien o sí recibió un servicio, más allá de un contrato, un comprobante fiscal y un comprobante de pago, cuando es posible que sea la única documentación con la que cuente, al no considerar necesario contar con mayores elementos para sustentar una operación real.

Se trata de un acto violatorio de cualquier principio de seguridad jurídica, pues la autoridad fiscal habrá considerado arbitrariamente que una transacción no tiene materialidad, por el solo hecho de que, a su juicio, la evidencia aportada por el contribuyente no es suficiente y sin siquiera demostrar los elementos y circunstancias que le permitan, así sea de manera indiciaria, llegar a su conclusión; lo anterior, sin tener que acreditar siquiera algún indicio que justifique la necesidad de corroborar que una transacción fue real.

En estricto sentido, la autoridad no está obligada a demostrar absolutamente nada, ni siquiera bajo qué razones consideró necesario verificar la sustancia material de una operación, pues si el contribuyente niega lisa y llanamente que una transacción no tiene materialidad, implicará la afirmación de que sí cuenta con ella, con lo cual adquiere la carga probatoria de su dicho.

Por tanto, bastará que una autoridad, de manera arbitraria y discrecional, se limite a señalar en una resolución que el contribuyente no aportó evidencia suficiente para acreditar la materialidad de una o varias transacciones, sin necesidad de justificar su conclusión, para que la misma goce de la presunción de legalidad que le da el artículo 68 del CFF.

Las instancias jurisdiccionales no exigen a las autoridades siquiera demostrar bajo qué indicios o premisas presumen que una o varias transacciones carecen de materialidad, de forma tal que se justifique el requerimiento al contribuyente para proporcionar la evidencia necesaria, para acreditar la efectiva adquisición de un bien o recepción de un servicio.

Lo anterior, además de ser una ventaja procesal injustificada a favor de las autoridades en perjuicio de los contribuyentes, pone a estos en un estado de inseguridad jurídica evidente: basta que la autoridad fiscal, de manera arbitraria, que es justo lo que pretende atajar el derecho fundamental de seguridad jurídica, afirme que una o varias operaciones carecen de materialidad, sin necesidad de justificar por qué llega a esa conclusión, para que el contribuyente tenga la carga de la prueba de demostrar lo contrario.

Sin embargo, como se verá, existen elementos jurídicos y legales en la normatividad vigente que, de ser utilizados adecuadamente por los contribuyentes y por los juzgadores, justificarían la exigencia de un estándar mínimo de prueba a las autoridades respecto de los hechos en que fundan sus resoluciones.

Esto es, para emparejar el terreno litigioso entre autoridad y contribuyente, así como para proteger la seguridad jurídica de este, no es necesaria una reforma legislativa que modifique la regla de atribución de la carga de la prueba en materia fiscal; basta que los juzgadores consideren con otros ojos y apliquen los elementos que plantearemos en las secciones subsecuentes, con la finalidad de construir desde la práctica jurisprudencial, un nuevo enfoque respecto de la carga de la prueba en materia fiscal.

Si bien analizaremos en detalle el caso de las resoluciones en las que la autoridad rechace deducciones o el acreditamiento del IVA porque la transacción correspondiente carezca, a su juicio, de materialidad, los planteamientos que se desarrollarán son aplicables, *mutatis mutandi,* a cualquier acto de autoridad.

PRINCIPIOS CONSTITUCIONALES

Es necesario que los juzgadores ponderen el principio y presunción de validez y legalidad de las resoluciones de las autoridades con los derechos constitucionales de seguridad jurídica y de legalidad, entendida esta como la debida fundamentación y motivación de los actos de autoridad; vistos con cuidado, no se contraponen necesariamente, sino que se complementan.

No solo eso, sino que el cimiento de cualquier acto de autoridad, a efecto de gozar de presunción de legalidad, es estar debidamente fundado y motivado, así como respetar el derecho humano de seguridad jurídica del particular al que va dirigido.

Como señala Alberto Ramón Real, al hablar de cómo el deber de fundamentación y motivación de las resoluciones jurisdiccionales trasciende a los actos de la autoridad administrativa, la motivación es la máxima expresión de la racionalización de los actos de autoridad; es decir, que los actos de la autoridad no deriven del capricho o de la voluntad arbitraria del gobernante, sino de la razón, esto es, de la ley[1].

Y para que los actos deriven de la ley, es decir, de la razón, es necesario que esta prevea de manera específica determinadas consecuencias jurídicas a la conducta realizada por el particular al que se dirigen aquellos, pero también que quede debidamente acreditado y demostrado, que el ciudadano perjudicado efectivamente incurrió en el hecho previsto en la norma.

En este mismo sentido se pronuncia Eduardo Soto Kloss, al señalar que los actos administrativos deben estar debidamente fundamentados y justificados; entendiendo por justificar, probar algo con razones, las cuales deben ser coherentes desde el punto de vista lógico, pero también fáctico[2].

De las referencias anteriores podemos desprender y concluir que, a efecto de que una resolución de la autoridad fiscal, en tanto de naturaleza administrativa, no deriva del arbitrio del gobernante, sino de la razón y racionalidad a la que está sujeta el poder del Estado, debemos tener la certeza de que los hechos en que se sustenta son ciertos; y solo tendremos esa certidumbre, si los mismos fueron debidamente demostrados por la autoridad.

Por tanto, la autoridad fiscal tiene la carga de la prueba de demostrar, con evidencia idónea y razonable, que en la realidad se dieron los hechos que dan origen y justificación al acto de que se trate; de hacerlo, tendremos una certeza razonable de que el acto está debidamente fundado y moti-

---

1 RAMÓN REAL, A. "La Fundamentación del Acto Administrativo", *Revista de Derecho Público* (1980): 119-120.

2 SOTO KLOSS, E. "La Fundamentación del Acto Administrativo en la Jurisprudencia de los Tribunales Ordinarios de Justicia", *Revista de Derecho Público Iberoamericano* (2018): 235-236.

vado, además de que no viola la seguridad jurídica del particular afectado, por lo que gozará de la presunción de legalidad que le atribuye la ley.

ELEMENTOS NORMATIVOS

Como mencionamos anteriormente, la presunción de validez de los actos de la autoridad y la atribución de la carga de la prueba a la autoridad para fundar y motivar debidamente dichas resoluciones, no son estrictamente antagonistas, sino que, bien vistos e interpretados, se complementan.

En el marco jurídico mexicano podemos encontrar una serie de elementos normativos de los que se desprende la obligación de la autoridad de demostrar debidamente los hechos y circunstancias en los que sustenta y motiva sus resoluciones; dicha obligación no se deriva únicamente de la interpretación que se ha hecho del artículo 16 constitucional, sino que en la legislación secundaria encontramos diversas disposiciones que obligan directamente a la autoridad en este sentido.

No obstante, es poco usual que los contribuyentes los consideren en sus estrategias de defensa y que los Juzgadores los tomen en cuenta al momento de pronunciarse sobre la legalidad de una resolución.

Por un lado, tenemos el tercer párrafo del artículo 6 del Código Fiscal de la Federación, cuyo contenido es el siguiente:

> **Artículo 6o.**- [...]
>
> [...]
>
> Corresponde a los contribuyentes la determinación de las contribuciones a su cargo, salvo disposición expresa en contrario. Si las autoridades fiscales deben hacer la determinación, los contribuyentes les proporcionarán la información necesaria dentro de los 15 días siguientes a la fecha de su causación.

De conformidad con dicho precepto, los contribuyentes deben determinar las contribuciones a su cargo, salvo disposición expresa en contrario; es decir, en el causante recae la obligación de determinar en cantidad líquida el impuesto al que está obligado.

La autodeterminación de las contribuciones, como todos los actos de los contribuyentes, parte de un principio de buena fe, el cual permite al contribuyente declarar voluntariamente el monto de sus obligaciones tributarias que le corresponden.

Así lo establece el artículo 21 de la Ley Federal de los Derechos del Contribuyente, cuyo texto es el siguiente:

> **Artículo 21.**- En todo caso la actuación de los contribuyentes se presume realizada de buena fe, correspondiendo a la autoridad fiscal acreditar que concurren las circunstancias agravantes que señala el Código Fiscal de la Federación en la comisión de infracciones tributarias.

A su vez, la Procuraduría de la Defensa del Contribuyente en el criterio sustantivo 4/2016/CTN/CS-SASEN, ha reconocido que el principio de buena fe se traduce en una presunción de legalidad en beneficio del contribuyente.

> **BUENA FE. ES UNA PRESUNCIÓN INICIAL QUE EN FAVOR DE LOS CONTRIBUYENTES DEBE RESPETAR LA AUTORIDAD FISCAL AL PRACTICAR AUDITORÍAS.** De conformidad con lo dispuesto en el artículo 21 de la Ley Federal de los Derechos del Contribuyente, la actuación de los contribuyentes se presume realizada de buena fe, correspondiendo a la autoridad fiscal acreditar que concurren las circunstancias agravantes que señala el Código Fiscal de la Federación en la comisión de infracciones tributarias. Al respecto, esta Procuraduría estima que dicho principio no sólo debe ceñirse al ámbito de las infracciones y sanciones tributarias, sino que también haciendo una interpretación extensiva y progresiva, conforme lo mandata el artículo 1° Constitucional, debe extenderse a otros ámbitos del Derecho Tributario, en específico a la intención en el cumplimiento voluntario de las obligaciones fiscales que tienen a su cargo los pagadores de impuestos. De esta manera, con base en dicho principio, la autoridad tributaria debe partir de la presunción del contribuyente como un sujeto que tiene el propósito de cumplir voluntariamente con sus obligaciones y deberes fiscales, salvo prueba en contrario. En este sentido, la autoridad al ejercer sus facultades de comprobación, debe partir de que el contribuyente actúa conforme al orden jurídico sin simulación o dolo, debiendo hacer una revisión sistemática y analítica de la documentación y contabilidad de éste para estar en aptitud de desvirtuar la presunción de buena fe, con lo que se evitará catalogarlo a priori como un sujeto incumplido, toda vez que los elementos que aporte durante

la revisión son los que servirán de base para determinar si en efecto el contribuyente incumplió o no con sus obligaciones.[3]

Como toda presunción, la de buena fe y legalidad en lo declarado por los contribuyentes admite prueba en contrario, pero de no ser desvirtuada, se convertirá en una verdad legal; lo relevante es que quien pretenda desestimar dicha presunción, tiene la carga de la prueba de hacerlo.[4]

Tan es una presunción, que si la autoridad fiscal no ejerce sus facultades de comprobación dentro de los plazos previstos en el CFF las mismas caducarán y, por tanto, perderá legitimación procesal para modificar lo declarado por el contribuyente y, en su caso, determinar alguna diferencia; de ser el caso, lo declarado por el contribuyente adquirirá el carácter de verdad legal, definitiva e inmodificable.

La ley le otorga a la autoridad fiscal la facultad para revisar que efectivamente se haya conducido con la buena fe que se presume y, en su caso, de determinar las omisiones en que hubiera incurrido; por tanto, las facultades de comprobación son el instrumento legal para desvirtuar la presunción de buena fe de la autodeterminación de las contribuciones.

De esta forma, es la autoridad la interesada en desestimar la presunción de buena fe y legalidad de lo declarado por el contribuyente respecto de su situación fiscal y lo hará a través del ejercicio de sus facultades de comprobación; por tanto, le corresponde a la autoridad la carga de probar en contrario de dicha presunción.

Por tanto, en la resolución que derive del ejercicio de facultades de comprobación deberá demostrarse de manera fehaciente que el contribuyente no actuó con legalidad al determinar sus contribuciones.

Para ello, la autoridad debe sustentar su resolución, en la que pretenda desvirtuar la presunción de buena fe y legalidad, en elementos probatorios concretos, verificables y que no dejen lugar a dudas respecto

---

3 Criterio sustantivo 4/2016/CTN/CS-SASEN (Aprobado 3ra. Sesión Ordinaria 29/04/2016). Énfasis añadido.

4 Así se desprende de los artículos 193 y 194 del Código Federal de Procedimientos Civiles, cuyo texto es el siguiente: **Artículo 193.**- La parte que niegue una presunción debe rendir la contraprueba de los supuestos de aquélla. **Artículo 194.**- La parte que impugne una presunción debe probar contra su contenido.

de los hechos que detonen las consecuencias jurídicas que aplique en su resolución.

Así pues, en atención a la presunción de buena fe, corresponde a la autoridad fiscal la carga de probar los hechos de cuya existencia surge una obligación tributaria para el contribuyente, pues la debida fundamentación y motivación de todo acto de autoridad, para que sea producto de la razón y no del abuso caprichoso de poder, también implica que los hechos en que se sustente estén debidamente demostrados, a partir de elementos y evidencias ciertas y verificables; verificables para el particular afectado y para el juzgador.

El siguiente precedente es ilustrativo al respecto:

> **CRÉDITOS FISCALES. CARGA DE LA PRUEBA.** La carga de probar los hechos de cuya existencia surge un crédito fiscal a cargo de un particular, corresponde a la autoridad fiscal, de manera que en ella la que debe allegar probanzas adecuadas al respecto, para poder activar el fincamiento del crédito. Y es claro que, conforme al artículo 16 constitucional, la autoridad puede afrontar esa carga mediante la práctica de una visita de auditoría. Y si lo hace, ahora corresponderá al causante la carga de probar sus excepciones, o de desvirtuar las probanzas de la autoridad o los resultados de la auditoría. Pero si la visita fiscal está formalmente viciada, o si la autoridad fiscal, al fincar el crédito, no menciona o señala con precisión los elementos concretos e individuales de prueba encontrados en la visita, para que el causante esté en aptitud razonable de defenderse y no se le viole la garantía de audiencia, sino que dicha autoridad se limita a hacer afirmaciones abstractas e imprecisas sobre el examen de documentos o declaraciones, sin precisar qué documentos a quienes declararon, y cuál fue el contenido exacto de esos documentos y declaraciones en forma suficientemente clara para permitir al causante su defensa, en este caso bastará que el afectado alegue tales vicios de motivación para que se concluya que la autoridad no afrontó eficientemente su carga primaria de probar, sin que el causante tenga que rendir pruebas en contrario para que se desestime la motivación del cobro. Y el señalamiento preciso de los elementos antes mencionados debe hacerse en la resolución que finque el crédito, o por lo menos debe hacerse en ella una clara e inequívoca referencia a alguna parte del acta de la visita,

de la que se haya dado copia al afectado o que deberá constituir un anexo de dicha resolución, de manera que dicho afectado pueda probar y alegar lo que a su derecho convenga, sabiendo plenamente a qué atenerse respecto de la fundamentación y motivación del cobro.[5]

Podemos concluir que, a efecto de que una resolución de autoridad esté debidamente fundada y motivada, en tanto que implica desvirtuar la presunción de buena fe y legalidad de lo declarado por el contribuyente, la autoridad correspondiente tiene la carga de acreditar fehacientemente los hechos que le sirvan de sustento para su determinación.

Es posible argumentar que durante la fase del procedimiento de fiscalización la carga de la prueba se desplaza a la autoridad, en virtud de que implica el desconocimiento de la presunción de legalidad y buena fe de lo declarado por el contribuyente.

Por tanto, podemos concluir que la presunción de legalidad de las resoluciones de la autoridad no es absoluta; por el contrario, a efecto de que dicha presunción se actualice, es necesario que dichas resoluciones estén debidamente fundadas y motivadas.

Y para ello, la autoridad tiene la carga de plantear en su resolución los hechos que se suscitaron en el caso concreto, así como la evidencia probatoria a partir de la cual tuvo por demostrados esos hechos; no solo eso, sino que los elementos probatorios deben estar relacionados en el texto mismo del acto e integrados al expediente de que se trate, disponibles para el particular y el juzgador.

Como se ve, la autoridad tiene también la carga de la prueba de demostrar fehacientemente los hechos en que sustente su resolución, a través de la cual pretenderá desvirtuar la presunción de buena fe de la determinación que hizo el contribuyente de sus propias obligaciones.

Por tanto, es válido que en el ejercicio de los medios de defensa que la ley le provee, el contribuyente cuestione si la autoridad, en el procedimiento de fiscalización y al emitir su resolución, cumplió o no con la carga de la prueba que la ley le atribuye; igualmente es válido que el juz-

---

[5] Tesis 253031, Semanario Judicial de la Federación y su Gaceta, Séptima, Volumen 97-102, sexta parte, marzo de 1977, página 80. Énfasis añadido.

gador la deje sin efectos por estar indebidamente fundada y motivada, si concluye que la autoridad no demostró fehacientemente los hechos en que sustenta su resolución.

Los razonamientos anteriores son aplicables para las resoluciones en que la autoridad aduzca que las operaciones de un contribuyente carecen de materialidad; no basta que la autoridad sustente su resolución en que el contribuyente no demostró la sustancia económica de tales actos, pues ello implicaría relevarla de cualquier obligación de acreditar los hechos en que sustenta su resolución; por el contrario, el juez debe exigirle que demuestre que hay hechos o indicios que le permiten concluir de manera razonada y razonable que las transacciones del contribuyente no tienen sustancia material.

PRECEDENTES JURISDICCIONALES

Además de los elementos normativos antes referidos, existen algunos precedentes jurisdiccionales que, de su texto, podemos desprender que la autoridad tiene la carga de la prueba durante la fase de auditoría y al momento de emitir su resolución.

El elemento sustancial que puede extraerse de dichos precedentes es que toda facultad de la autoridad, en este caso la de revisar la situación fiscal de los contribuyentes, lo cual implica desvirtuar la presunción de legalidad de lo que estos hubieran declarado, está circunscrita y limitada por el derecho fundamental de seguridad jurídica; entendida en el sentido de proscribir la arbitrariedad de las autoridades.

En el caso de las resoluciones en que la autoridad concluye que una o varias operaciones del contribuyente no tienen materialidad o sustancia económica, deben estar sólidamente sustentadas en elementos ciertos, objetivos y existentes, que lleven de manera razonable a la conclusión de que la operación en análisis no existe o no pudo haberse celebrado en las condiciones objetivas verificadas.

Por el contrario, la determinación de la autoridad en el sentido de que una o varias transacciones no tienen sustancia material, no puede estar sustentada en el solo hecho de que el contribuyente no demostró la efectiva prestación del servicio o la efectiva adquisición del bien de que se trate; esto es, sin que la autoridad acredite al menos los indicios que den lugar a cuestionar la efectiva realización de la operación sujeta a revisión.

Del análisis a los precedentes que se abordarán más adelante puede desprenderse, a pesar de que en los mismos no se señala de manera expresa, que la autoridad es quien debe demostrar la inexistencia o falta de materialidad de una transacción; evidentemente no debe exigírsele acreditar un hecho negativo, pero sí, al menos, una serie de elementos o indicios que le permitan concluir, de manera razonada y razonable, que una transacción no tiene materialidad y que, por tanto, no puede surtir efectos fiscales.

No basta que la autoridad se limite a manifestar, sin mayor sustento ni elemento de prueba, que una o varias operaciones no tienen materialidad ni sustancia económica, para revertir la carga de la prueba al contribuyente, en términos del artículo 68 del CFF.

Analicemos en detalle los precedentes a que nos hemos referido, a efecto de demostrar que los hechos en que se motiva la resolución de la autoridad, específicamente aquellos que la lleven a concluir que una operación carece de sustancia material, deben estar debidamente probados por parte de la autoridad.

a) El Pleno de la Sala Superior del Tribunal Federal de Justicia Administrativa ("TFJA"), al resolver el juicio contencioso administrativo con número de expediente 1560/16-25-01-5-ST-350 3/17-PL-04-04, cuya ejecutoria está disponible en el portal de internet del referido Tribunal[6], se pronuncia en el sentido de que las autoridades tienen plena facultad para verificar si se realizaron las situaciones jurídicas o de hecho a las que los contribuyentes pretenden darles efectos fiscales.

Sin embargo, de su argumentación se desprende un elemento fundamental: las autoridades fiscales pueden llegar a la conclusión de que no existen las operaciones sustentadas con comprobantes fiscales, pero

---

6 El precedente referido está disponible en http://sentencias.tfjfa.gob.mx:8080/SICSEJLDOC/faces/content/public/consultasentencia.xhtml

únicamente a partir del análisis de la documentación, datos e informes que exhiba el contribuyente y que consten en el expediente; o en su caso, de aquellos de los que se allegue y conozca de otros expedientes, en términos del artículo 63 del CFF.

En específico, en el precedente citado la Sala Superior del TJFA concluye que las operaciones del contribuyente visitado carecían de sustancia material, dado que la autoridad demostró los siguientes elementos:

- Que las operaciones cuestionadas fueron entre partes relacionadas;
- Que todas las empresas mencionadas tienen objetos sociales muy amplios;
- Que emiten comprobantes fiscales en los que la contraprestación pactada no guarda proporción con la supuesta operación amparada;
- Que el contribuyente revisado, como sus clientes y proveedores, no tienen personal ni activos idóneos o suficientes;
- Que reciben ingresos que no tienen proporción con las características de sus establecimientos;
- Que tienen cuentas bancarias que se encuentran activas por un periodo específico y que después son canceladas, o mantenidas con saldos mínimos;
- Que tienen sus establecimientos en lugares que no corresponden a sus domicilios fiscales, además de que después de un tiempo de actividad, se encuentran como no localizables;
- Que sus ingresos son prácticamente idénticos que sus deducciones, además de que compran y venden mercancías por exactamente las mismas cantidades y en los mismos precios;
- Que en las operaciones analizadas no existe flujo de efectivo, puesto que el pago de las supuestas obligaciones se hizo mediante figuras como la confusión, la dación en pago y otras.

A partir de los elementos anteriores, la autoridad llegó a la conclusión, misma que fue avalada por la Sala Superior, de que las operaciones amparadas con los comprobantes exhibidos por el contribuyente eran inexistentes.

b) La Primera Sección de la Sala Superior del propio TFJA, al resolver el juicio contencioso administrativo número 4351/16-07-01-4-OT/1124/17-S1-04-04[7], se pronunció en similares términos a los adoptados en el precedente analizado en el inciso anterior.

Sin embargo, formula un matiz importante: las autoridades fiscales pueden determinar la existencia de actos jurídicos, para efectos fiscales, si de la documentación aportada por el contribuyente advierten que los mismos amparan operaciones que no se realizaron.

Es importante dicha precisión, puesto que define el umbral mínimo de prueba que deben cumplir las autoridades, al establecer que solo pueden declarar la inexistencia de actos jurídicos si, de la documentación que aporten los contribuyentes, se desprende que se trata de operaciones sin sustancia material ni económica; no es válido, pues, que la autoridad, bajo el único argumento de que el contribuyente no acreditó la materialidad de una operación, desconozca los efectos fiscales de esta.

En este sentido, la Primera Sección consideró que fue correcta la apreciación de la autoridad, al determinar que las operaciones amparadas con los comprobantes exhibidos por los contribuyentes son inexistentes, dado que, a partir de la documentación aportada por el contribuyente, así como diversa que tuvo a su alcance y conocimiento la autoridad, pudo demostrar las siguientes circunstancias:

- Que existió una venta en círculo de la misma mercancía y por el mismo precio, entre la contribuyente visitada y un tercero;
- Que no hay congruencia entre los datos contenidos en las facturas con las fechas de los contratos que los sustentan, puesto que se facturó mercancía aún no adquirida;
- Que no hay razón de negocios para la celebración de dicha operación, puesto que vendió la mercancía en la misma cantidad en que la adquirió, esto es, sin generar una ganancia;

[7] El precedente referido está disponible en http://sentencias.tfjfa.gob.mx:8080/SICSEJLDOC/faces/content/public/consultasentencia.xhtml

- Que la visitada y las empresas compulsadas no cuentan con la infraestructura necesaria para almacenar y transportar la mercancía en cuestión;
- Que no hubo flujo de recursos, puesto que las operaciones fueron pagadas mediante compensaciones y emisión de acciones;
- Las cuentas bancarias no reflejaron aumentos de ingresos;

Concluye la Primera Sección que, a partir de estos elementos, la autoridad fiscal sí estaba en posibilidad de determinar la inexistencia de dichas operaciones; ello, en tanto que la autoridad probó debidamente una serie de hechos que la llevaron a la conclusión de que lo declarado por los contribuyentes no fue legal, al haberle dado efectos a operaciones inexistentes.

c) Puede extraerse un elemento común de lo resuelto en ambos precedentes: ante la evidencia probatoria aportada por la autoridad en sus resoluciones, se activó la presunción de validez prevista en el artículo 68 del CFF.

Consecuentemente, en tanto que el contribuyente no aportó, por su parte, los elementos probatorios para convencer sobre la materialidad de sus operaciones, el Juzgador convalidó que la resolución de la autoridad estaba debidamente fundada y motivada.

La Sala Superior del TFJFA no resolvió un caso en el que el único sustento de la autoridad fuera que el contribuyente no aportó evidencia idónea, sin haber acreditado ningún elemento adicional.

No obstante, puede desprenderse que, para fundar y motivar debidamente su resolución, las autoridades deben tener por demostrados una serie de hechos y circunstancias que la lleven a la conclusión de que las operaciones del contribuyente no tienen materialidad; ello solo es posible ante la existencia de elementos concretos y verificables, de los cuales se pueda desprender, de manera lógica, razonable y razonada, que se está ante una operación sin sustancia económica.

En cuanto al tema específico de la carga de la prueba, llevando lo resuelto en los precedentes analizados un paso más adelante, puede concluirse que durante el procedimiento de fiscalización y al momento de emitir su resolución, la autoridad tiene la carga de demostrar los hechos en que sustente sus actos, a efecto de destruir la presunción de legalidad de lo declarado por la autoridad.

Por el contrario, no es válido para la autoridad concluir que una operación no tiene materialidad, por el solo hecho de que el contribuyente no haya aportado elementos o documentos adicionales a los requeridos por la ley, como contratos, facturas y comprobantes de pago.

Ello, en tanto que estarían llegando a su conclusión y, en todo caso, desvirtuando la presunción de legalidad de lo declarado por el contribuyente, no a partir de hechos debidamente demostrados, sino por la ausencia de evidencia que, a su arbitrario juicio, hubiera sido suficiente e idónea; esto es, se desvirtuaría una presunción con otra presunción no demostrada, lo cual es jurídicamente improcedente.

Es por ello que los juzgadores deben exigir a la autoridad el cumplimiento de ese estándar mínimo de prueba; de hacerlo, entonces su resolución gozará de la presunción de legalidad y, por tanto, será el contribuyente el obligado a demostrar lo contrario. Ello, en tanto que el juzgador tendrá una certeza razonable de que la misma deriva de la razón y de la ley, no así del capricho y del arbitrio del gobernante, en perjuicio de la seguridad jurídica del contribuyente.

CONCLUSIONES

En los dos precedentes analizados, la autoridad sí demostró con elementos de prueba suficientes, una serie de hechos, circunstancias e indicios que permiten concluir, con sustento suficiente, que las operaciones del contribuyente no tienen materialidad.

Son casos en los que la autoridad sí cumple con un estándar mínimo de prueba para desvirtuar la presunción de legalidad de lo declarado por el contribuyente, en ejercicio de la facultad que le confiere la ley de autodeterminar las obligaciones fiscales a su cargo.

Las resoluciones analizadas en dichos precedentes no son de aquellas en las que la autoridad concluye que las operaciones del contribuyente no tienen materialidad, por el solo hecho de que este no le proporcionó documentación idónea y suficiente.

No hay, por tanto, un pronunciamiento respecto de la legalidad de una resolución en la que la autoridad no demuestre o no aporte evidencia probatoria para sustentar su conclusión, sino que se limite a resolver que el contribuyente no le entregó la documentación idónea y suficiente para demostrar la materialidad de las transacciones cuestionadas.

Ello, incluso sin haber demostrado siquiera algún indicio que permita suponer, ya no digamos concluir, que una operación no tiene sustancia material.

Este tipo de resoluciones son muy comunes en la práctica procesal fiscal, en las que la autoridad fiscal se esconde detrás de la presunción de legalidad de sus resoluciones, arrojando al contribuyente una carga de la prueba imposible de satisfacer; y es imposible de satisfacer, puesto que implica revertir una apreciación subjetiva y arbitraria respecto de la idoneidad de las pruebas para demostrar que una operación sí se llevó materialmente a cabo.

A partir de los elementos normativos analizados en las secciones anteriores, así como con fundamento en los precedentes jurisdiccionales revisados, es posible concluir que los contribuyentes, pero sobre todo los juzgadores, deben acercarse desde una nueva perspectiva al tema de la carga de la prueba en materia fiscal y, con ello, romper el paradigma tradicional de que esta recae exclusivamente y de manera rígida, en el contribuyente.

Este nuevo enfoque consiste en que la autoridad fiscal tiene la carga de la prueba de demostrar los hechos en que motive sus resoluciones, siendo que con las mismas se desvirtúa la presunción de legalidad de lo declarado por los contribuyentes; y complementariamente, los juzgadores deben exigir a las autoridades la satisfacción de dicha carga, a efecto de convalidar la debida fundamentación y motivación de la resolución de que se trate.

En este sentido, es válido que el contribuyente haga valer como argumento de defensa, que la autoridad no acreditó los hechos y circunstancias en los que sustenta su resolución; esto es, que no satisfizo un estándar mínimo de prueba y que, por tanto, su resolución está indebidamente fundada y motivada.

Si la resolución de la autoridad no supera ese estándar mínimo de prueba, entonces la resolución de que se trate no puede revestirse de la presunción de legalidad; esto es, si la autoridad no sustenta con evidencia probatoria los hechos en que motiva su resolución, el contribuyente no estará obligado a probar en contrario.

Bastará que acredite que la autoridad no demostró con evidencia sólida los hechos en que se sustenta, en tanto que no habrá desvirtuado la presunción de legalidad de lo autodeterminado por el contribuyente en su declaración de impuestos; por tanto, al no desvirtuar dicha presunción, la misma deberá prevalecer y lo declarado por el contribuyente adquirirá el carácter de verdad legal.

Como se ve, la figura de la carga de la prueba tiene repercusiones sustanciales en cuanto a la determinación de las contribuciones a cargo de los particulares, lo que justifica un enfoque de la misma que procure una distribución justa entre la autoridad y el contribuyente, a efecto de que la obligación de este sea, como lo ordena la Constitución, proporcional y equitativa.

REFERENCIAS

Jurisprudencia

Criterio Sustantivo emitido por la Procuraduría de la Defensa del Contribuyente número 4/2016/CTN/CS-SASEN, aprobado en la Tercera Sesión Ordinaria 29/04/2016.

Tesis 253031, Semanario Judicial de la Federación y su Gaceta, Séptima, Volumen 97-102, sexta parte, marzo de 1977, p. 80.

Sentencia dictada por el Pleno de la Sala Superior del Tribunal Federal de Justicia Administrativa, al resolver el juicio contencioso administrativo con número de expediente 1560/16-25-01-5-ST-3503/17-PL-04-04.

Sentencia dictada por la Primera Sección de la Sala Superior del Tribunal Federal de Justicia Administrativa, al resolver el juicio contencioso administrativo número 4351/16-07-01-4-OT/1124/17-S1-04-04.

Artículos

Ramón Real, Alberto. "La Fundamentación del Acto Administrativo", *Revista de Derecho Público* (1980): 119-120.

Soto Kloss,Eduardo. "La Fundamentación del Acto Administrativo en la Jurisprudencia de los Tribunales Ordinarios de Justicia", *Revista de Derecho Público Iberoamericano* (2018): 235-236.

~

LA CONFLICTIVIDAD FISCAL

José de Jesús Gómez Cotero[1]
Universidad Panamericana

INTRODUCCIÓN

Un tema recurrente de reflexión en Latinoamérica, es el número de recursos administrativos y contenciosos, así como, el importe de la deuda tributaria detectada y no cobrada que sigue un ascenso imparable, lo que se está agravando día con día, tal y como ocurre en el caso mexicano, respecto del cual reflexionaremos más adelante.

Ejemplo de ello es el trabajo "La Justicia Tributaria en España. Informe sobre las relaciones entre la Administración y los contribuyentes y la resolución de conflictos entre ellos" desarrollado en 2005, por el Grupo de Investigación Política Fiscal y Derecho Tributario de la Facultad de Derecho de la Universidad de Barcelona, bajo la coordinación del profesor Ferreiro Lapatza.[2]

Ante ello muchas son las voces que plantean la necesidad de encontrar alternativas para disminuir la litigiosidad y evitar gastar recursos públicos con el fin de intentar cobrar deudas que solo existentes en el papel.

---

1 Doctor en Derecho por la Universidad Panamericana y la Universidad del País Vasco. Profesor de la Maestría de Derecho Tributario de la Universidad Panamericana.

2 *Cfr*. El trabajo denominado "Propuestas para disminuir la litigiosidad fiscal en España a la luz del derecho comparado", coordinado por Luis Manuel Alonso González Catedrático de Derecho Financiero y Tributario UB. Cataluña: Collegi Oficial de Gestors Administratius de Catalunya, 2014, disponible en http://s01.s3c.es/imag/doc/2014-04-23/06.informe.pdf

En otros países, nos refiere el estudio coordinado por Luis Manuel Alonso González,[3] se adoptaron diversas herramientas como: el encuentro, la conciliación, la mediación, y el intentar aproximar posturas entre una Administración y un ciudadano contribuyente.

LAS CAUSAS DEL PROBLEMA

En el estudio de referencia se reflexiona que, si bien en España[4] se han adoptado medios alternativos para la resolución de controversias con el fin de reducir la cantidad de litigios tributarios que enfrentaban a las autoridades fiscales y a los ciudadanos, situación que hoy día ha empeorado sensiblemente, lo cual no mejorará si se adopta una dinámica represora en el marco de la siempre popular –o populista– lucha contra el fraude en la que se sanciona igual al error que a la defraudación, frente a lo cual, en el estudio en cita, se reflexiona que es indispensable un cambio de rumbo en la política de aplicación de los tributos.

Dos son los aspectos que más preocupan:

a) El crecimiento imparable del número de conflictos y, en paralelo, el decrecimiento de los ingresos fiscales con los que cuenta el Estado.
b) Otro problema es la deuda liquidada no cobrada que crece año tras año, problema que se ha enfrentado ofreciendo descuentos a quienes tienen deudas en litigación, con el fin de acelerar el proceso y reducir los costos de los tribunales.

Ello plantea la reflexión sobre si la actuación de la Administración en la aplicación de los tributos es correcta y, ¿hasta qué punto los esfuerzos por lograr el máximo grado de cumplimiento en las obligaciones fiscales están bien encaminados? También se reflexiona cómo en la experiencia comparada, se han incorporado fórmulas alternativas para solucionar esos conflictos, que ayuden a que la conflictividad disminuya y la recaudación aumente.

---

3 *Ídem.*
4 *Cfr.* ALONSO GONZÁLEZ, op. cit., pp. 19-23.

En España se han analizado como causas de la conflictividad conocidas encontramos: a) La complejidad del sistema fiscal; b) La propensión al fraude o, cuanto menos, a la optimización fiscal, por parte de los contribuyentes; c) La actitud inadecuada por parte de la administración tributaria, y d) Mecánica del sistema, basada esencialmente en las autoliquidaciones masivas.

Se critica la complejidad del sistema fiscal español, sometido a demasiados cambios que buscan adaptarse a la compleja realidad económica, lo que ha dado lugar a una hiperregulación de las obligaciones fiscales, así como su constante cambio y reinterpretación, lo cual afecta el clima de seguridad jurídica.

También se critica el sistema de autoliquidaciones masivas, y la aplicación al contribuyente de fuertes sanciones "por no acertar", máxime cuando el sistema se sustenta básicamente en un funcionamiento correcto de las retenciones, las repercusiones tributarias y las autoliquidaciones que cumplimentan los obligados tributarios, lo que provoca la mayor comodidad posible para la Administración, quien suele emitir liquidaciones sobre la base de una interpretación distinta a la realizada por el contribuyente o con la aplicación de una norma distinta a la aplicada por él.

En México el problema es muy similar, si consideramos que se cada día se determinan una infinidad de créditos exorbitantes que se tornan en impagables para los contribuyentes, en los cuales, el importe de las multas represente un monto significativo, a partir de que, en el terreno fáctico, las autoridades administrativas se percataron que la recaudación se incrementaría a través del cobro de multas.

El problema se ha agudizado gracias a criterios de los tribunales como el que sostiene que la multa mínima no requiere de motivación, lo que provocó que el legislador incrementara los parámetros establecidos como multa mínima, criterio que se ha extendido de la materia fiscal a diversas materias administrativas, permitiendo a las autoridades no justificar el ejercicio de su facultad sancionadora al imponer estas, lo que proporciona importantes recursos recaudados.[5]

---

[5] GÓMEZ COTERO, J. J., "Límites a la facultad sancionadora". En *Modelo de Código Tributario para América Latina, tendencias actuales de tributación*, coordinado por

Al respecto en criterio comentado, esencialmente señala mediante jurisprudencia por contradicción de tesis[6] que el único monto que las autoridades pueden imponer, demostrada la infracción y sin razonar su arbitrio para motivarlo, es el mínimo, pues ello implica que se ha aceptado el máximo de circunstancias atenuantes.

Adicionalmente se argumentó que, si bien es cierto que todo acto de autoridad que incida en la esfera jurídica de un particular, debe fundarse y motivarse, resulta irrelevante, y no causa violación, el que la autoridad sancionadora, haciendo uso de su arbitrio, imponga al particular la multa mínima prevista en la ley, sin señalar pormenorizadamente los elementos que la llevaron a determinar dicho monto, pues cuando se impone la multa mínima, es evidente que legalmente no podría imponerse una sanción menor, por lo que la obligación de motivación se cumple, sí se expresan las circunstancias del caso y los elementos con los

---

Salcedo Younes, Ruth Yamile. Bogotá: Universidad Colegio Mayor de Nuestra Señora del Rosario-Instituto Colombiano de Derecho Tributario, 2010, pp. 295-297.

6 MULTA FISCAL MÍNIMA. LA CIRCUNSTANCIA DE QUE NO SE MOTIVE SU IMPOSICIÓN, NO AMERITA LA CONCESIÓN DEL AMPARO POR VIOLACIÓN AL ARTÍCULO 16 CONSTITUCIONAL. Si bien es cierto que de conformidad con el artículo 16 constitucional todo acto de autoridad que incida en la esfera jurídica de un particular debe fundarse y motivarse, también lo es que resulta irrelevante y no causa violación de garantías que amerite la concesión del amparo, que la autoridad sancionadora, haciendo uso de su arbitrio, imponga al particular la multa mínima prevista en la ley sin señalar pormenorizadamente los elementos que la llevaron a determinar dicho monto, como lo pueden ser, entre otras, la gravedad de la infracción, la capacidad económica del infractor, su reincidencia, ya que tales elementos sólo deben tomarse en cuenta cuando se impone una multa mayor a la mínima, pero no cuando se aplica esta última, pues es inconcuso que legalmente no podría imponerse una sanción menor. Ello no atenta contra el principio de fundamentación y motivación, pues es claro que la autoridad se encuentra obligada a fundar con todo detalle, en la ley aplicable, el acto de que se trate y, además, a motivar pormenorizadamente las razones que la llevaron a considerar que, efectivamente, el particular incurrió en una infracción; es decir, la obligación de motivar el acto en cuestión se cumple plenamente al expresarse todas las circunstancias del caso y detallar todos los elementos de los cuales desprenda la autoridad que el particular llevó a cabo una conducta contraria a derecho, sin que, además, sea menester señalar las razones concretas que la llevaron a imponer la multa mínima. Novena Época, No. Registro: 192796, Instancia: Segunda Sala, Jurisprudencia, Fuente: Semanario Judicial de la Federación y su Gaceta, X. Diciembre de 1999, Materia(s): Administrativa, Tesis: 2a./J. 127/99, Página 219.

cuales se acredite que el particular llevó a cabo una conducta contraria a derecho que es tipificada como infracción.[7]

Este criterio es desafortunado en tanto deja de atender al elemento subjetivo de la conducta del presunto infractor, y da lugar a la imposición de sanciones de manera irrestricta, además de afectar la plena oportunidad de defensa del sancionado.

El tema se agrava cuando los incentivos retributivos de los funcionarios tienen como punto de referencia la deuda liquidada, con absoluta independencia de si esta es finalmente cobrada o no, o si la liquidación fue revocada como consecuencia de las impugnaciones promovidas por el contribuyente. En España,[8] esta política fue criticada, destacando entre varios de los argumentos, el que sostiene que ello alimenta la falta de responsabilidad del funcionario, que ni conoce cuál es el resultado de las liquidaciones que emite, ni se encuentra motivado por alcanzar el éxito real de la función tributaria, que es erogar recursos.

Por ello, el sistema de objetivos basado en el volumen de deuda descubierta parece poco vinculado "con el esfuerzo y rigor de la actividad desarrollada por las unidades de inspección y, además, permite cuestionar la

---

[7] MULTAS FISCALES. AUN SIENDO LA MÍNIMA, NO ES ABSOLUTA NI IRRESTRICTA LA FACULTAD DE LA AUTORIDAD PARA IMPONERLAS. Sostener el criterio de que cuando se aplique el porcentaje mínimo de una multa, no deban especificarse las razones de su proporcionalidad y justicia, especialmente en el caso de que el monto sea de un 70 %, sería tanto como pretender encubrir y justificar la aparente constitucionalidad de una multa de una magnitud significativa, para cuya imposición no se atiende al elemento subjetivo del actor, corriendo el riesgo de ser excesiva y desproporcional a las circunstancias del particular en el caso concreto, pues el hecho de que el artículo 76 fracción II del Código Fiscal de la Federación, no reproduzca los requisitos constitucionales de fundamentación y motivación que exige el artículo 16, no significa que la autoridad no debe observar ese mandato constitucional y solamente atender a la ley secundaria, porque ante todo y por encima de cualquier ley se encuentra el principio de supremacía constitucional previsto en el artículo 133 de nuestra Carta Magna, lo que implica que la autoridad sancionadora por imperativo jerárquico debe, al imponer una multa, tomar en consideración tanto el elemento objetivo como el subjetivo del infractor, pues basta la existencia de esos mandatos para que la obligación subsista para cualquier autoridad, y así salvaguardar las garantías individuales previstas en los artículos 16 y 22, párrafos primeros, de nuestra Carta Fundamental. Visible en: Novena Época, No. Registro: 194408. Instancia: Tribunales Colegiados de Circuito, Tesis Aislada, *Semanario Judicial de la Federación y su Gaceta*, IX, Marzo de 1999. Materia(s): Administrativa, Tesis: VIII.1o.25 A, Página: 1421.

[8] *Cfr.* ALONSO GONZÁLEZ, op. cit., p. 22.

objetividad de su actuación" lo que además puede suponer incentivos para comportamientos inapropiados, a lo que hay que agregar la opacidad que existe en relación al componente variable de la retribución de los funcionarios de Hacienda, lo que no ayuda en nada a la transparencia del sistema, ni a inspirar confianza en una actuación profesional, objetiva e imparcial.[9]

En México, se estableció como incentivo retributivo para los funcionarios, el que estos participarán del monto de las multas que determinaron, lo que propició un incremento desmedido en el cobro de las multas, en tanto que los funcionarios estaban más preocupados por incrementar sus retribuciones que por determinar irregularidades. El problema se agudizó cuando al cuestionarse la inconstitucional de la figura, la Suprema Corte de Justicia de la Nación determinó que los gobernados carecían de interés jurídico para promover el juicio de amparo, en tanto que no se le causaba ningún perjuicio, puesto que, con ella, no se concedía algún derecho subjetivo en favor de ellos, ni se establece alguna situación jurídica en la que estén comprendidos.[10]

Por lo anterior, se requiere una reforma radical de la normativa sancionadora, de manera que se persiga al contribuyente que miente, engaña, oculta o falsea y no al que se equivoca.

---

9 *Ídem*, pp. 22. En la línea de pensamiento ARIAS VELASCO, J. "Lucha contra el fraude, conflictividad tributaria y seguridad jurídica", conferencia dictada en Barcelona, el 17 de mayo de 2007, en la Jornada Tributaria organizada por REGAF y Empresistas. Publicada en *L'assessor d' empreses* 32 (2007): 34.

10 MULTAS FISCALES, INTERÉS JURÍDICO INEXISTENTE DE LOS GOBERNADOS PARA RECLAMAR EN JUICIO DE AMPARO EL ARTÍCULO, 70 BIS DEL CÓDIGO FISCAL DE LA FEDERACIÓN, REFERENTE AL DESTINO DE LAS. El precepto aludido que establece el destino que debe darse a los ingresos que la Federación obtenga de multas por infracción a las disposiciones fiscales, no causa ningún perjuicio al interés jurídico de los gobernados para efectos del juicio de amparo, puesto que ningún derecho subjetivo concedido por alguna ley en favor de ellos se encuentra afectado por tal dispositivo, ni este establece situación jurídica alguna en la que estén comprendidos dichos gobernados, por lo que resulta improcedente el juicio en términos de la fracción V del artículo 73 de la Ley de Amparo. Visible en: Época: Octava Época. Registro: 207290. Instancia: Tercera Sala. Tipo de Tesis: Aislada. *Semanario Judicial de la Federación*. Tomo IV, Primera Parte, Julio-Diciembre de 1989. Materia(s): Constitucional, Administrativa. Tesis: CCIII/89, Página: 249.

Ante estas conductas, se ha considerado que existe un agotamiento de la dinámica acción/represión, máxime cuando la relación entre la Administración y los administrados se da en términos estrictamente recaudatorios,[11] en la que se atribuyen los déficits al auge del fraude fiscal que solo se sabe combatir desde la represión administrativa y penal, de ahí, las continuas reformas para reforzar el aparato represor y el paulatino eclipse de derechos y garantías del contribuyente.[12]

Sobre el tema Mirrlees[13] señala que:

> Uno de los problemas centrales que se ha planteado al tratar la elusión de los impuestos en el Reino Unido ha sido la propensión de los gobiernos a atacar los síntomas -aprobando siempre medidas adicionales anti-elusión dirigidas a combatir esquemas de elusión concretos- en lugar de hacer frente a la causa subyacente.

---

[11] *Cfr.* Los artículos que componen el libro: "Los Procedimientos Tributarios vs Los Derechos de los Contribuyentes. La recaudación como factor de colisión entre los intereses del Estado y los derechos de los contribuyentes" coeditado por la Universidad Panamericana y Thomson Reuters en 2018, en el que, de la lectura de los capítulos que integran el libro, se nos hace reflexionar sobre la coincidente preocupación de los autores en diversos temas: destacando el hecho de que hoy día se privilegia a la recaudación sobre los derechos de los contribuyentes, y como cada día, en los diversos procedimientos tributarios se van afectando los derechos de los contribuyentes a través de medidas que favorecen a la Administración Tributaria.

[12] Así, en la línea de pensamiento de Pont Mestre, la dinámica que se sigue es que constatado el fracaso en términos de recaudación, se invoca el fenómeno del fraude fiscal y se pone en marcha la maquinaria para combatirlo, secuencia que se repite inexorablemente en nuestra historia fiscal sin que nadie parezca capaz de cuestionarse si semejante respuesta es la adecuada o si es la única posible. *Cfr.* PONT MESTRE, "Hacia nuevos horizontes en las relaciones tributarias: Incorporación normativa de alternativas convencionales". En *Alternativas convencionales en el Derecho Tributario*, coordinado por Magin Pont Mestres y Joan Francesc Pont Clemente. Marcial Pons, 2003, p. 56. Citado en el estudio "Propuestas para disminuir la litigiosidad fiscal en España a la luz del derecho comparado". ALONSO GONZÁLEZ, op. cit.

[13] También citado en el estudio "Propuestas para disminuir la litigiosidad fiscal en España". ALONSO GONZÁLEZ, op. cit. pp. 25. En la línea de pensamiento de Mirrless Jaime. *Informe Mirrlees. Diseño de un sistema tributario óptimo*. Madrid: Editorial Universitaria Ramón Areces, 2013, p. 542.

> La respuesta principal debiera ser atacar las causas fundamentales de la elusión, en lugar de recurrir a ciegas a medidas anti-elusión, ya sean de naturaleza general o específica.

Las posiciones radicales llevan al desaliento y cuando la presión fiscal no cesa de crecer, se desincentiven el cumplimiento voluntario de las obligaciones tributarias.

MEDIDAS APLICADAS EN MÉXICO PARA DISMINUIR LA LITIGIOSIDAD

Al igual que España, en México se han adoptado medidas con el objetivo de disminuir la litigiosidad, algunas de las cuales no son muy amigables, e incluso han sido apoyados por los tribunales al integrar jurisprudencias obligatorias,[14] destacando el criterio de "Litis Abierta".

Al respecto, cabe recordar que la figura de la "litis abierta" fue introducida en el capítulo contencioso del Código Fiscal de la Federación vigente en 1996,[15] capítulo que posteriormente dio lugar a la actual Ley Federal de Procedimiento Contencioso Administrativo.

---

[14] Igualmente existe coincidencia en la opinión que se tiene respecto de los Juzgadores de todos los países latinoamericanos, en el sentido de dar preeminencia a los intereses de la Administración Tributaria sobre los de los contribuyentes. *Cfr.* Los artículos que componen el libro: GÓMEZ COTERO, J. J. y BÉJAR RIVERA, L. J. *Los procedimientos tributarios vs los derechos de los contribuyentes. La recaudación como factor de colisión entre los intereses del Estado y los derechos de los contribuyentes*, México: Universidad Panamericana-Thomson Reuters, 2018, en especial "Introducción".

[15] La figura de la "litis abierta", se introdujo en 1996 a través del Decreto por el que se Expiden Nuevas Leyes Fiscales y se modifican otras (Publicado en el Diario Oficial de la Federación del 15 de diciembre de 1995), en vigor el 1o. de enero de 1996, y en lo particular en la fracción II del ARTÍCULO CUARTO, por el que se realizan las modificaciones siguientes al Código Fiscal de la Federación: "[...] II. Se adicionan: a. Los artículos: ...197, con un último párrafo; [...]". Al respecto, en la EXPOSICIÓN DE MOTIVOS DE LA LEY MISCELÁNEA 96, en su apartado relativo a los ASPECTOS APLICABLES AL CÓDIGO FISCAL DE LA FEDERACIÓN, se observa lo siguiente: "[...] [Por otra parte, se proponen cambios en el procedimiento contencioso administrativo previsto en el Código Fiscal de la Federación]. [15. Conceptos de anulación no planteados en el recurso] Una reforma importante en el terreno de la simplificación, será permitir que en el juicio puedan hacerse valer conceptos de impugnación no planteados en el recurso que previamente se haya interpuesto ante la propia auto-

De la exposición de motivos de dicha reforma claramente se observa que el objetivo de la "litis abierta" fue dotar al contribuyente de seguridad jurídica, para aquellos casos en los que, debido a la falta de asesoramiento legal, haga valer agravios insuficientes que les dificulten el acceso a la justicia.

Sin embargo, en 2001, nuestro Máximo Tribunal emitió una Jurisprudencia[16] en la que se interpretó el concepto de "litis abierta" estable-

---

ridad fiscal. Con frecuencia los recursos administrativos están provistos de formalidades que dificultan el acceso a ellos y, cuando el contribuyente no tiene el debido asesoramiento legal, hace valer agravios insuficientes. Esta reforma se complementa con la previsión de que el Tribunal Fiscal se pronunciará sobre la legalidad de la resolución recurrida, en la parte que no satisfizo el interés jurídico del demandante [...]".

16 JUICIO CONTENCIOSO ADMINISTRATIVO. EL PRINCIPIO DE LITIS ABIERTA QUE LO RIGE, NO IMPLICA PARA EL ACTOR UNA NUEVA OPORTUNIDAD DE OFRECER LAS PRUEBAS QUE, CONFORME A LA LEY, DEBIÓ EXHIBIR EN EL PROCEDIMIENTO DE ORIGEN O EN EL RECURSO ADMINISTRATIVO PROCEDENTE, ESTANDO EN POSIBILIDAD LEGAL DE HACERLO [MODIFICACIÓN DE LA JURISPRUDENCIA 2a./J. 69/2001 (*)]. Esta Segunda Sala de la Suprema Corte de Justicia de la Nación modifica la jurisprudencia referida, al considerar que el principio de litis abierta derivado del artículo 1o. de la Ley Federal de Procedimiento Contencioso Administrativo cobra aplicación únicamente cuando la resolución dictada en un procedimiento administrativo se impugna a través del recurso administrativo procedente, antes de acudir ante el Tribunal Federal de Justicia Fiscal y Administrativa, y se traduce en la posibilidad para el actor de formular conceptos de impugnación no expresados en el recurso, pero tal prerrogativa no implica la oportunidad de exhibir en juicio los medios de prueba que, conforme a la ley, debió presentar en el procedimiento administrativo de origen o en el recurso administrativo respectivo para desvirtuar los hechos u omisiones advertidos por la autoridad administrativa, estando en posibilidad legal de hacerlo. De haber sido esa la intención del legislador, así lo habría señalado expresamente, como lo hizo tratándose del recurso de revocación previsto en el Código Fiscal de la Federación en el que, por excepción, se concede al contribuyente el derecho de ofrecer las pruebas que por cualquier motivo no exhibió ante la autoridad fiscalizadora, para procurar la solución de las controversias fiscales en sede administrativa con la mayor celeridad posible y evitar su impugnación en sede jurisdiccional, esto porque la autoridad administrativa puede ejercer cualquiera de las acciones inherentes a sus facultades de comprobación y supervisión, como lo es, entre otras, solicitar información a terceros para compulsarla con la proporcionada por el recurrente o revisar los dictámenes emitidos por los contadores públicos autorizados, lo que supone contar con la competencia legal necesaria y los elementos humanos y materiales que son propios de la administración pública. Por tanto, tal prerrogativa no puede entenderse extendida al juicio contencioso administrativo, pues no sería jurídicamente válido declarar la nulidad de la resolución impugnada con base en el análisis de pruebas que el particular no presentó en el procedimiento

ciendo que en el Juicio Contencioso Administrativa, los contribuyentes no tienen la oportunidad de exhibir en juicio los medios de prueba que, conforme a la ley, debió presentar en el procedimiento administrativo de origen, ello bajo el argumento de que no sería jurídicamente válido declarar la nulidad de la resolución impugnada con base en el análisis de pruebas que el particular no presentó en el procedimiento de origen, pues estimar lo contrario, significaría sostener que el Tribunal puede sustituirse en las facultades propias de la autoridad fiscal y declarar la nulidad de sus actos por causas atribuibles al particular.

El criterio contenido en esta jurisprudencia abandona algún criterio aislado que sostenía:

> [...] que dado que la etapa tramitada ante la autoridad administrativa no constituye una resolución definitiva, hasta en tanto no se determine un crédito fiscal, de ahí que, cuando el contribuyente impugne la determinación contenida en dicha resolución a través de los medios de defensa, nada impide que pueda hacer valer cuanto argumento convenga a sus intereses y aportar las pruebas que desvirtúen la determinación, pues al cuestionarse la legalidad de la resolución referida, es necesario que se acredite tal ilegalidad.

---

de origen o en el recurso administrativo, estando obligado a ello y en posibilidad legal de hacerlo, como lo prescribe el artículo 16 de la Constitución Política de los Estados Unidos Mexicanos, al indicar que los gobernados deben conservar la documentación indispensable para demostrar el cumplimiento de las disposiciones fiscales y exhibirla cuando sea requerida por la autoridad administrativa en ejercicio de sus facultades de comprobación. Estimar lo contrario significaría sostener que el Tribunal Federal de Justicia Fiscal y Administrativa puede sustituirse en las facultades propias de la autoridad fiscal y declarar la nulidad de sus actos por causas atribuibles al particular. Contradicción de tesis 528/2012. Entre las sustentadas por el Segundo Tribunal Colegiado en Materia Administrativa del Cuarto Circuito y el Segundo Tribunal Colegiado de Circuito del Centro Auxiliar de la Segunda Región, con residencia en San Andrés Cholula, Puebla. 13 de marzo de 2013. Mayoría de tres votos. Disidentes: Margarita Beatriz Luna Ramos y Sergio A. Valls Hernández. Ponente: Alberto Pérez Dayán. Secretaria: Georgina Laso de la Vega Romero. Tesis de jurisprudencia 73/2013 (10a.). Aprobada por la Segunda Sala de este Alto Tribunal, en sesión privada del diecisiete de abril de dos mil trece. Visible en Época: Décima Época. Registro: 2004012. Instancia: Segunda Sala. Tipo de Tesis: Jurisprudencia. *Semanario Judicial de la Federación y su Gaceta*. Libro XXII, julio de 2013, Tomo 1. Materia(s): Administrativa. Tesis: 2a. /J. 73/2013 (10a.), p. 917.

Independientemente de lo anterior, el que se vede la oportunidad de exhibir en el Juicio Contencioso Administrativo los medios de prueba con los cuales se defienda y acredite la ilegalidad de un acto administrativo, imposibilita que la actividad jurisdiccional se desarrolle en plenitud al impedirle recibir y valorar pruebas, privando al contribuyente de ejercer su derecho de ser oído y vencido en juicio, así como de la oportunidad de exponer todo cuanto considere conveniente en defensa de sus intereses, impidiéndole el aportar las pruebas que desvirtúen la legalidad de una resolución administrativa, lo que implica solapar la actuación arbitraria de la autoridad administrativa.

En España Cesar García Novoa[17], reflexiona sobre una propuesta legislativa que pretendía la preclusividad para aportar pruebas en sede económico-administrativa si no se aportaron en vía de gestión; bajo el argumento de que el procedimiento de revisión económico-administrativo no es el momento procesal oportuno para aportar unas pruebas que pudieron y debieron aportarse antes. Propuesta que critica duramente por tratarse de un planteamiento gravemente lesivo para los derechos de los obligados tributarios, olvidando que la vía económico-administrativa es una instancia previa a la vía judicial, en la que no son aceptables limitaciones groseras del derecho de prueba.

Desgraciadamente en México la idea de la preclusividad para aportar pruebas, sí permeó y se consolidó a través de resoluciones dictadas por nuestro Máximo Tribunal las que hoy día constituyen Jurisprudencia obligatoria dictada por nuestro Máximo Tribunal.

Más allá de la crítica jurídica que se pueda hacer a la tesis anterior, la misma se ha convertido en un importante factor de corrupción, pues basta con que la autoridad fiscal afirme que el contribuyente no probó en contra de sus afirmaciones dentro de la etapa administrativa, para que ello impida que el contribuyente pueda aportar prueba en la etapa Judicial, aun cuando a través de estas pruebas, el contribuyente acredite que

---

17 GARCÍA NOVOA, C. "La vía económico-administrativa en España. Algunas novedades derivadas de la Reforma a la Ley General Tributaria por Ley 34/2015". En *Los procedimientos tributarios vs los derechos de los contribuyentes. La recaudación como factor de colisión entre los intereses del Estado y los derechos de los contribuyentes*, coordinado por Gómez Cotero, J. J. y Béjar Rivera, L. J. (pp. 135-186). México: Universidad Panamericana-Thomson Reuters, 2018, pp. 157-158.

tiene la razón, con lo cual, se restringe su acceso a la justicia a través de trabas de procedimiento cuyo propósito es disuadir las demandas contra el Estado, enviando el mensaje que como señala el profesor Héctor Mairal,[18] "los remedios jurídicos no sirven, utilice otros" al dejar al particular indefenso frente al funcionario, produciendo la sensación que no tendrá defensas jurídicas frente a la autoridad, generándose violencia del Estado contra los contribuyentes, al haberse engendrado un criterio autoritario que le permite imponer su voluntad aún ante la intervención judicial.

En efecto, criterios como el antes analizado, son factores que propician la corrupción al constituirse en una de las causas jurídicas que le favorecen en la medida en la que el derecho actúa como factor de corrupción al constituirse en su aliado reflexiona Héctor A Mairal.[19]

Una de las áreas en las que el derecho actúa como factor de corrupción es la fiscal, en donde la Administración Tributaria, circunscribe su actuación a la recaudación, privilegiando esta, e intensificado los niveles de control administrativo con el uso de herramientas tecnológicas, además de implementar las más agresivas y duras políticas fiscales, cuyo objetivo es procurar la rápida y fácil recaudación tributaria, basado en el errado fundamento de que se está salvaguardando un interés superior y general, reflexiona Rosa Caballero.[20]

Lo anterior ha provocado el menoscabo de los derechos de los contribuyentes a través de medidas que favorecen a la Administración Tributaria, lo que en palabras de Rubén Asorey[21] se traduce en:

---

18 MAIRAL HÉCTOR, A. *Las raíces legales de la corrupción o de cómo el derecho público fomenta la Corrupción en lugar de combatirla*. Buenos Aires: Rap, 2007, pp. 15-21.

19 *Ídem.*

20 CABALLERO, R. "Proceso tributario y derechos del contribuyente en Venezuela. Apuntes de un desencuentro". En *Los procedimientos tributarios vs los derechos de los contribuyentes. La recaudación como factor de colisión entre los intereses del Estado y los derechos de los contribuyentes*, coordinado por Gómez Cotero, J. J. y Béjar Rivera, L. J. (pp. 1-44). México: Universidad Panamericana-Thomson Reuters, 2018, p. 2.

21 ASOREY, R. O., *Protección constitucional de los contribuyentes a la arbitrariedad de las administraciones tributarias*, 2000, p. 26, citado por SCHAFRIK DE NUÑEZ, F. "La moralidad tributaria desde la perspectiva del sistema federal argentino". En *Ética y Moral Tributaria* , coordinado por Béjar Rivera, L. J. y Gómez Cotero, J. J. (pp. 39-73). México: Universidad Panamericana-Thomson Reuters, 2018, p. 58.

> [...] una serie de abusos, desvíos, arbitrariedades, donde el sujeto activo actúa fuera de la ley y del derecho, a través de comportamientos anómalos, utilizando en ciertos casos máscaras legitimadoras de la juridicidad, como *pseudo* interpretaciones reñidas con las garantías constitucionales.

Un tema actual que ha servido para disminuir el litigio son las denominadas cartas invitación, respecto de las cuales se han emitido por los tribunales diversos criterios que señalan que estas no generan un perjuicio al contribuyente, porque solo le comunican que se ha advertido alguna omisión a su cargo, conminándole a comprobar que la subsanó mediante la exhibición de los documentos respectivos en un plazo determinado, pero no establecen sanción alguna en caso de incumplimiento; por tanto, dichos documentos únicamente constituyen parte de un programa preventivo para evitar sanciones y molestias innecesarias.[22]

También existe un criterio jurisprudencial de la Segunda Sala de la Suprema Corte de Justicia de la Nación[23] que establece que la "carta Invitación" no es impugnable en sede contenciosa administrativa". En el mismo sentido la Sala Superior del Tribunal Federal de Justicia Fiscal y Administrativa[24] ha sostenido que es improcedente el juicio contencioso contra las "cartas Invitación" ya que se trata de actos únicamente de carácter declarativo, a través de los cuales la autoridad exhorta al con-

---

22 *Cfr.* CARTAS INVITACIÓN. LAS EMITIDAS POR LAS AUTORIDADES FISCALES DEL GOBIERNO DEL ESTADO DE MÉXICO NO GENERAN UN PERJUICIO AL CONTRIBUYENTE TRADUCIDO EN UNA AFECTACIÓN O MENOSCABO A SU PATRIMONIO JURÍDICO, NI PUEDEN CONSIDERARSE RESOLUCIONES DEFINITIVAS PARA EFECTOS DE LA PROCEDENCIA DEL JUICIO DE NULIDAD. Visible en: Registro digital: 171532. Instancia: Tribunales Colegiados de Circuito. Novena Época. Materias(s): Administrativa. Tesis: II.1o.A.143 A. Fuente: Semanario Judicial de la Federación y su Gaceta. Tomo XXVI, Septiembre de 2007, página 2489. Tipo: Aislada.

23 *Cfr.* 2a./J. 62/2013 (10a), CARTA INVITACIÓN AL CONTRIBUYENTE PARA QUE REGULARICE EL PAGO DEL IMPUESTO SOBRE LA RENTA DERIVADO DE SUS INGRESOS POR DEPÓSITOS EN EFECTIVO. NO ES IMPUGNABLE EN SEDE CONTENCIOSA ADMINISTRATIVA.

24 *Cfr.* El criterio de la Sala Superior del Tribunal Federal de Justicia Fiscal y Administrativa contenido en la jurisprudencia VII-J-SS-68, de rubro CARTAS INVITACIÓN. ES IMPROCEDENTE EL JUICIO CONTENCIOSO ADMINISTRATIVO CONTRA.

tribuyente para que corrija su situación fiscal respecto de las omisiones detectadas, por lo que no se le ocasiona un perjuicio en su esfera jurídica por lo que no genera consecuencia jurídica alguna para el contribuyente, además de no ser una resolución de carácter definitiva.

Con base en lo anterior, el uso de las denominadas "carta Invitación" se ha convertido en una herramienta muy útil para la autoridad administrativa para motivar el cumplimiento espontáneo por parte de los contribuyentes y disminuir el número de asuntos que llegan a litigio.

LA ACTITUD DE LOS TRIBUNALES

Lo anterior se agudiza, si consideramos la actuación de los Tribunales quienes conscientes o no, emiten resoluciones que favorecen a los intereses de la administración, o restringen el acceso a la justicia buscando disuadir las demandas contra el Estado.

En palabras de Tipke[25] los Tribunales son los guardianes de la moralidad fiscal, ya que la Constitución no otorga al legislador poderes en blanco para establecer a su capricho el contenido de las leyes, de ahí que, sean los Tribunales los guardianes y vigilantes de la moral fiscal, frente a la actuación del legislador, que no respeta las bases constitucionales, sin embargo, cada vez es más frecuente que en su actuación el legislador se aparte del marco de derecho e incurre en inconstitucionalidades, sobre todo cuando los efectos económicos de las sentencia son para el futuro.

Otro ámbito de la actuación judicial se da en el campo de los jueces de legalidad, especialistas que solo practican la mera aplicación de leyes ordinarias bajo una óptica de legalidad, y se resisten a examinar si los preceptos de la ley son justos [26] por lo que cabe preguntar, como lo hace

---

[25] *Cfr.* TIPKE, K., *Moral Tributaria del Estado y de los Contribuyentes*, traducido por Pedro M. Herrera Molina. Madrid: Marcial Pons, 2002, p. 249.

[26] *Cfr.* Claudia Guzmán Loayza, quien reflexiona como el procedimiento contencioso tributario se ha convertido en un simple canal de paso sin mayor valor ni propósito en sí mismo, que tendrá forzadamente que transitarse con el único fin de agotar la vía previa en pro de la tutela jurisdiccional efectiva, mientras que en materia Constitucional y en relación al control de los efectos de las normas tributarias inconstitucionales, actualmente el Tribunal Constitucional Peruano, salvo situaciones excepcionales y muy limitadas, ejerce esta facultad como una herramienta de segundas oportunidades al legislador para corregir el producto del ejercicio irregular de su

Jean Rivero[27] si son guardianes de la legalidad administrativa, o guardianes administrativos de la legalidad.

Al respecto se señala que la función de los tribunales económico-administrativos es actuar como filtro en relación con las discrepancias entre los ciudadanos y la Administración Tributaria, por lo que se busca es que a esta instancia llegue el menor número de litigios, a través de una previa revisión desahogada ante la propia autoridad administrativa.

Esta instancia es el "recurso administrativo"[28], que es, en general, obligatorio en más del 75 % de los países antes de que el contribuyente

competencia. *Cfr.* GUZMÁN LOAYZA, C. E. "Algunas consideraciones sobre moral tributaria en el Perú". En *Ética y Moral Tributaria*, coordinado por Béjar Rivera, L. J. y Gómez Cotero, J. J. (pp. 75-117). México: Universidad Panamericana-Thomson Reuters, 2018, p. 106.

27 *Cfr.* RIVERO, J. *Páginas de Derecho Administrativo. Libro Homenaje*, Librado Rodríguez R. (dir. y coord.). Bogotá: Themis, 2002, pp. 153 y ss.

28 El Recurso de Revocación es controlar la regularidad jurídica de la actuación de las áreas de Auditoría, a fin de constatar que su actuación se verificó de acuerdo a las condiciones establecidas por la Ley, garantizando la legalidad administrativa, tal y como se desprende de la siguiente tesis: "RECURSOS ADMINISTRATIVOS, FORMULISMOS Y EXIGENCIAS DE EXPRESIÓN EN LOS. NO SON ESENCIALES PARA QUE PROCEDAN". La doctrina está de acuerdo en que recurrir es acudir ante un Juez u otra autoridad con alguna demanda o petición para que sea resuelta; y que recurso es la acción o efecto de recurrir, o más precisamente, la acción por medio de la cual se reclaman las resoluciones dictadas por la autoridad; que los elementos característicos del recurso son: la existencia de una resolución que afecte un derecho; la determinación por la ley de la autoridad ante quien deba presentarse; el plazo para ello; que se interponga por escrito; que exista un procedimiento para su tramitación y que la autoridad ante la que se interponga esté obligada a resolver. Por lo que se refiere a formulismos y exigencias de expresión, han sido atenuados en la legislación y la jurisprudencia, y se ha procurado no sólo simplificarlos, sino lograr la mayor facilidad para que juicios y recursos se tramiten con eficacia y rapidez. Así se ha determinado que la acción procede en juicio aun cuando no se exprese su nombre; que las demandas con irregularidades en vez de desecharlas se manden aclarar, tanto en el juicio de amparo como en los que regula el Código Federal de Procedimientos Civiles; que se faculta a las autoridades judiciales federales en el juicio de garantías para suplir el error en que haya incurrido la parte agraviada al citar la garantía cuya violación reclame, y aun en los juicios ante el Tribunal Fiscal de la Federación se admite que no es necesario que se expresen en forma concreta en la demanda los agravios, ya que también pueden estudiarse los que implícitamente se han hecho valer al negar los hechos. En materia administrativa o fiscal, y en orden a los recursos, esta amplitud de criterio se explica porque, si en su origen los recursos tuvieron como fin proteger los derechos de los administrados, ese criterio ha sido sustituido por una concepción

pueda recurrir a la vía judicial. En México, el recurso de revocación que se tramita ante la propia autoridad administrativa, y es optativo antes de acudir al Tribunal Federal de Justicia Fiscal y Administrativa, sin embargo, en los hechos, como efecto colateral del criterio de "Litis abierta" al que ya nos referimos, en la práctica, dicho recurso se ha convertido en un medio de defensa de agotamiento obligatorio, particularmente si lo que se pretende es aportar pruebas que no se exhibieron ante la autoridad administrativa, pues solo a través de este medio, es como se podrán aportar estas pruebas a fin de no dejar al contribuyente en absoluto estado de indefensión, lo que se agrava por el hecho de que, la tendencia normal es que en la resolución del recurso se confirme el acto combatido, a grado tal, que en la práctica se le conoce popularmente como recurso de reconfirmación.

A lo anterior hay que agregar la sensación de la parcialidad que se desprende de la labor de los tribunales económico-administrativos[29], lo cual entre otras causas obedece a su composición, al estar integrada exclusivamente por exfuncionarios de Hacienda, lo que genera la sensación de que en estos tribunales la Administración es juez y parte, por lo que se recomienda que una composición mixta integrada por funcionarios junto con académicos y juristas prestigiosos de otras procedencias haciendo realidad su proclamada independencia.

México no canta la mal las rancheras, particularmente cuando se mudó la naturaleza del Tribunal Federal de Justicia Fiscal para convertirlo en un Tribunal de Justicia Administrativa, ampliando su compe-

social en la que, sin desentenderse de los intereses particulares, se tiene presente como objetivo principal "el asegurar la juridicidad de la acción administrativa y con ella el interés de la administración que surge de las mismas normas jurídicas que regulan su actuación". De ahí que no sea aceptable desechar recursos o promociones por razones de forma o por exigencias de expresión, cuando sea posible suplir su oscuridad por medio de la interpretación; pues "la acción de los particulares en el control administrativo concurre no sólo a la defensa de sus derechos e intereses, sino también, y en forma principal, a garantizar la legitimidad administrativa; va de suyo que no existe interés alguno en eliminar esa intervención por meras deficiencias formales, ya que ello implicaría obrar contra esa legitimidad de la administración". Visible en: Época: Séptima Época. Registro: 238565. Instancia: Segunda Sala. Tipo de Tesis: Aislada. *Semanario Judicial de la Federación*. Volumen 63, Tercera Parte. Materia(s): Administrativa. Tesis, p. 37.

[29] *Cfr*. ALONSO GONZÁLEZ, op. cit., pp. 40-42.

tencia, ello ha abierto la puerta para que su integración no solo sea por exfuncionarios de Hacienda (que tienen la ventaja de ser versados en la materia) sino que incluye a servidores públicos especialistas en otras disciplinas administrativas quienes no necesariamente conocen de temas tributarios.

Además, que se ha generado un efecto disuasorio que hace sentir en los recurrentes que no vale la pena litigar, sin importar si su pretensión puede ser más o menos razonable. México no es la excepción, del contenido de sus resoluciones hoy día, también existe la sensación de que los Tribunales están más preocupados por defender la recaudación, que por otorgar la razón al contribuyente cuando este la tiene.

Este tipo de conductas, señala Héctor Mairal,[30] incentivan el incumplimiento de la norma y, por la otra, crean o aumentan la indefensión jurídica de los particulares conformando factores de corrupción en razón de que:

a) La corrupción se hace presente cuando el particular se encuentra jurídicamente indefenso frente al funcionario o se tiene la sensación que no tendrá defensas jurídicas frente a la autoridad.

b) O cuando existe restricción en el acceso a la justicia a través de trabas de procedimiento o por cortapisas legales. Si lo que se desea es disuadir las demandas contra el Estado, debe reconocerse que este tipo de restricción tiene un éxito parcial, ya que permite la comisión de violaciones constitucionales y legales por las autoridades.

c) Otro factor es la violencia del Estado contra los ciudadanos, lo que se presenta cuando el Estado consciente de las ventajas que le otorga un derecho administrativo autoritario buscara acrecentar y perfeccionar las normas que le permiten imponer su voluntad antes de la intervención judicial.

---

30 *Cfr.* MAIRAL HÉCTOR, A. *Las raíces legales de la corrupción o de cómo el derecho público fomenta la corrupción en lugar de combatirla*. Buenos Aires: Rap, 2007, pp. 15-21.

d) También hay que considerar el desprecio de la ley por el mismo Estado que se presenta cuando el Estado no reconoce el freno del derecho, el mensaje a la población es claro y dramático: Los remedios jurídicos no sirven, utilice otros.

Urge apostar por vías de resolución de conflictos que atenúen el peso enorme que para particulares y Administración implica mantener centenares de miles de pleitos abiertos con deudas no cobradas y con perjuicios ilimitados para los particulares.

CONCLUSIONES

Es importante partir de la premisa de que las posiciones radicales llevan al desaliento y cuando la presión fiscal no cesa de crecer, se desincentiven el cumplimiento voluntario de las obligaciones tributarias.

Se requiere una reforma radical de la normativa sancionadora, de manera que se distinga al contribuyente que miente, engaña, oculta o falsea de aquel que solo se equivoca.

También se plantean la urgente necesidad de encontrar alternativas para disminuir la litigiosidad, apostando por vías de resolución de conflictos que disminuyan los centenares de miles de pleitos abiertos con deudas no cobradas y con perjuicios ilimitados para los particulares.

REFERENCIAS

Libros, capítulos y artículos

Alonso González, Luis Manuel (Coord.). "Propuestas para disminuir la litigiosidad fiscal en España a la luz del derecho comparado". Cataluña: Collegi Oficial de Gestors Administratius de Catalunya, 2014, disponible en http://s01.s3c.es/imag/doc/2014-04-23/06.informe.pdf

Caballero, R. "Proceso tributario y derechos del contribuyente en Venezuela. Apuntes de un desencuentro". En *Los procedimientos tributarios vs los derechos de los contribuyentes. La recaudación como factor de colisión entre los intereses del Estado y los derechos de los contribuyentes,* coordinado por Gómez Cotero, J. J. y Béjar Rivera, L. J. (pp. 1-44). México: Universidad Panamericana-Thomson Reuters, 2018.

Essers, Peter. "The fight against tax fraud in the European Union". En *Armonización, coordinación fiscal y lucha contra el fraude,* dirigido por Francisco Adame Martínez. Thomson Reuters Aranzadi-Junta de Andalucía, 2012.

García Novoa, César. "La vía económico-administrativa en España. Algunas novedades derivadas de la Reforma a la Ley General Tributaria por Ley 34/2015". En *Los procedimientos tributarios vs los derechos de los contribuyentes.* La recaudación como factor de colisión entre los intereses del Estado y los derechos de los contribuyentes, coordinado por Gómez Cotero, J. J. y Béjar Rivera, L. J. (pp. 135-186). México: Universidad Panamericana-Thomson Reuters, 2018.

Gómez Cotero, José de Jesús. "Límites a la facultad sancionadora". En *Modelo de Código Tributario para América Latina, tendencias actuales de tributación*, coordinado por Salcedo Younes, Ruth Yamile. Bogotá: Universidad Colegio Mayor de Nuestra Señora del Rosario-Instituto Colombiano de Derecho Tributario, 2010.

Gómez Cotero José de Jesús y Béjar Rivera Luis José. *Los procedimientos tributarios vs los derechos de los contribuyentes.* La recaudación como factor de colisión entre los intereses del Estado y los derechos de los contribuyentes. México: Universidad Panamericana-Thomson Reuters, 2018.

Guzmán Loayza, Claudia Elena, "Algunas consideraciones sobre moral tributaria en el Perú". En *Ética y Moral Tributaria,* coordinado por Béjar Rivera, L. J. y Gómez Cotero, J. J. (pp. 75-117). México: Universidad Panamericana-Thomson Reuters, 2018.

Tipke, Klaus. *Moral Tributaria del Estado y de los Contribuyentes*, traducido por Pedro M. Herrera Molina. Madrid: Marcial Pons, 2002.

Mairal Héctor A. *Las raíces legales de la corrupción o de cómo el derecho público fomenta la Corrupción en lugar de combatirla*. Buenos Aires: Rap, 2007.

Mirrless Jaime. *Informe Mirrlees. Diseño de un sistema tributario óptimo*. Madrid: Editorial Universitaria Ramón Areces, 2013.

Pont Mestre, Magín. "Hacia nuevos horizontes en las relaciones tributarias: Incorporación normativa de alternativas convencionales". En *Alternativas convencionales en el Derecho Tributario,* coordinado por Magín Pont Mestres y Joan Francesc Pont Clemente. Marcial Pons, 2003.

Rivero, Jean. *Páginas de Derecho Administrativo. Libro Homenaje,* dirigido y coordinado por Librado Rodríguez R. Bogotá: Themis, 2002.

Uribe Guerrero, Edson. *Acuerdos conclusivos. Teoría y práctica del primer medio alternativo de solución de conflictos en auditorías fiscales.* México: Thomson Reuters, 2015.

Schafrik de Nuñez, Fabiana. "La moralidad tributaria desde la perspectiva del sistema federal argentino". En *Ética y Moral Tributaria,* coordinado por Béjar Rivera, L. J. y Gómez Cotero, J. J. (pp. 39-73). México: Universidad Panamericana-Thomson Reuters, 2018.

UNIVERSIDAD
Panamericana

50 AÑOS DE HISTORIA DE LA FACULTAD DE DERECHO UNIVERSIDAD PANAMERICANA

Volumen 3

TÓPICOS EN DERECHO FISCAL

Raúl Bolaños Vital
José de Jesús Gómez Cotero
Coordinadores

para CENTROS CULTURALES DE MÉXICO, A.C.,
Jérez 10, Insurgentes Mixcoac, Benito Júarez,
Ciudad de México, México, CP. 45010
Tel: 52 (55) 5482 1600

www.ingramcontent.com/pod-product-compliance
Lightning Source LLC
LaVergne TN
LVHW091402190726
843491LV00006B/1221

* 9 7 8 6 0 7 8 8 2 6 2 0 9 *